龚鹏程作品

总 序

我耽迷于文字，喜欢探索文字中的
录我对世相的观察、对天道人情的理解
种，主要涵括文、史、哲、宗教、艺术
域，未刊稿尚数百万言，佚散难以捡拾，
仍在写作中、仍在努力求学问道中，还不

但旧学商量，益加邃密，做过的研究
来。便于检核修订，自是进学之良方。对
未尝无益。因此，劳烦东方出版社帮忙辑

说作品，其实甚感歉然。古代以创作
者之谓圣，述者之谓明”。高明如孔子，
辈小子，何敢妄言作者作品？一时笔谈，
然墨戏，或邻谤佛谤圣之讥，聊等佯狂，
知者怜其瞀悖，会者通其神韵可也。

甲

友中、为人行事中和自我的心灵中去自觉地学、求、证、行。如他所说:“我只能由内在追求方面去树建我人生的理想”。一个人的一生，如要想成为一真正的“人”，无非是要有个做人的道理，离开了这一点，大概人生就没有什么意义了。

（二）鹏程读的书真多，对此我是深深佩服。从他的《四十自述》中，我看到他不仅对中国的“经”、“史”、“子”、“集”都广泛涉猎，而且对那些笔记、小说和中西近人的著作只要能找到的他都无不究读。鹏程读过的书，很多我都没读过，有些还是我这次读他的《四十自述》才知道原来还有这样一本书。如巴壶天的《玄庐剩稿》、明王士性的《广志绎》等等，近日，鹏程对我说：他对比了一下《四库全书》的“文渊阁”、“文津阁”和“文溯阁”中各书的提要，发现它们和《四库全书总目提要》有些不同，甚至这几种抄本本身的“提要”也有不同的地方，如果对比整理定会有用。就这一点看，鹏程读书之多、之细，是可以让我们学习的。

（三）鹏程多才多艺，于为文作诗、绘画写字，无所不通。而其著述至2002年已出版的书就有五十余种，所涉及到文、史、哲诸多方面，如儒、释、道、诗、词、古今文学、方志、美学、符号学，甚至武侠小说等等，而在他的研究中往往多有创见。从《四十自述》看，鹏程对当代学术动向和存在的问题都是有深入了解的，如他说：现代新儒家“以良知自我坎陷之方式，即可开出民主与科学”，“仍是以民主与科学之价值为基准，来衡量中国传统哲学”，“但此东方主义之态度，与据西方现代性否弃中国传统文化者，实无根本之殊”。这样一些论断，对研究中国现代文化、哲学应是十分有意义的。

读了鹏程教授的《四十自述》也颇有感慨。我在四十岁前后，正处在汹涌猛烈的政治运动中，一无暇读书，二无时著述，可说在学术上是“一穷二白”了。虽也写过一些文章，但多是人云亦云的教条主义式的大批判文章，这当然算不上什么学术。等到快到六十岁时才有机会开始认真读书，才逐渐学会照自己的意思写作，但已力不从心了。在我七十岁的时候也想写个“自述”式的东西，来总结一下自己走过的道路。花了一年的时间，写了一本《我们三代人》，它是写我祖父汤霖、父亲汤用彤和我自己的。书虽是出版社约稿，但当我把稿子寄给他们，经过编辑大加删改，凡是我有点议论、有点想法的地方几乎都删改了。无可奈何，我只得把稿子收回，压在箱底了。我们的生活就是这样，我们的命运还很难掌握在自己手中。读鹏程的《四十自述》，虽所认知并非全同，但其文却能启发我有所感了。

2007 年 8 月 30 日

目 录
Contents

卷一 诗

卷二 思

卷三 事

卷四 史

大陆版序

此书是我旧时自述，在台湾曾两版，如今又获得在大陆刊行的机会，一时摅怀，竟尔流毒万里，殊非当日所能逆料。书既再椠，理应说些什么以徇物望。但临文踌躇，却是不知该怎么说才好。

人的自然生命，大同小异，无非生老病死苦；虽或命遇各别，亦不过略有贫富寿夭之分而已，其实没啥子可说。文化生命则不然。人非草木，又不等于禽兽，思虑云为，本诸意识，各因其文化修养及文化态度而有所不同。每个人要拿他自己这个自然生命怎么折腾，全看自己高兴。曹丕说写文章的事，“虽在父兄，不能以移子弟”，扩大来看，人对其生命该怎么处理，亦正是虽在父兄不能以移子弟的。这就是文化生命之可贵处，它值得谈谈，道理也正在此。

因此我写的这本自述，讲的不是一般自传那种生老病死贵富仕履。那些书，我根本觉得不值得写，也不值得看。旁人之啼笑，与我何干？命运遭逢，各有际遇，对我们来说，也很少借鉴的意义。值得写的，是文化生命。人生一瞬，不过数十寒暑，这短暂的人生，到底该怎么过，又该怎么样在人类历史中显示出我曾经在此活过、努力过，创造了什么文化价值，恐怕才是重点。

旨则不在这里。

再者，当初原本计划四十自述是要写四十篇的。上半部，称为“问道”，述为学求道之历程，计分诗、思、事、史四卷，每卷各五篇，共二十篇。下半部则为“述学”，也有二十篇，细说我学问的各个方面及创获之所在。因恐篇幅太多，刊印不易，后来就只写了上半部。至于述学嘛，待我五十岁以后再来写好了。

这本书从前刊印时，安托在封面写道:“来，看这个人，读这本书！追风少年要读，才晓得什么是真正叛逆。狂飙青年要看，才明白什么是自负的定义。尚有壮怀的人更不能错过，才清楚什么是当前最真情无悔的取舍。”又说我是俯仰天地、感时忧国的大学问家，豪情万丈的侠客，温婉多情的诗人。谓我之狂放疏野，令某些人痛恨而无可奈何；我的智慧与多情，又令另一些人惊叹倾服。张梦机师则有诗寄我，云:“托邮书史到闲轩，风雨连朝信手翻，健笔时时申博议，前尘一一入详言，含情零梦能生忆，破寂秋晨每及昏。知汝抟扶有双翼，高飞万里杳无痕。”师友奖饰劝勉之言，见之弥增感触。因仿怀素《自叙》之例，并录于此。安托逝时，我另有诗哭之，就不再多说了。

庚午，端午。亦时世错牾之时也

初版序

这本书是我的四十自述。自记生平，以代歌哭，既无意作为励志典范，也没有资格当成警世的榜样。

几年前起心动念写这部稿子时，曾破题谓：“自传有许多种写法，如尼采《看哪这人！》一开头除自序外，第一章叫《我为什么这样智慧》，第二章曰《我为什么这样聪明》，第三章是《我为什么写出这样的好书》。真是石破惊天，傲然不可一世。但这又有何不可呢？怕的是琐叙生平，细扪肚脐眼儿，除了自我沉迷于烂芝麻旧谷子的回忆之中，感慨不已外，对别人一点意义也无。因此，述往事、数生平，为的是谈问题。”

这代表了我对这篇自述最初的预想，其志甚伟，豪情可羡。

惜乎凡事实践起来总不免七折八扣。且世情难料，人事多歧，这篇东西起了个头，就闲置了好几年。巨头症的婴儿已结了胎，却总不能将之顺利生产下来，让我烦恼不已。

亏得胡正之学棣常来促励，并帮我清誊，才逼得我逐步写完。虽然潦草，毕竟可以塞责了。犹记我初在淡江大学任教时，因远住在桃园龟山，每周都有一天得留在台北过夜，就住在正之家。其母待我甚厚，正之也得放下功课陪我聊天。雨夜茗话，辄过中宵，冬寒则领我去吃狗肉。彼此谈谐，如在昨日，而年光已杳，倏忽十几二十年了。

人生有多少十几二十年呢？这些时间，无论曾经做过什么，都是值得感念的，因为人仅有这么些资本，玩完了，人生也就结束了。

世或以为只有老年人才喜欢回忆，其实谁不喜欢？尝有科学家做研究，发现那些死后还魂复苏者，几乎都有些共同的经验，大抵在初死时多有“脱离现象”，感到自我与躯壳分开了。其后则有一“隧道现象”，仿佛通过一个黑暗的甬道，眼前出现一花园或乐土，在其中看见自己的一生，并碰到已故的人和事。这称为“全景式回忆”及“相会”，与过去重逢。最后则有人告诉他“还不到你来的时候”，或忽然想起现世什么事，而动念要回来，才翩然复返，还阳复苏。科学家们以此诠考灵魂之有无，我却认为这正是人都耽于回忆的证明。与其说这是什么死后还魂，不如说此即是“回忆”本身。偶或怔忡，人便脱离现世，滑翔到旧日的园囿里，与老友共话桑麻，久久始归。生人如此，死了大概也仍是如此。

不过，虽然人人都喜欢回忆，其回忆却未必都能笔之于书，也未必都有书写的价值。这也就是我在前面说自传须谈问题的缘故。我人虽然渺小，但在人世这几十年，多少也有所见有所感。某些见闻思虑，野人献曝，未尝无益于人，谈谈又有什么关系？

然自述若真要谈问题，也是不容易的，那势必会写成论文集，人生遭遇到的各种试炼、诱惑、内在的困顿、外在的难题，一一申而论之，以个人阅历经纬组织之，则其篇幅，恐将充百栋而汗千牛。且强聒不已，恐亦将遭人厌鄙。纵我仍有此雄心，人生在世的许多限制，也令我不可能驰骋此等奢想。何况，问题该怎么谈，又可谈到什么程度呢？老聃著作，不过五千文。孔子且欲无言。至于世尊说法，固然是经藏如海，穷极于言说，却也是悟者寥寥，而世尊则自称未始有言。故说与不说，或许并无太大的差别。我的境界造诣，既不能尽言，又不能无言，那么，便浅言以尽兴、借事以言理好了。

所借之事，就是我这个人以及我所经历的事。这是我最熟悉的，也是我一切思省感受和探索的起点。论他人他事，必不能如此亲切，当然也必不能如此痛切。在书写时，不但满足了我沉溺回忆的乐趣，又拥有刳骨剖肝之痛楚，实在是很过瘾的。只不过，亲切与痛切仍有其限度。所谓浅言以尽兴，就是说此中尚有不深刻、不究竟、不详明、不切要之处。此亦人世之限制，无可奈何。

这样的论述形态，自然也决定了这篇自传的文体。半散文、半哲理、半史述，不町不畦，若有结构，若无章法。虽不铺陈事迹、计较恩怨、揭秘扒粪，以备掌故，但一切自传的毛病，例如自吹、自擂、自怜、自叹，这里也都有了。

幸而我尚不敢以自吹自擂自怜自叹为宗旨。借事言理，本来就是我的习惯、我的哲学形态。重视生命存在及存在的感受，则是我的方法与内涵。人受命于天，天生我才必有用，但此才德性命各有各的方向，也各有各的问题。生命存处在不同的时与世里，与境相发、因机相推，遂不能不各有感会。把这些感触与领悟，拿来和他人相互讨论印证，并借此感谢那些曾令我生发感会、增益内涵的人们，又有何不可？

只是，回顾往往使人感伤。时间如大盗，偷走了我们一切热情、理想与体力。在时间中，我们仿佛借着自述来表示我们已经成就了些什么，却其实真得到什么？所有的荣耀与哀辱，都归于时间，成为历史。我们则变成了凭吊者，抚此碑文，轻喟那一切喧诟与喝采。

在以下这份碑文中，镌刻了一些乱七八糟的事、稀奇古怪的想法和说法，记录了我这样骚乱的灵魂，在文化生命成长的过程中之一些遭遇。“志于道、据于德、依于仁、游于艺”的期许或向往，于此遭际间，仅能表现为“游艺以问道”，其理由与答案，大抵亦铭志于斯。观文忆往，读者或许也会各有感发吧。

岁在丙子，鼠辈横行之年，三月十五日自记于佛光大学

卷一

诗

逆　俗

我初入小学未久，即得识黄灿如师。读一年级毕，便转入三年级她的班上。当时她家在南投中兴新村，仅一人住台中国小宿舍中。夜间每召我去她宿舍读书做功课，并教我书法。暑中酷热，则让我下午去。

师丰腴善睡。遭我打门唤起，坐藤椅上，执大蒲扇，鼻息犹呼呼微响。取《孟子》一卷，逐段教念。次日来，则先背诵昨日所读，再讲解文义，教念新课。同时亦教《论语》《唐诗三百首》《千家诗》等，然皆不及《孟子》亲切。因孟子开卷即辨义利，我初次接触到这样的思路与文章，格外感到兴趣。且孟子与梁惠王齐宣王谈，又都有情节故事，曲折入胜。其论事析理，善于即物设譬，层层剥释，尤耐咀嚼，益人神思。故每坐夏风蝉鸣中，诵之忘倦。

但此时并非沐化圣贤教诲中那样端严庄重，而是新鲜好玩的。有时同学二三友人，在背了一段以后，也会胡猜孟老夫子到底讲的是啥。例如一次背到“老吾老以及人之老，幼吾幼以及人之幼”一节，我们即想：老吾老者，那很老的我老爸也，此必为孟子的父亲。既如此，则幼吾幼，当指孟子的母亲了。说给黄老师听，把她笑得打跌，伸出胖手，在我脑门上敲了一个爆栗……

这个经验对我非常重要，至今脑海中还经常浮漾着长夏读经，师长期我以远大的图像。但少年心性，喜恢张而不喜静摄，对孟子尽心养气之说，毕竟无法深入体会，所喜读者，乃前半论王道仁政的部分。摩挲日久，亦辄使我有三代圣世王道的向往。蔼然仁风，畅我经世之怀，闳裕恢博，慨然以天下自期。

但我对孟子并不佩服，也不崇拜。他像我小孩子时期即已熟识的玩伴，虽说性气相接、情志相摩，而思虑亦相熟近，却总喜欢斗斗口、抬抬杠、撩拨撩拨他。对他的论调，我是不情愿佩服的。虽然我从他那里学到了夸饰大言、好辩、行事洒落等等习惯，可是待我找到了一点时间，我即搜罗史乘，爬梳了许多事例，对他“行仁义者得天下，不行仁义者失天下”的宏论，展开了一些批判。我由历史事迹的归纳中发现：政治上的成功与否，往往不是经由仁义的手段，而是靠着权谋与实力。这时，我用来与孟子斗口的材料，是史事；理论，则是由李宗吾的《厚黑学》一类书中得来。

我读厚黑学、学铁笔子易卜、搜罗秘术一千种、呼啸朋辈、练拳学药，都是初高中时代的事，佚荡恢奇，很有点邪气。那是因为生命流荡无所归，对世界充满好奇，渴欲穷赜探隐而乏师友调护教习，日困于考试升学补习的环境与气氛中，故常以索隐行怪来表现自我，并以此满足好奇。

那时，生命如游骑泛骋，既无定向，亦无内容，但顺着我所播弄的物事而日渐习熟，也不能说是毫无所获。

例如学易知卜，略谙经文，益觉圣贤教示神秘幽远，不难亲近。偶摭一二断句，便可使浮嚣玩愒之心获得一点沉稳安舒的感觉。又如练拳打架，不能不读刀经拳谱。我自己用贩卖糖果得来的钱，陆续辑得武术书刊近百种，参稽比对，不仅逐渐了然中国武术之发展、门户派别之源流，且辑佚订补、推陈比较，亦得以略窥为学门径。以此会通我曾熟读之中国侠义故事、现代武侠小说，旁及党、派、会、帮之发展史，亦甚便利。易卜杂学及江湖秘术等，与这些尤其容易联结起来，表现出一副异端之士的姿态。再缘饰以厚黑学，愤世嫉俗遂又有了理论基础。我以此自喜，正如我以能读古书写古文自矜。事实上是幼稚荒诞的，然生命即在此流荡驰骤之中渐有所积。俗谓：“凡走过的，必留下足迹”，一点儿也不错。

当时，我又每日皆于报端剪存易君左先生的回忆录《海角沧桑十八年》。易先生的文体很驳杂，谈掌故、记吟咏、臧否时事，描述时代流离的悲剧。这个悲剧感，是我所熟悉的。父亲那一辈人飘泊来台，含辛茹苦抚育我等，我虽顽劣不晓世事艰虞，那种时代沧桑之感，则是我成长时期的空气，我无时不沐浴于这种气氛中。

父亲的友人，那些捡破烂的老乡、卖酒酿的老友、退伍军人、落魄士绅、流浪汉、道士等等，每来我家面摊子旁闲坐，也无非是追忆乡里故人往事、臧否时政、谈掌故、记吟咏、发感慨。所以我极熟悉易先生回忆录的调调，读其生平，感同身受，竟有点置身离乱衰世之感。虽然易先生之簪组世家，非我所能有；但顺着他的描述，我也看到了晚近文人知识分子的活动状态，熟悉了近代文史掌故。

这种时代的痛感，渐渐唤起我对孟子的记忆。孟老夫子那一套真能治国吗？中国现在搞得一团糟，要归罪于孔孟，非我所能、亦非我所忍，但我真怀疑用什么仁义之道便能解决今天的问题。

事实上我对具体的时世并无所知，只有一种伤悯沧桑的感受。这些感受若要具体化，就只能缘附于像易先生这样的史述中。借着历史论述，我才可以将这种伤痛表现为愤世嫉俗的态度。于是我用类似厚黑学的讲法，罗列史事，说明获胜成功的都是权诈之士，批驳了孟子的言论，也讥刺了世俗。

写这篇长文时，刚考进淡江大学。刻意逆俗激矫，以异端自喜的生命，流荡至此，并未稍得安顿。因为顺着我对孟子的批评，除了在历史事件的解释上我还得深入充实外，孟子的人性论更是整个争论的关键，在心性问题上我也必须再花气力来处理。

当然，我并不是为了要与孟子斗口而做研究的，只可说是在我生命流荡之中，触处生感，感而动思，孟子常成为我思与感中之一线，牵引拢束离散诸端罢了。也不是说我真是为了想深入理解孟子而费力追索中国心性论传统、充实历史知识。只是流荡之才性，顺此途向，不断展开而已。

当时同住宿舍中有邻班之万荣麟君，貌奇古，瘦黑而好肆谈。我曾与彼及其班中万爱珍君同游双溪山中，听彼等谈《文星杂志》及中西文化论战事，述柏杨李敖之轶闻，都是我所不知道的。因我僻处台中丰原山间，文化资讯颇为隔膜，故对于五〇、六〇年代台湾一切文化发展可说全无参与也全未受影响。存在主义曾风行一时、保钓运动曾引起轩然大波、“现代诗是否恶性西化”曾发生激烈之论战、“中文系应否开设现代文学课程”曾使中文学界几乎分裂……都是出现在我入读大学前一两年或当前的大事，而我竟几乎全无所知亦无所感，故我可算是一个钝于嗅感时代文化气氛的人。生命之成长，自成逻辑，如野草、如杂花，自得雨露，亦可自成姿态，原与大庭园花木亭阁之布局无大关系。所以当时听他们谈文化界掌故，虽顿感兴味，也曾因为惭愧，而效法新文艺青年，翻读了一点“新潮文库”“文星丛刊”之类；终究未能随人作队，投身于热烈的时代文化讨论洪流中。仍然依着我自己的才性，流荡于逆俗激矫的途径中。

淡江中文系原系宫殿式建筑，有图书室数大间，藏艺文印书馆百部丛书、商务印书馆四部备要、四库珍本及广文书局书籍等甚多，皆未曾见者。大合我见猎心喜、喜新好奇的脾胃，乃日夕搜寻于其中[1]。不久，获章太炎《国故论衡》《菿汉微言》等书，喜其奇僻激矫，遂更广搜《章氏丛书》，倚为谈助。

太炎先生文笔崛奇而立论颇为悍恣，征引宏富而旨趣却极鲜明。彼早期固以经学小学专门，然其思想实有一极为曲折之历程。大抵早年以老庄反儒，谓孔子之学玄远不及老庄，用世不如荀韩。其后研究佛学，又常以佛理阐发庄子。晚年则谓孔子境界能综佛与庄。他论学术，推原于道；以老庄高于孔子；辨儒与儒家含义不甚相同等，对我影响都很大。

由于他好论庄子，一再修订其《齐物论释》，使我也对庄子大生兴趣。但以当时之学力，岂能读得懂《齐物论释》？因此，我采取了一种最笨的方法，拿出我研究拳术的精神，逐篇注解庄子。先去图书馆搜辑所有的庄子版本、注解、论释、研究，参据众说，并就本文前后立证，偶有所得，一一旁注摘抄于钱穆先生《庄子纂笺》中。然后再录出，参稽考辨，断以己意，欲自成一家之言。

其时根本未受过文字声韵训诂及版本校勘之基本训练，纯依比对揣摩、前后互证的土工夫，逐字逐句解读。记得大一结束那年暑假，弄了一大木箱《庄子》书回台中，用火车托运，准备好好钻研一番。书太重，送到台中时，木箱全烂了。足见我当时蛮劲确实不小。

如此奋斗了一年多，庄周书卅三篇，大约前后注了廿篇左右，一篇又往往四五易稿。体例或兼释义、注解、译白等，总名《庄子义例抉微》，每篇前更撰有小序一则，则约七八百字，自矜、自怜、自喜、自伤，并阐孔老同源、儒道一体之意。前后释注，积稿达数十万言。

这个时候，用功是用功极了，无奈尚未开窍，一心想为《庄子》觅一定解，以正诸家之是非。这个愿望是永不能实现的，因为定解既不可能亦无意义。但这是很多年以后我才悟得的道理，自不能要求于此初学自习之际。除此之外，当时之用功，尚有一个盲点，即枝枝节节饾饤考辨于一字一句一章一节一篇之微，对庄子感觉极为熟稔，但又极为陌生。因为庄子思想的整体脉络结构，我并不能详予勾勒。所以渐渐就放弃了这项工作。

可是在这趟劳作中，我窥见了庄子学的堂奥，庄周开阔的思想空间、恢宏的精神蕴含、高超的生命境界与恣纵莹美的文学审美趣味，润泽我身，益我骨血。使我一穷鄙椎鲁之小子，能跳脱尘垢，长保心灵之超脱洒然，不姝姝以一隅自限者，此也。

从治学的角度说，则我也从这一段工作里获得了难以描述的各种实际操作文字、声韵、训诂、版本、目录、校勘、辑佚之经验，掌握了通读古典的能力，培养了鉴别与判断的眼光，熟悉了解庄的各种路数与著作，得益匪浅。

我本有历史癖，考据证古，可谓适符所好。经此锻炼，其癖愈深。辑掇文献、整理笺注，竟成习惯。后来着手弄的黄山谷诗编年校注集释、阴符经集释，替学生书局编史学丛书、替金枫出版社编经典丛刊、主持国际佛学研究中心整理文献、欲帮道教协会成立文献馆等等，殆皆发轫于此。学界许多朋友都以为考据非我所长。因我性情恢廓，好谈宏观大势，不奈烦琐，故往往以此讥我之为学如乘云驾雾，不能轻车慢步脚踏实地。这是被我后来的学相所惑，不知我于考据一道，曾用苦心，有真实体验，亦长期积累文献，留心于掌故也[2]。

不过，我之考据，因由章太炎启发，且系独力摸索，取径迥异于受五四新文化运动及胡适考证学风所影响之正统学院派。这些人以考证为学问之手段，并以考证为目的，认为历史的真相唯有经过考证才能豁露。我当时虽亦通读《古史辨》，且上溯姚际恒胡应麟，却总不能效法他们。我从太炎先生处学来的考证训诂方法告诉了我：考证是为了发明某一种特殊的讲法。例如章氏《膏兰室札记》卷二《朋友恩重于族人》条云：

《大戴礼·曾子制言篇》："父母之仇，不与同生。兄弟之仇，不与聚国。朋友之仇，不与聚乡。族人之仇，不与聚邻。"《曲礼》则云："交游之仇不同国。"《调人》则云："从父兄之仇不同国，主友之仇视从父兄弟。"然则其恩且踰于从祖兄弟矣，况无服之族人乎？盖友与主并言，则与相知者有异，其合以义，与师同道。为师心丧三年，与君父同其尊亲，为朋友与从父兄弟等，不亦宜乎？故朋友死无所归，则曰于我殡。古人重友道如此，所以居五伦之一也。后世先生假馆，不过为利，师道且扫地矣，而况于友道乎？

考证古礼所述处理朋友之仇的方式，其实是为了阐发后面这番议论。故考证与议论是合一的，没有这种见解的人，不会注意到古人视朋友恩重于族人；没有这种学力的人，不能征引文献来阐明自己的见解。因此，考证不是孤立、客观的。太炎先生这一条考证，应该和他排满、主暗杀、论报仇、重视友朋交道及师道等等合在一块看。如此，则考证便与史论无异，虎虎有生气，而非仅是堆垛资料的工作了。

再举一个例子。《庄子·齐物论》有云："滑疑之耀，圣人之所图也，为是不用而寓诸庸，此之谓以明。"下句既说圣人不用，则滑疑之耀（显露圆滑多智的样子）应该是庄子所批判的。但为何又说此乃圣人之所图？语意似有矛盾。前人于此，是将"图"解释为"谋去之"，如王先谦即如此说。曹受坤则说："《说文》：图，计划难也。"意思都是说不图。因为图是讲不通的。我的注，也引《说文》，但谓"啚，啬也"。亦即以图为啚字（"图"繁体字为"圖"），啚是鄙的本字，段注云："凡鄙吝字，皆当作此，鄙行而啚废矣"。把圣人之所图，读为圣人之所鄙，问题就解决了。

这纯是训诂工夫，但它与考证发现历史真相没什么关系，乃是借着考据在进行一种解释。这种解释，实有两层，一是我们对庄子的基本了解。这种了解，是在进行章句训解之前即已具备的，我们是依据这样的了解来读《庄子》，才会发觉这一句似乎不通。因为据我们的了解，庄子是不可能谋求圆滑多智的。所以我们才会想把“圣人之所图”解释成“圣人之所不图”。

换言之，并不是章句训诂明而后义理明，乃是倒过来，义理已明而后乃能发现有待解释之问题，再施以训诂之手段，使能符合我原先已理解之状况耳。具体训诂工作，即是这第二层次的解释。如王先谦把图谋解成不图谋，这也是一种训读，但尚缺乏文献依据。于是曹受坤征引《说文》，我也引《说文》。这种文献“依据”，显然是为了满足解释而找出来的“带生物”，事实上并不是证据，只是说明的辅助。

而且，大家都引《说文》，但所引并不一样，也可见文献或训诂资料是可以随人捡择的。当时我常用《经籍纂诂》。深知一字一辞，有许多解释可以任我择用。有时实在讲不通了，尚可以运用通转、假借、衍夺、错倒等说，以曲折通之。

因此，考据一道，由其与解释议论合一的情况说，是“似实而虚”的。考证的好坏，其实不在材料熟不熟或训释知识精不精，而在见识高不高及解释技术巧不巧。由其解释时可以用版本错衍夺乙、音韵通转、文字旁借等方式为之来说，则考证事实上也是“似难实易”的，仿佛须读过很多书才能从事，其实不然。像我就是在根本没读过什么书，腹笥甚俭的初学阶段试做考证的[3]。注庄之稿，若依清人著作之例录出，也有创获数百则，在当代学林未必不能占一席之地，未必不比现今在大学里讲考证解庄子的先生高明。可是那又有什么意义呢？治学之道，见识难，记诵书本子、搬弄材料、征文考献，实在容易得很。不幸学界中人在这一点上弄不明白者大有人在。我则在初读太炎先生考据文章时便略有所悟了，后经注解《庄子》这一番锻炼，脚跟当然就立得更稳啦[4]。

我受益于先生者，不只于此。如其解庄，乃用唯识学思想，这是我从未接触过的东西，古人虽亦有以佛理解庄者，但无以唯识学为说，故读其书甚为苦恼。于是找来熊十力的《佛家名相通释》，借以略明唯识法相诸名词与观念，又找到熊氏《新唯识论》，想弄清楚唯识学之是非。看了一阵，发现熊氏归宗大易，好言六经，乃更求其《读经示要》读之，并圈点马一浮《复性书院讲录》《尔雅台答问》。曲径通幽，居然从章太炎的议论考证联系到这条讲理学心性论的近代新儒家路子。

这样的走法，极为怪异，但在我则甚自然。吴怡曾谓牟宗三之进入康德学，取径甚为特殊，“是从后门闯进去的”。我也常觉得我接近新儒家，类似于此。不过，新儒家中我只对熊马有兴趣。对冯友兰，我不以为他是新儒家；对梁漱溟，则其书每本我都读之不能终卷。这可能是因为熊与马毕竟仍有书卷，马一浮尤其雅赡渊懿。对我这个有点文献历史癖气味的小考据家来说，他们讲的那一套我尚能欣赏，梁氏便不免村野单薄了，感觉其学问无甚根柢。但不管如何，对于这一派思路，其时我仍无力发明，仅能依幼年所学的一点孔孟知解与之相孚应喁和，逐渐薰习而已。我真正大有感会的，是另一种路数的学问。

熊先生是革命党人，后以革命仍需学问，故折节为学。其学力主积健为雄，谓唯识不免于虚寂，乃倡新唯识，以乾元健动为主。但这种健动乾刚只是精神的，这套学问毕竟仍以自家心性修持为着眼，欲有以安顿人心、以正性命。对于世界的安顿，较为根本，然亦较为间接。熊先生同时诸革命健者则不尔，慷慨悲歌，投袂击剑，以国事天下事为己任，而尤致力于文化保种，如《国粹学报》之类，呈现了另一种典型，旨在经世救国，激扬民气，励我则多。

我才性驳杂，飞扬跳脱，喜生事，好玩耍，因此晚清民初知识分子某种冲抉轶荡的生命情调，颇能与我孚会。但这种佚荡不轨的气息，并非生命之盲动与嗜欲之流泛而已，历史知识及杂学之积渐、时代乱离的悲怆感受，使得我很能契合于章太炎那一辈人经世救国的侠情，有一种朦胧模糊的族类意识和想为天地立心为生民立命的感觉。读《国粹学报》以及同一时期之相关著作，如梁任公、康有为之书，皆能激发我这类的感情。

而这种感情，又与读报纸社论或教科书上的教示不同，它依附于章太炎刘师培康有为梁启超等人的学术研究与文化论辩中。就如章太炎的考据系与其议论合一的那样，康有为辨今文、刘师培论古文，也都与其经世议论不可分割。我喜欢这种形态，它既可安顿我的情感，又能滋养我的学识。我从他们几位身上，几乎学到了我所要的任何东西。

那时我已点读过康有为的《孟子微》《春秋董氏学》，并由其《孔子改制考》《新学伪经考》，配合皮锡瑞之《经学通论》，略谙今文学之门径。又从章太炎刘师培处，知道了古文经派的意见。大一的国文老师李鍌（爽秋）先生恰好又指定我们寒假期间应读罗常培笔记的刘师培《汉魏六朝专家文研究》。遂趁此因缘，大读刘氏之书。

刘师培主六朝文，章太炎也是，我既循其轨辙，自亦宜仿其文字。于时不惟服膺其理论，也逐篇模拟葛洪《抱朴子》，锻炼笔力。更从清人俪体文中揣摩法式、摘选字句。盖刘氏作文实法汪容甫，《甲辰自述诗云》："我今论文主容甫，采藻秀出追齐梁。"故我亦仿之，薰香掬艳，以骈俪来说理论议。每出，必携一小纸片，遇有佳辞丽藻及特殊构句法，即一一录存，以供玩索。这段历程，不仅使我对文字工夫深有体会，渐具自信，也影响到我的运思。当时我仍不会写"白话文"，但即使后来常写通俗文体了，我的构句形式以及排比对衬的说明方法，都是学为骈文阶段烙下的痕迹。当代人多无此历炼，亦无此工夫，故往往不通文章体式、不知文字轻重浅深、不能接续中国文字之传统，“我则异于是”！

汲挹于刘氏者，尚不只此。时学校有《刘申叔先生遗书》四版合拼影印本，也有各种单行的本子，我都借来详阅，间有摘抄。有时一大段需用参考，也常割剪下来。这自然可算是败德的行为，于今我亦深感惭愧。但读其书者本不甚多，与其饱蠹，似犹不如喂了我哩。我对其著作，几乎本本精熟，无不喜欢。

在那独学少师友教益的情况下，刘氏七十四种著作，为我展开了一幅国学百科全书的规模，靠着它，我乃能触探中国学问诸领域，优游百官之富，得窥学术门庭。它与《章氏丛书》不同，章书悍锐激昂，议论骏发，能高大心志；刘氏书则博雅明通，易得矩矱。因为其中本有一部分是教科书，一部分又属刘氏家学，循之上溯清人诂经之法，似亦较章氏书为佳。

不过，钱玄同所编的这部《刘申叔先生遗书》，因删去了刘氏在《天义报》《衡报》的某些文字（有些是失收，有些则有删节，如《衡报·发刊词》中“颠复人治，实行共产。提倡非军备主义及总同盟罢工。纪录民生疾苦。联络世界劳动团体及直接行动派之民党”等宗旨，皆删去），所以我并不甚了然刘氏主张无政府共产主义的状况，对刘氏之理解仍以《国粹学报》为基准。先生有诗曰：“斜阳衰草气萧森，学界风潮四海深，天下兴亡匹夫责，未应党祸虑东林。”我读其书，感此气氛，孕兹怀抱，实与先生有同情者焉。

但此并非以章太炎刘师培等人的时代悲情及经世见解，移来做了我的感情与思维内容，而是说我从他们那儿学习到一种面对人生的态度、一种面向世界的姿势。他们的忧世悯乱之情，也强烈撼动着我。

这种撼动，与纯理性之辨析不同，例如康有为所常说的“不忍”，当然是从孟子所说“不忍人之心”来的，意思略亦近似。然而孟子云人皆有不忍人之心、皆有乍见孺子之入于井时的惊惕恻隐之心。我读之便想和孟子抬杠，因为我立刻就会想到人亦有好逸恶劳、偷生怕死、苟且趋避等劣根性，这些“劣根性”能不能也运用和孟子一样的论证方式，论证人亦皆有此恶劣之性，而说“性恶”呢？康有为之书，读来就不会令我产生此类反应。

他的《孟子微》，开卷即发明孟子不忍人之心与政之意，我曾有眉批痛驳，力主老子自然之性之说。可是，他写《不忍篇》、办《不忍杂志》，曰：“康子燕居，目若营、神若凝、心若思，眉间蹙蹙，常若有忧者。”这种不忍之情，却能深深触动我。

因其忧，非一般文人之忧老迈、嗟微贱，亦非屈子放黜而忧思行吟，乃不忍同世父老之不能乐其生也。这样的不忍，常令人忧居不乐，“沉饮聊自遣，放歌始愁绝”，有何可羡？但康有为视此为一种天生的担负，他说：“我有血气，于是而有觉知、而有不忍人之心焉。以匹夫之力、旦夕之年，其为不忍之心几何哉？余固知此哉！无如有不忍人之气、有不忍人之欲，只知所就有限，姑亦纵之。”不忍，竟成为人生之所无可奈何者，且一往不回，长愿耽溺此境。

此时，不忍人之心，已非孟子所讲的超越之善，而是血气、是欲嗜、是我才性中不能割舍的部分。我的学问，就只在尽此不忍而已：“吾何所学也？曰：尽余心之不忍，率吾性之不舍者为之，非有所慕于外也，亦非有所变于中也。”（皆见《康子内外篇·不忍篇》）

这个时候的康圣人，实已不再像一位救世教主，不像以圣贤自居、高高在上、要诵说真理待人俯首听教的大师，而是缠绵胶固地受他自己内在不忍之情折磨着的一个人。这个人努力地想平抚他自己的悲情，也努力地想促使那令其不忍的世界合理化，却又耽溺于此不忍之情中，徘徊恋执，无法弃舍。这种“痴顽”状态，才是康有为最动人的地方。其迂拙、其固执，俱可由此见之。而所谓经世济民之心，也不必从什么知识分子的责任，或具体的衰世稗政方面去理解，因为那根本就是“未免有情，谁能遣此”的。不是外加的责任，也不是对时局理性思维的结果。正是这种无可救药的态度，令我大有感会，远胜过理性知识的辨析，在生命内部大生孚应，以致俯仰多哀，恻恻不已。

在学问上，我自不能与诸先生比肩。但在心境上，我自觉与彼等乃同一时代之人，亦为同一心灵层次之人。下瞰兹世，实深伤悯之意。

记得苏东坡官凤翔时曾作《凤翔八观》诗，其序曰：“凤翔八观诗，记可观者八也。昔司马子长登会稽、探禹穴，不远千里；而李太白亦以七泽之观至荆州。二子盖悲世悼俗，自伤不见古人，而欲一观其遗迹，故其勤如此……”这八首诗，皆写凤翔附近的古迹，而寓悲世悼俗之意，如《秦穆公墓》，翻案为诗，谓非穆公用三良殉葬，实三良自殉：“乃知三子殉公意，亦如齐之二子从田横。古人感一饭，尚能杀其身。今人不复见此等，乃以所见疑古人。古人不可望，今人益可伤。”又，《真兴阁寺诗》也借王彦超建高阁之事，说：“古人虽暴恣，作事今世惊。”凡此等等，都是在观览往哲遗迹时，想见其风徽，而兴发了思古幽情。

这种幽情，对当世，都是批判的、伤悼的。传统之所以能成为一种批判的力量、成为提升一个人超拔于时代流俗之上的力量，大体即起于此一状况中。故古代儒者，往往游观山川文物，谒见当代名流贤达，借以恢拓胸宇、超拔流俗。

我生朴鄙，无法如司马迁、李白或东坡那样，“身行万里半天下”，游观崇山大泽、人情物理；又少机缘获接当世贤豪名流，以见人物之典型。可是我从书籍上尚友古人，亦得以接闻声欬，感受相俱，与之揖让进退。这样的体验，当然更强化了我悲世悼俗的态度。逆俗激矫的生命，由与时代对抗，转为俯瞰悲悯、伤怜生民。感性流荡的历程，亦因此而由感生悲。在才性感欲中充廓此不忍人之心，思开不忍人之政。

注

1. 四库全书，我曾读过的，为文渊阁、文澜阁、文津阁。文澜阁本于杭州见之，文津阁本曾访诸承德避暑山庄，后乃于北京见之。然皆为一九九〇年以后事。我读大学时，文渊阁本四库全书尚未印出。

2. 掌故之学，放失已久。我之好掌故，受启发于龚定庵。而当代谈掌故之名家，如高拜石《古春风楼琐记》《南湖录忆》，以及彭国栋、李渔叔等人之书，影响我也很大。后来与高阳先生熟，他亦喜言掌故。掌故者，考辨故事如在指掌也。此所谓故事，非通俗意义，亦非泛称旧事，乃指旧日因人或因事而形成之典制。此等典制，如高阳所曾写过的《上班考》之类，因非宏纲大法，故正史往往弗录；然其虽事微细，亦可以见世变、觇机隐。如《梦溪笔谈》卷一《故事一》有一则说："礼部贡院试进士日，设香案于阶前，主司与举人对拜。此唐故事也。所坐设位供张甚盛，有司具茶汤饮浆。至试经生，则悉彻帐幕毡席之类，亦无茶汤。渴则饮砚水，人人皆黔其吻。非故欲困之，乃防毡幕及供应人私传所试经义。盖尝有败者，故事为之防。欧阳文忠有诗：'焚香礼进士，彻幕待经生'，以为礼数重轻如此，其实自有谓也。"这种考场中的小规矩、小惯例，即称为故事。故事之起，必有来历。考其来历、辨其讹误，便是掌故之学。当代如庄练、郭立诚、高阳等皆为此道高手，然非正式学院文史科系所重，故均不免于抑郁。我亦因濡染于掌故之学较久，所以治史往往先稗官札记丛考而后读正史。廿四史并未通读，即连四史亦不熟，但新兴书局的《笔记小说大观》正续编却是熟的。这种可笑的读书法，在正式学院派史学系科班出身者看来，亦当属野狐禅，其实自有好处，非不谙此道者所能知也。当然，若仅偏于掌故而荒忽正史，也是不对的，我并没有文过饰非的意思。

3. 我与考证辨伪这套方法学缠搏甚久，反复思量，入乎其内，出乎其中，才逐渐发展出有关方法论的思考，并以此旁通史学方法与西方方法学之各种理论。这一点，与当时中文系的朋友殊不相同。因为在我之前，中文系尚沉浸于两大系统中：一为台大及“中研院”系统，上附胡适、顾颉刚、傅斯年之考证辨伪学，如屈万里先生《古籍导读》所代表者，即为此派之治学方法。另一派则为林尹、高明诸先生所主持之师大、政大系统，上附于章太炎、黄侃，而实以小学为主，谓训诂明而后义理明。而他们虽各主张其方法，却只能遵循前辈规矩，视其理证为当然而已，并未反省其方法之是非短长，故皆不足以语方法论。在我同时，中文系中另有部分朋辈因不满其迂固，又遭西洋文学理论、比较文学研究风潮之刺激，乃反思治中国学问之方法，而亦渐发展出有关方法论的思考。可是他们因情感上厌弃这些考据辨伪，所以并不擅通这套方法，其方法论思考亦多借径于西方。大概只有我能真正从面对考证辨伪训诂之方法，逐步探索人与历史、文献与诠释等问题，而发展出一套方法论，以彻底摧毁乾嘉与五四两类考证方法的典范地位。

4. 有关方法论的问题，后文会再申述，此处只能指出：这个问题在我治庄子学时即已构成我的中心困惑，不解决不行。因为古来论庄，或目为老子学之后劲，或视为孔颜嫡胤，或以佛义解庄，或云庄子即杨朱。后两者可以不太理会，前两种看法各有理据，如何处理？若这一点无从确定，整个庄子的文句解释都无法进行。但从这一点上，就使我发现了诠释观点与诠释角度，会影响整个文义字句之理解。其次，关于庄子之定位，我是会通二说的，谓庄子既为老学之阐发者又是孔学的后裔，因为孔子本来也就从老子问学，孔老儒道，二学本一。这个讲法，在考证上不能承认老子晚于孔子，只能想办法证明老子及老子书确实在孔子之前。而要维护这个立场，即不能不在考证上与主张老子书为伪书、老子乃孔子以后甚或庄子以后人者硬碰硬大辩一场。恰好有关老子的争论，是近代辨伪史上一大公案，相关文献几百万言，各种考证法全用遍了。我即于此反复钻研，比勘按据，仍坚持老子其人其书不在孔子之后。对于我所坚持者，现在我已可以不再如此坚持（倒不是怀疑我的理据，而是此一问题对我之重要性降低了），事实上亦可以不必坚持。但经过这种方法学的反省后，我发现主张老子在孔子之后的任何考证方法，都是成问题的；这些考证，也根本不能证明什么。我大三开始写的《古学微论》中尚收有《辨老》一篇，即是对此而发。倘非经此一役，我是不敢肆口乱出狂言的。

用 情

我入大学，在一九七三年秋天。刚从成功岭受完军事训练回来，便扛了一包铺盖，搭火车去淡水。

在去淡水时，我正盘算着重考的事，想先读一年再做打算。搭上了火车，一路晃呀晃地由台中到台北，再从台北转车，摇头晃脑路迢迢，气闷不已地过了北投、忠义、关渡。忽然，火车穿过了一个不太长的山洞。光线乍暗复明，我忽感觉天地骤然阔大了。急忙趴在车窗上一看，呀！河水汪汪，从车身边上一直漫到与天接壤的地方。铁道沿着河，绕成一条弧线，也一直延伸到天边。河面上立着一座山，山不甚高，亦未见得多么雄奇秀丽，可是衬着水光，青绿浮漾，云就镶在山腰上，河面显得分外静定幽美。我爱上了这河，也喜欢这山，重考的事，就不再去想了。

生命中美感的判断，往往决定了许多事。

我到淡水以后，寻路上山。学校乃在山上。石阶有一百多级，以青石块叠成。往上一看，石阶顶头上只有白云，没见到什么黉舍栋宇。阶梯旁苍松蔓藤杂草丛生，厚厚一层苔藓，虽有花花绿绿的迎新海报四处张贴着，也掩不住那种乡野的拙稚的表情。费力扛着铺盖，挥汗爬完台阶，才看见校园。

先是一排宫灯道路，两旁旧式的宫殿式平房。灯柱漆成白色，减去了俗艳的感觉。房屋在花丛树木里，只露出灰色瓦顶和一些暗赭色的墙面，木条窗棂、红色的廊柱。整个校园之全景虽然还不清楚，但我已很满意了。就是这样一座校园，这样的山、这样的河，以及山河边上的海，让我留了下来，而且一待就是二十年。

我当时自然无法逆料到这些，我先要解决我的学籍问题。因为我考上了德文系，但我想转读历史。恰好我国文分数甚高，依规定可以转入中文系，也只能转入中文系。于是便去注册组找主任。他要我坐在房间里等着，他替我直接办好了一切手续，我便进入中文系就读。

中文系班主任是于大成先生，他也是先考上淡江外文系后转读中文的，获台大文学博士后才返校任教。清癯彬雅，但博闻强记，多艺自负。新生训练第一天与我们见面，即说：“欢迎各位，我叫于大成，想必各位对我的名字都已如雷贯耳了吧！”我大吃一惊，既震于其自负，也深为自己孤陋寡闻感到羞愧。

因为我生长僻乡，每日来往所见，无非校园与书本。虽偶读杂志报章，但耳目仍极隘陋，心胸见识亦不能到某一层次。对于先生当时正在“中华日报”与人大打笔仗，谈中文系之前途，以及他正主持华视国文教学节目等等，均一无所知。而且不只是对于先生无所知，对整个中文学界、中国文化研究及发展等，实亦毫无了解。于先生甚自负，我也觉得我很不差。然而于先生自负是有道理的，我一无所知而竟猖狂自负，岂非无聊？

这种体认，当然也仍是感性的，是意气受了激荡，才有所感发。但感性鼓荡的生命，并未因此而沉潜入理性领域里去收束，而只是继续表现着负气恃强的脾性，又同时背负了自惭自惧的感受，在生命内在形成紧张，造成压力。以致面对人群时，我刻意显得任性使气，骋才自喜；面对知识、世界和真实的生命，则局促不安，自愧浅薄渺小。这种紧张，压挤着我，把我推向一个荒远幽邃的境地，让我去感受存在的痛苦与冲突，又使我有了不断探索前进的驱力。

此生命之“兴于诗”而不能“立于礼”也。我入淡江，在校园中获得了生命的滋润与开显者，便是此诗的感兴。无论是长河、落日、宫灯、瀛苑草坪、牧羊池，或生活中的各种触接，都带给我诗的美感。例如早晨起来，校园中露气液泽的蔷薇花丛；清夜雨后大树底下弹拨古筝的女子；夕阳斜照的瀛苑树干上，不断往上爬，准备爬上去蜕壳的蝉虫，均使我沉浸在某种气氛中，渐有芳芬悱恻之怀。

淡江中文系的师友又优容放纵我，让我在此中生长。这就像草木，自然的生命，获得了阳光、水和土壤，便自然生长起来，倘无风灾虫害，渐渐就有了姿态、渐渐就长成了大树。这些树木自具体格，枝干槎丫，横斜怒立。当然未必均足以为栋梁，因为它毕竟缺乏剪伐修治。但其自然清新之趣，亦不可掩。这时，我刚从考试的体制中勉强窜脱出来，“病梅馆”中羁络捆束太久，全凭天生一点清气、刚气甚或戾气，才挺住了生命，乃竟恰好淡江的感性世界与我乎应了，我遂从此得到了恣性生长的机会。

兴于诗的生命，在表现其生长时，当然也将表现为诗。

其时中文系在宫殿式建筑中占有一栋，共三间。中为办公室，旁隔一小间为工友住处；右为教室，左一大间又隔为一研究室一图书资料室。盖当时正准备办中文研究所，故系中立了一个研究室。聚了许多书，也集体注译了《文心雕龙》。我几乎每天都钻进这个研究室去看书，与工友混得极熟。他是位老荣民，口音很重，一般人听不懂他说啥，我能跟他扯扯，他自然很高兴，常开门让我看书，也允许我把书搬回去读。后来我发现他房里才是宝，里面藏了一套艺文印书馆的百部丛书。

我在大一时主要就是啃这些，几于饥不择食。过了寒假则开始注解《庄子》。在研究室里坐的主要是王仁钧、韩耀隆、王甦几位老师。王甦老师似正在校《宋书》，王仁钧老师是研究庄子的，他们都对我很优容，任凭我胡搞。我注的庄子稿，想要印刷，王老师还让我以他的讲义为名义向学校申请。他们知道，这个时候我所需要的是鼓励和宽容，所以并不强加指导，除非我自己觉得需要他们帮助。

就这样恣性蛮干了一阵，我的感性生命渐渐集中到诗这方面来了。所谓“聋人也唱胡笳曲，好恶高低自不闻”，没事就试着诌几句，也试着整理我对诗的意见。在大一时写了篇论李白的文章，翻案抬杠，硬说李白是爱国诗人云云。大二时则发表了《笑庵说诗》一文。笑庵是相对于哭庵易实甫而来，彼以人生为可哭，我偏要以人生为可笑。这样命名本身就很可笑，亦可看出我那种少年恃强激矫的性格。不过诗论与哭或笑并没有关系，乃是综合我当时对诗的理解而成。许多见解，系摭拾古今诗话诗论编织融裁，但亦有心得语。

例如我说:《诗经》以后，诗之流别甚广，锦句瑶章，络绎间出，变化甚多，今后作诗者应何所取法呢？我主张:“处于今日，当独具只眼，溯流而上，循末返本，以通其源，以达其理。”然则，诗之本源是什么？依我看，就是情感。所以我说:“哀乐之心感，而歌哭之声发。喜怒之情泻，而倾抒之篇作。……诗者，缘情绮靡，本吾人心灵感情之表见。”由此观点，我一方面强调诗应该是“必先有所触以兴起其意，而后措诸辞、属为句、敷之而成章”，不能为文造情，更不能骗人，写出“舍弟江南死，家兄塞北亡”这样的句子。情要真，不能妄想揣摩。另一方面，我也明白只有真情也还不够:“有其情焉、具其感焉，质直敷陈，绝无蕴蓄，以质木无文之篇，而欲动人之感，难矣！”所以我又主张用暗示与象征等手法，去达到含蓄绵邈的意味。同一种感情，可以有很多种写法，而重点在于删汰陈言。如何去除陈言淫辞以及肤浅的思想呢？依照我循末返本的观念，那当然只能从作者多读书多思考处着手啦。如此，诗发乎性灵，而其成就则在乎学力，故文章末尾以才学结合为说。

此文刊于《淡江文学》第六期，约七千字。文字华赡，理论上也还能自圆其说。当时教我们诗选课程的，本是刘太希先生，因惮于跋涉，辞去，继任者为张梦机先生。梦机师看了这篇文章，很喜欢，对我多所鼓励，我也从他所写的《近体诗发凡》中获益极多。

事实上，梦机师的教学，虽以讲授诗法为主，但感发之处，乃在性气而非理论。先生豪爽诙谐，理平头，壮硕如橄榄球员，烟瘾很重，吞云吐雾，望之殊不类"诗人"。然其气质、其生命，实为一不折不扣之诗人，缠绵易感，悱恻多情。晚近病废，中风数载，又遭父丧，并赋悼亡，历人世之苦痛，口喑足痹，诙谐俱歇，但洗尽一切，还归诗人本色，作《药庐诗稿》数百首，读之肃然。如此人物，本身即为诗也。故其教学，仿佛坐谈，沉浸在一种诗的气氛中，知此即为诗，但不确知诗法为何。梦机师学生很多，均能知诗之美感、得诗之趣，然能循其法度，作诗，成为诗人者则甚少，殆以此故。

实则梦机师之诗法，承自李渔叔先生，具详于其硕士论文《近体诗方法论》中，后出版易名为《近体诗发凡》。大抵系归纳整理古来传统诗法而成，似修辞学之条例法格，而实另有渊源。如以"桃李春风一杯酒，江湖夜雨十年灯"为实字健句，谓其多用名词字，可令句法健实；"时方随日化，身已要人扶"则为虚字行气，谓其句意靠虚字腾挪，诗意可显得较为曲折流荡。凡此等等，对我帮助很大，使我得以具体分析诗句写法的不同，知烹字炼句之法。参照着梦机师送给我的他之《师橘堂诗》，让我不只能纯从感情层面去讨论诗歌，也能具体探讨诗句的文字构成。故又试着写了《双照楼谈屑》等几种诗话。现在偶尔从旧箧中捡出翻阅之，还能感觉得到那疏野纵放的气息，还能令我追味那拥鼻高吟、自命为诗人的岁月。

梦机师时仍主持大专青年诗人联吟大会。我也在学校组织了一个淡江诗社，参加者有书国符等人，我们办演讲、参加诗会，好不热闹。偶上阳明山参与中华诗学研究所之吟席，得亲近文坛长者，与闻老辈掌故，击钵射虎，更增添了不少诗兴。

一九七五年参加联吟大会时，适逢蒋公中正之丧。前一晚，震雷暴雨，为平生所仅见。清晨坐车往台北，始得知其噩耗。诗题本是“阳明山赏花”，当然也就改为悼念了。这样的题目，我们小孩子怎么作得好？所以诗会乏善可陈。但下午办了一场演讲，我谈黄鹤楼诗，师大由简锦松代表，他也讲了一题。讲毕，有一人来找我，跟我谈王船山的《姜斋诗话》。随后他来淡水山中找我，另邀了李瑞腾来。瑞腾正在文化大学读书，也是梦机师的学生，但以浸淫现代诗为主，与我之路向原本差异甚大。然他一眼即看出我论诗语多受《文心雕龙》之影响，遂相与论文学批评事，使我大开眼界，始知有“文学批评”这门学问。有关比较文学及传统文学与现代文学之间的关联等问题，大概也都是通过他们而有所接触的。

因此，以诗会友，既使我能参与老辈诗人文宿的燕集，增益闻见，深入体会他们那一代人的思维性气以及对文学的态度，进入那个传统之中；又让我得以结交文学事业上的朋友，一同奋斗，实在是难得的收获。站在人生旅行车前徘徊的少年，终于摸着了一把钥匙，打开车门，驾着车子，向前奔驰了。

此时课业导师是申庆璧先生。申老师号完白，又号申如。是云南的“国大”代表，并任校长张建邦先生之秘书，负责文稿，乃极肫厚极诚笃之长者。对于三民主义有真实之信仰，对地方自治曾积极地推动，对教育极为认真负责，对学生至为关爱，是我所曾见之完人。为人与行事，无一毫可议。他爱护我，怜我家贫，除鼓励我写稿，帮我发表外，并要我向学校申请一种特殊的奖学金。

这个奖学金不是以课业成绩申请的，而是提出论文大纲，由学校同意后撰写论文。得过学业奖的人也还可以申请，所以我可以再得到一份奖助。

当时学术论文写作还未形成风气，直到一九八三年，教育部门调查全台湾私立大学教师，尚有76.4%的人从未发表过论文，何况是大学生？何况是在一九七五年？故此奖学金一向较少人申请。但申老师鼓励我写，他担任指导教授，题目是“谢宣城诗研究”。

我大约写了六七万字，搜集了许多版本与资料。有问题则去城区部校长办公室或新庄他的寓处找他。论文当然写得不好，因为缺乏经验，尚不能处理大篇幅的论述。然此经验甚可宝贵，申老师也很保护我，使我以后对于论文写作不致望而生畏，有勇气进行更艰巨的论文尝试。

不过，研究谢宣城，使我认清了我对诗的理解其实还很肤末。我所能掌握的，只有从梦机师那里学来的一些近体诗诗法而已。汉魏之高古、齐梁之选体，我都难以措手。只零星选读过一些名篇，想探索一位诗人，也尚欠本领。这时，我遇到影响我极深的张之淦老师了。

张师字眉叔，号遂园，湖南长沙人。在蒋中正先生侍从室秉文事甚久，后出，任职于国民党中央党部。才华高骞而识解明达，久历官场却不失赤子之心。非今日之所谓党工所能望其项背。在淡江兼课，讲授《战国策》及历代文选有年。我升大三时，老师忽拟开讲《吕氏春秋》和李义山诗。学长谆谆告之，嘱我们一定要去上。然因与其他课程冲堂，我仅选了李义山诗。后来才陆续又修了老师的东坡诗、六朝文等课。

张老师上课，准备极周详，说解极深入，引经据典而趣味横生，所以纵使听不懂也十分欢喜。听懂了，那就不是懂得了有关李商隐或苏东坡的某句诗某件事，而是懂得了一种做学问的方法、一种观察事理的角度。所以他教学能随人性分心量而令其皆有所得。他本身诗文造诣又极高，故听他讲书，便如他和东坡义山等人诙谐论艺，而我侍坐听之，其感受自与一般泛泛讲说不同。

在第一次期中考过后，老师找我去谈，并命交诗文来看。我遵嘱抄缮上呈。老师说："很好，但可以再动一下，你下礼拜再来一趟。"下周课间我便去教师休息室找他。只见我的诗稿已遭大红批勒，窜易删改，几无余字。老师并有长篇批注，教示作诗法门。我很羞窘。因为向来老师们都说我了不得、有才华、诗文出众，不料在张老师面前竟是如此不堪。张老师详细替我看病，开导解说一番，然要我拿回去修改，改好后，下周再来复诊。我拿回诗稿，回家苦苦翻修了一个星期，才再送给眉叔师看。老师说："有进步。放我这儿，你下周再来。"下礼拜去，又已改得一塌糊涂。然后告诉我，为何如此改、为何此处仍不妥稳、应如何运笔、如何转换思路等等。有些地方我仍不明白，但我相信他必有道理，遂回去继续苦思其理，一再试作。如是者，数载。

这是我在课堂之外获得的额外指导。眉叔师待我，则如子侄。我很庆幸能有此伐毛洗髓之机缘，也庆幸当时自己没有狂妄自是，而能诚心接受指导。自然之生命与才情，经此整束，始能敛才就范，始略知为学之规模及成学之甘苦。

后来我也常想以眉叔师栽培我的方法，用在一些学生身上。可惜这些朋友，无我之才华，性气兀傲则胜于我，以致承教者往往不堪教诲，堪教者又往往不愿承教受训，我实深感遗憾。由我的体会来看张老师，我乃渐能了解他为何在我身上花这么大的心血。有次他曾对我说："我非有爱于你，实是感到人才难得。我为国家惜人才。也希望你善自努力，不要自己糟蹋了。"令我闻之瞿然。

从眉叔师处，不仅锤炼了诗文，也懂得如何深入去理解一位作家。这并不是件容易的事。平日我们讲“了解作者”，讲得很轻松，好像不是什么难事，但真正做学问可不是如此。《孔子家语·辨乐》曾记载孔子跟师襄子学琴的经过。孔子学了一段时间后，师襄子说：“可以学新的了。”孔子说：“不行，我只学得曲子，拍子还不准确呢。”又过了些时候，师襄子说：“拍子行了，可以学新的了。”孔子道：“不，我还没把握其中的主题哩！”再过了些时日，师襄子说：“可以了吧？”孔子答：“还不行，我还没能深刻地理解作者呢。”再过了一阵，孔子才说：“我现在摸索出来了，这是个有深邃思想的人，难道是周文王吗？不是他，还有谁能作这样的曲子呢？”我不是孔子，但现在学诗，似乎也经历着同样的进境。

除了能深入理解作者之外，我对唐宋诗的风格也有较多体认，后来我对宋诗风格的研究，主要奠基于此。但眉叔师告诉我，要学诗，不必从唐宋学，由晚近诗家入手较易见功，因为时代太远、境界太高的作品并非初学所宜，因此借给我许多晚清名家诗集，如郑海藏、陈散原诸先生诗。

这些诗集上都有他的眉批，指点诗法、度人金针，我从中得益匪浅。后来我主编《国文天地》时曾摘抄了一些刊出，足证我之所言，并非阿私所好。这些晚清民初诗家，本身诗文就很值得研究，而其来往踪迹、出处进退，亦关涉时事朝局，颇饶掌故。我对他们当然也大感兴趣。钻研下去，实有意想不到的收获。

因为张老师当时已把我的诗稿拿去大华晚报发表了。主编大华晚报《瀛海同声》诗栏的，是江絜生先生。江先生为世家子，曾获交朱彊村。来台后，每周在西门町“夜巴黎”聚会，邀人谈词，前后凡十数年。辱蒙他赏识，认为我的笔性若作词会更好些，曾托张梦机老师带我去峨嵋街他寓所，意拟收我为徒，教我填词。

我甚感其盛意。但记得眉叔师曾告诫我，他早年学词，曾经呕血，我深于哀乐，作词恐损年华，故不准我填词。只好婉谢先生盛情。

可是，类似江先生这样，欲将其获授予朱彊村者转授予我辈身上，这种心情我是了解的。我与这些老辈交往越多，越能感受这种心境。当然，也因为这样，我对朱彊村他们那个时代也就越有感情。

这样的情形很多。例如眉叔师有次命我去拜访王开节符武先生。王先生与陈苍虬家世交好，又任俞大维先生记室甚久，坊间所见俞先生之题署，其实多出王先生手。我去与王先生谈后，王先生把许多资料借了给我，也把他抄的周弃子先生诗送给我，并索我诗文交给周先生看。我因此得识周先生，亦较了解晚清及伪满一段史事。

王先生与俞大维家族交非泛泛，俞先生家与陈寅恪家又数代姻娅，因此我也颇得闻俞恪士与散原翁等之事迹。眉叔师很喜欢散原诗，曾拟作注。当时商务印书馆的《散原精舍诗》则是周弃子作的序，俞大纲先生亦曾景刊一种散原诗稿的手写本，俞先生本身的《寥音阁集》则颇深于义山冬郎……这些，编串在一起，形成一种特殊的网，史实、掌故、人物、诗文，左穿右斜，串组在一起，然后旁涉到陈寅恪的史学、陈衡恪的文人画、郑海藏沈子培的书法之类的问题，滚成一团。从每一点切入进去，都可以旁交错午地勾连结合起来。

这对我的吸引力太大了。这是具体的、整体的历史，而此历史又非纯由理智知之，乃是在各种亲疏远近人情交会中逐渐浮显出来的。所以它们对我而言，都不是理智的客观存在物。我读陈寅恪或其他某某，会想起许多事，会有许多情谊感会生于文字之间。

何况我对晚清本来就格外熟悉，康有为章太炎等人之学术，对我实有说不出的亲切感。而康氏为岭南诗家巨子，章则代表当时力追汉魏之风气。其他每个学人的诗也都很可观。因此整个晚清诗坛，不但纠缠着我个人的师友情谊、感性联结，也可以跟我对彼时社会政局学术思潮的关切紧密结合起来，形成一个整体的了解与感知。这种感知，不是从排比资料、辑葺文献上客观考证史事，或从思想体系、观念与逻辑方面讨论学术及思潮的人所能知的，也非纯粹赏玩诗篇俊语者所能梦见。实际上，当时学院里研究近代史的，没有一个人研究过诗；讲晚清文学史的先生也只晓得几本小说。此等境界，自然是无人能到的。

我既以特殊机缘而对晚清诗与诗家大有感知，乃发愤写一部《近代诗家与诗派》。大四开始写，写了一年多，成稿二十万字，后来又重写了一次。收集及经阅之诗集史料，自谓并世罕俦，有些材料从未被学界发现使用。如《樊樊山集》数十册，本系东北大学委托国立师范大学收藏。我想法子借出，再请王开节先生交文海出版社影印出版。《今传是楼诗话》也是不知从何处觅得，再设法出版的。这些诗集诗话，在近代不获重视，故多佚散，也乏人研究。我四处搜讨访求，有时以单篇论文董理，如陈苍虬的诗集有几种刻本，我做了些比较，刊于《学粹》杂志。有时我会做点叙录，如刘师培《左庵诗录》、溥儒《寒玉堂诗集》、巴壶天《玄庐剩稿》等，均有叙录，以《灵香偶拾——啜霞堂读诗记》为名刊布。这些东西，零零碎碎，但对我的总体论述甚有帮助。

这部稿子，对晚清诗坛的理解，太受陈石遗、汪辟强的影响，于今视之，并无太大价值。不过，它也并非没有可资参考之处。十五六年后，我曾摘录其中一部分，刊于《中国学术年刊》，可见它还是有点“学术”价值的，现在又过了五六年了，学术界在此，亦无太多进步可言。

但这并不重要，我所看重的也不是这篇习作的什么观点、论证或考订；而是在书写着这些人物时，我的许多感受。

晚清诗人处在一种特殊时代场域中，感国族之沦胥，伤文化之裂灭，茫茫沉哀，流漾于其诗词之中。而他们，无论是佯狂玩世的湘绮老人、被慈禧斥废的陈宝箴散原父子、任溥仪师傅的陈宝琛、当溥仪后婉容师傅的陈苍虬、为伪满洲国总理的郑海藏、长歌当哭的易顺鼎、不见容于国民党的革命元勋章太炎、保皇复辟尊孔的康有为、忠君自沉的王国维、遁身黄冠的清道人……他们多是遗老，对民国缺乏认同。而他们的人与诗，也迅速地在民国和五四新文学运动中被遗忘。

在自我放逐与遭受放逐之间，铭刻着一段泪痕斑驳的历史与一些诗篇。它们压在时代的底层，就像昆明湖底的劫灰，诉说着天火劫烧、万念俱灰的悲哀。翻动这些历史的劫灰，我可以看到国族离乱崩析的痛楚，可以感受到文化沦灭的惊恐，也可以体验人生存在本质的哀感。这些都震荡着我。尤其是生命无端的哀感，王国维所说的那种“人生过后唯存悔，知识增时转益疑”，触动了我少年易感的灵魂。我本是个哀乐无端的人，会无端莫名地伤感，而这些诗家慨痛国家乱离、文化沦灭的言辞，乃又恰好提供了我伤感的材料。所以生命本质性的悲哀，和时代文化衰乱的感受，滚动扭合在一块，充胀胸臆，忧生念乱，感时伤逝，彷徨痛苦不已。

我沉浸在这种痛苦之中，品尝着痛苦的折磨，晚清诗人的沉哀，渐渐化为我生命的一部分，他们的文化态度，也构成了我面对我自己时代的姿势。如陈寅恪所诠释的王国维一般，拥有一种文化遗民苍凉之感。我当然不会自沉于淡水河，但我对这个时代是愤激不满的，对世俗是难以苟同的。对文学和文化，我所认同与精擅者，也正是与这个时代背道而驰的东西。

因此，我乃成了个文化上的遗少，与晚清这一批诗人有着复杂的、深沉的同体感。也就是在这样的感受中，逐渐形成了我的理解，也形成了我的方法论。

容我对这几句话再做些解释：

在自然生命之成长期，我虽稍就砻冶，但不仅未丧失我的性气感情，反而是借由诗歌，条鬯畅发了我这种情性，也深化了它。情感从自然生命的层次，贯连于总体人文及存在领域。个人才质性气，与文化相感互应，融为一体、所以形成了文化的同体感。对文化的护惜，就与面对自己一样。我对文化的理解，即建立在这个基础上。对许多具体的历史文化事务，我并不见得十分清楚，但我自信自觉最能了解它。那是一种对老朋友老狗式的了解，极其熟稔、极有感情，而且也是生命中不可切割的部分。我讲说、应会之，不需要什么道德勇气、文化使命、责任担当、知识学问及其他一切理性法则。那些，正是外界用以认识或称许我的，而我从来即明确地知道，我与它们了不相干。

但诗人的生命并不只是文化的，他还经常处在非理性的境域中。要在其中畸裂、在其中沉沦，在其中感受人天破解、神魔同在的痛苦，要体会生命的存在与不存在，要试探罪恶邪妄和道德的边界，要体现原始性气的欲求，要倾听一切生活世界微细的声响，心境往往苍凉，情绪辄多惘惘，偶或清狂，实则忧伤，踽踽独行，在寂寞之乡。

这是不可排遣的孤寂，也是最深沉的自我。我的诗歌就多半显现了这种气息，如“苔痕未许寻行迹，茗榼宁能慰惋伤”“徘徊听衬冥冥雨，寂寞回添悄悄灯”“深杯微影忽成幻，入水枯鱼不择流”“我为伤春真惘惘，犹来三界落花中”“自喜清狂成久客，莫教惆怅负新醅”之类。溺耽于这种惆怅寂寞中，少年的我，遂显得格外老成、格外孤傲、格外阴沉。而这个地方，也是我与他人不能沟通的最私密部分。在此中俯仰歌哭，自喜、自怜、自嗟、自伤、自负、自怨，孤往独寻，并与遥远的古代某一孤独之灵魂相契会，即是我所品尝得到的最大人生乐趣。

佛家论修证，如达摩所云，有所谓“二入四行”。二入者，谓有行入与理入两种途径。我则如上所述，既非行入亦非理入，乃是感入。感此生涯，哀此时世，遂即以我之所感，感昔人之感，又以昔人所感，应和我之所感而已。因此，我论历史的理解，完全不相信客观及史料之方法论，强调历史的解释会与解释者存在的境遇感相结合。

这一点，在我后来的学术论述中发挥甚多。说明其理据时，有时会参用西方诠释学等各类讲法。但我并不是受到谁的影响才这么说的。我的理论及理论之所以提出的原因，更与其他人都不相同。甚至于，我也可以说：感生涯、哀时世，随吾所感，发为诗歌、写成文章时，为说明我之所感，这些文章当然要寻求理证、铺陈体系，但基本上仍是缘情、仍是兴于诗。理论未必周圆，说解不免挂一漏万，可是这其中有真实的力量、有感兴，而不是讲形式、套理论、装派头、凑声口、卖弄身段。这才是我的长处，以及本领之所在。在要求客观理性的场合、在讲究仪度规格的学术论文中，我也从不忌讳表现我的情好爱憎，或用理性的方法去抒情、以抒情的态度来讲理。这样，当然会替我引来许多怀疑和批评，可是那又有什么关系呢？在“众人皆欲杀”之际，也正是我“我意独怜才”的时候哩。

兴于诗而又表现为诗的岁月，就是如此才华骞举，意气感荡。我不晓得是否别人读诗学诗也会弄得如此复杂，但我常感到我的许多行径在冥冥中契合了一个声音，那就是：“子曰：小子！何莫学夫诗！”

是的，我听到这声诰命，也在这场学诗之旅中开启了生命的初航。若不学诗，我真是要“犹正墙面而立也”。

失　乡

世上有许多好地方，台湾即不少。可是人与土地的感情与关系，恰如人与人的交往。某些人，世所共许，我独不喜之；某些人，畸行褊性，人所嗤议，而我独与之相得。土地也是如此。

我生于台北，稚龄嬉弄于南机场之情状，虽常在眼前，对其地实无感受。三四岁随父母迁居台中，生活困顿，辗转徙移了几十次。情形就如但丁在他自传性的《宴飨集》中所写："像一只没有船舵，也没有风帆的扁舟，苦贫的焦风任意地把我吹向不同的港口和海岸。"搬家既然成了生活的常态，跟居处环境根本无暇发展出什么太深厚的关系，因为地址和回家的路才刚刚熟悉，差不多又准备搬家了。新交之不能如老友，实在毫不稀奇。因此，我不但从籍贯上认识到我是个异乡人，具体的生活也无法让我有乡居的感觉。

异乡的漂泊生涯，从血缘连贯到地缘上。父亲从江西，走广西，入海南，来台湾，营生失败，乃移居台中，又不幸为洪水漂没，只身孑走，妻孥几乎不保。借赁摆个摊子在街头卖面，何处是真正可以落脚之处？就在那街头，车辆和行人扬起的风沙中吗？十字街口，就是我们安身立命的地方、展望前途的所在吗？他每天坐在面摊子前，看着阳光和暴雨，等待着飘忽不定的旅客。迎来春夏秋冬，送走陌生不知名的客人。他当然无法认识或认同这个社会，因为社会对他来说，本来就是飘动游移的。他的生活世界及生命依托，自然仍只能在他所曾真正具体、落实地生活过的家乡上，那个“江西省、吉安县、值夏镇的龚家村”上。

我从血缘上继承了这个地籍，也从认识上认同了这个地籍。父亲曾绘我龚家村地图，指而教之，何处有湖、何处是山、何处为祠堂、何处乃老宅……我认识了，也想象了自己如何在那房舍穿弄中玩耍、如何去祠堂中见识祭飨饮射。它们远比我实际生活但经常必须重新熟悉的台中市更真实。何况，我实际生活的处所又是台中市的什么地方呢？

我们租住过铁路局堆煤渣的废铁道边之违章建筑。并无厕所，亦无浴室，每周提着水桶、挟了衣服，循铁道找着糖厂围墙的缺口，翻进去，混入它的公共浴室去洗澡。

也租过国际戏院附近的一间楼屋。那是个风化区，戏院边一间间房子，夜里便闪着粉红色的霓虹灯，苍老憔悴与稚嫩青涩的女人们，站在或坐在门口招着手，喊：“人客来坐哦！”周边则是杀蛇的、打拳的、卖药的、变魔术的，鱼龙曼衍，地痞流氓的语言与刀光，一齐在夜色中闪烁着。我们住的那一家，隔不久也勒令我们搬走，改装成了酒家。有次我经过，往里面瞧，也见到一排排女子穿了旗袍，站在楼梯边、粉红色的灯光下。

我们又租过一家铁工厂里的楼梯间。搬进去时，屋主家人晓得我们是“外省人”，竟拦住房门，坚持要我们立刻滚蛋。几经哀求，始准暂住五天，以便找房子搬家。我们只好在铁工厂嘈杂铿锵的打铁铸造声中拥被仓皇……

住得最惬意的地方，则是吴鸾旂的公馆。这个地名，是我现在才知道的。当时没有人晓得，都以为是庙，或云为孔庙。内中亭台楼阁，有山水厅殿、有曲廊花园，建筑极为精美。我们当时仅知台中有吴家花园、林家花园，而不知此亦吴家之花园或宅第。因为它已经废圮了。

一个废园，自然弥漫着一股沧桑与颓废的气氛。其所以废颓，或因吴家已没落，或因被大陆涌入台湾的大量流民占住了。总之，我们住进去的时候，里头有军队，也有社会各种流品。例如担粪的、卖酒糟的、做臭豆腐的、教书的、腌腊肉的、打铁的，以及像我们这样的卖面人……大家住在那里面，事实上只是把花园廊庑随意隔出一家一户。没房间，就加木板砌土砖隔出来；不够大，就打了墙或加上一层；没水用，立刻召邻人来打井；没电，便自己爬到电线杆上去接电；没茅厕，则我们一群小孩会跑到花园墙边去溲拉。夜里车灯照过我们蹲在墙角沟边的屁股，看着影子不断移动，引为大乐。

诸如此类。我们住的，正是台中市这个“政府”迁台后的首府、号称“文化城”的台中市之社会底层与边缘地区。我们在此社会中本为飘浮的边缘人，也活在边缘人的社会中。吴鸾旂公馆那个流民大杂院，相当动人地显现了我们生存的处境。我们其实不是住在台中市，而是住在那个边缘人团体中。在此团体里，沉沦于社会底层的外省流民，固然是异乡人；漂泊于社会底层的歌女酒妹、流浪艺人、苦力，他们的家乡又在哪里？

父亲每在面摊子生意清淡时，或有友人来聚会时，就取出他的胡琴，咿咿呀呀地拉唱起来。天涯沦落，漂泊失乡，原不是江州司马与京城琵琶女专有的故事。我在初中二年级时，曾用橡皮擦刻了一枚小印，文曰：“江州司马”，大概也就是听琴而有的感伤。

而这，其实也是失乡者共有的符号。茫茫大地，不知何处方为真能落脚之所。台中市的文教声华、日据时期以来台湾文化协会之士绅风雅壮猷，与我们殊不相干。我们既无缘参与其历史，事实上也只苟延残喘于其社会现实之边缘。我五岁时，夜里曾走一公里地去给父亲送饭，暗夜土石路上，没有人、没有电灯，绊了一跤，把饭菜全打翻在地上了。我哭着爬起来。拨拢饭菜，提到父亲面摊子附近的江西同乡会馆里去洗。满以为可以把砂石洗掉，饭还可以吃。这是小孩子的呆想，也是害怕挨打骂而有的反应。可是，这就是土地给我的感觉。它没给我丰饶的感觉，也没有载负着我生命的感受，只有沙砾、只有坚硬，碰得我膝盖发麻、生痛、红肿、流血。我虽也是“吃台湾米大汉的”，但饭里却有着砂石，令人难以体会其香美。

失乡者自然要思乡。我知道故乡有欧阳修、有文天祥、有我龚家村之文采遗徽，我也晓得我的谱名“祖渤”是指汉朝龚遂治渤海的故事。是以怀乡者亦遂有了文化上的思念与认同。由于故乡我并未真正去过，因此，思乡事实上也是以此文化归属感来烘托或坐实的。是文化、情感与想象，构筑了我的乡里，安住着我的街坊邻居。

异乡人的生涯、和土地无所附依的关系，要到上了大学才有新的变化。

从住了十五年左右的台中市，只身负笈台北县淡水镇，应该称得上是远赴异乡了。特别是铁路尚未电气化，我又没钱坐快车，由台中到淡水，连转车时间，可以长达八九小时。淡水又远比台中荒僻，镇上只有两条街。学校则在山上，四周皆是榛莽，旁仅一小径，土石杂草间有两条牛车轮辗过的辙痕而已。循路入山，林竹蓊郁，辄恐迷途。可是，说也奇怪，我对此殊不觉其为荒僻，也不觉得我是离了乡背了井。

或许，在我周遭的人们都是从各地来此就学的。没有谁是真正的本地人，大家都是异乡人，所以我就特别不觉得自己是个异乡人吧。

我也是在这个时候才第一次对于屏东、二水、盐水、台东、宜兰、凤山、南投等地名有了具体的认识。同学们谈起各人家乡不同的风土与人情，带来各样的土产，说着腔调互异的闽南语客语，和腔调也颇不同的各式国语混杂在一块儿，颇令我有又重回流民团过着异乡客旅的熟悉感。他们常相来往的各种同学会，其实也有些类似我自幼厮混的同乡会馆。故乡来的朋侪聚在一起，以乡音及故事来串组生命继续前行的轨道，抚慰初翔者失去母亲翼护的心灵。

我熟悉这些感情，也理解这一切，更常参与他们。因为我本无乡，故不妨随之入境，相与问俗。我对金门、花莲等地的理解与感受，即是由这样的触接和参与而曲折得来的。我后来颇热衷过一阵子民俗研究，也喜欢整理地方文献，实皆肇端于此。

淡水是偏僻的小镇，河海交接于山脉连脊之处。大屯火山群、七星山、阳明山构成一条峦组，观音山、林口、龟山构成另一组峦带，淡水河的滚滚浊流从中横截冲断，经关渡口而达于海。位于这山涘河口的小镇，住着的，乃是樵于山、耕于野、渔于江海、旅于黉舍的人们。在港边，斜阳残照，船民张晒着渔网，船楫杂陈，空气中散发着腥涩和慵懒的气味，旅客闲坐或散步于河堤上，偶有野狗及醉汉躺在岸边。这，正是流浪者最好的休憩所，自然美景，衬托着一个没落的渔港。

小镇的历史当然极其煊赫。清朝曾把整个台湾北部划称“淡水厅”，可见淡水即是北部台湾的重心与代表。当时艨艟纵横、商贾云集，海轮直达于艋胛，军事上又为台湾海峡之镇钥，其盛况虽仅存于史料及传说中，却是不难想象的。

因为淡水镇就像我幼时曾经住过的吴鸾旂公馆，花事已歇，曾经沧海。繁华如舟楫驶过历史的波流，现在只剩下斑驳的船身以及风霜的刻痕，搁浅在沙滩上，等待夕阳、月光和诗人画师的眼睛前来凭吊。

镇上有英国的红毛城，有中法战争时的炮台，有西班牙的教堂，有荷兰人的钟楼，有洋行的街市，有闽南人械斗的义民祠，有汀州人的会馆，有与三峡祖师庙竞争的清水岩落鼻祖师，也有阅世沧桑的老人茶室。无所事事亦无聊赖的老人们，在有粉头或无粉头的茶座上，消磨其晨昏，谈讲其古。历史感，犹如小城的雾气，氤氲迷漫，把每个人都裹入其中。

我的朋友李利国曾写过一本书，叫做《我在淡水河两岸进行历史的狩猎》。我不会打猎，只能在岸边徜徉，沉浸于历史的废园中，去感受繁华与落寞。在小镇崎岖的石板街上，品味出特殊的土地感情。

为什么特殊呢？淡水是历史性的城镇，关联着台湾史，然而它的风格是杂糅的。第一是汉番杂糅。原本该地除了采硫磺的工人以外，并无汉人居住。后来汉人渐盛，原住民归化，遂成一特殊之世界。其次是华洋杂糅，洋人来此为汉番治病、宣教、经商，乃至建立埠口，辟地领事，又使淡水成一特殊地域。第三则是古今杂糅。古城今镇、旧楼新街，完全混糅在一块儿。我从这里扪摸到历史，而这里也就是我生活的现实场界。在这儿，古的、洋的、番的东西，也格外显露了它异于现世的情调，让我居处游息于此，宛若置身异邦。

而这样的地方，才使我有了乡居之感。它的历史感、颓废劲，呼唤了我早年的记忆，令我对之异常熟悉，亦颇为迷恋。何况，海口河港向来即是旅人的驿站，事实上也是他们的宿命。港口的灯火、旅栈的酒饭、月下旅人随兴而发的歌声、船娘渔父的温慰笑语，便是流浪者栖住的梦乡。而羁泊暂宿，亦不妨即此是乡。

我大一时住在学校宿舍里，是间大四合院，十个人一间房，极其窄仄。同学们多窝在床上看书，因为只要有人下床，走道就堵住了。屋子里既然拥挤难堪，我自然就四处乱跑，或坐校园树下看书看云，或游山涉水，肆余狂诞。大二开始赁屋住在学校后面相思树林中的农舍里。农宅老旧，住其中，如生活于十七世纪。砖屋椽瓦，烧柴火、煮大灶、点油灯、引泉水，夜则掩柴扉。

除了帮我们接了电灯以便攻读外，房东可谓信而好古。他们清早即牵牛下田，或挈斧斤入山，或操渔舟泛去，日暮乃归。谷熟，则晒之于庭前，以打谷机轧轧踩打之，谷屑飞扬。妇女在宅操持农食，并饲猪眷。我们住的房间，也就是由猪舍改装而成的。猪舍前贮一大陶缸子水，我用这缸水漱洗，牛也是。它每日耕作倦返，常把头嘴整个伸进去嚼水洗脸。舍前另有老榕一株，根干奇古，我常蹲坐其下，小猕猴则踞坐树干上，或与我相耍。

我在此间住了三年，岁月静好，日与房东熟稔。同其作息，共其忧乐，观察他们的稼耜，欣赏他们的祭醮。这是生平住得最久的一个地方，也是住得最像、最接近乡人的地方。田渠河沟、野林荒陬，方圆数里地几乎一一踏遍。有时饥馋了，也会去掘些山芋或摘些蔬笋瓜果来吃。山中之蛇鼠燕雀，当然也是熟悉的。

这时我的感性生命正在成长发舒，我的理性知识也在扩张精益。乡居之豫逸、温暖与安定，使我激狂的才性，有了逐渐静摄收束的机会。羁旅漂荡的心，乃如落叶，落在松湿的土壤里，渐渐就沉了进去，和土地化为一体，等待着抽芽。

土地不再是坚硬的沙砾，只会碰痛碰伤我的膝头了。土地与我的生命相互濬发。山、水、云、鸟，不知添了我多少诗料，启发了我多少感性。游子客途，而竟在客途中获得了养晦居隐的快慰、生长出一种家乡的感情，实为始料所不及。尔后我出往台北读硕士博士学位，重回淡水任教，恋恋不忍遽去，淡水几乎成为我生命中一种质素与标记。不仅每次回到淡水都如返乡，实际上从来也不觉得我曾经离开过。昔有诗云："征尘莽莽客衣单，却禁春风作小寒；柔橹夜来多妩媚，平生即此是乡关。"讲的就是这种感情。

不过，有家乡之感情处，仍旧可能无法安居。李白不是说过了吗？"兰陵美酒郁金香，玉碗盛来琥珀光，但使主人能醉客，不知何处是他乡。”中酒之际、笑语温慰之顷，他乡即是故乡。然而，客途秋恨，对月兴感，方其沉吟“举头望明月，低头思故乡”时，玉碗美酒、主人盛情，又安能慰其寂寥哉？王粲登楼，未尝不咨嗟于其地之“信美”。但人生的悲哀，正在于“虽信美而非吾土”，故总不能不怀其乡。

对我而言，现实意义的故乡，淡水确实可以满足我了，甚至于可以像东坡所说：“我本无乡更安往？故乡无此好湖山！”原本失乡者，得此乡者，实可说是喜出望外。

但问题就在于“我本无乡”。本来就无，如何貌似已有？这是本质性地失落了故乡，本质性地成为异乡沦落之客。因为丧失了，所以希望拥有；因为不曾拥有，所以永远怀念。在这里，故乡已经不是现世意义的了，它体现的乃是一种生命存有的感受与理解。故乡，其实是历史文化意义及存有论意义上的一个词汇。

让我引用几首旧作来说明吧。一是某次去淡海访王文进，有诗示诸友人，云：“寒波月稳天声静，夜色东南冷墨中。乡梦惯随春雨湿，冰心仍作酒痕红。少年肝胆摇书幌，淡海烟尘着旧风。等是清狂成惘惘，鹍弦闲与说空濛。”末句谓聆李双泽遗曲事。全诗固不足观，但乡梦惯作于酒边灯下、海隅歌声中之景象，略可概见。可见我即使在淡水朋侪诗酒欢愉的时刻，仍不能免于乡愁。

而此乡愁，其实亦显示了我逸离此世的姿态。对这个当前的现实世界，我是拒斥的、鄙薄的，自觉不适应也不该适应于这个社会。因此乡梦关情，实亦托寄我之心情于历史、于另一世界中。如我另一首给朋友的诗所说：“灯底人前但说狂，愁将清旷掩忧伤。只今积郁支皮骨，剩遣余欢醒肺肠。时世休夸眉黛好，春心还托卷葹长。家山感与沧桑事，哀乐无端傥自忘。”家山，是空间睽隔的另一地；沧桑，是时间变异所生之另一景。当此时世，既不能用世媚俗，自然只能托心于异地异时了。此即所谓之乡愁，具有文化上否斥现世的意义以及历史性的追怀。

可是时世究竟如何，其实非我当时所能知。我只是本质性地否拒它、鄙夷它，并以“时世不靖”作为我存在的基本场景。我对时代并无具体、真切、入乎其中的了解。故不是因时世已不可为而去国怀乡，乃是我本无乡。从人存在的本质上断定了我的异乡人性质。

此一性质，或许借用存在主义的某些讲法，更容易懂些。因为生命存在着忧惧，每个人其实都是卡谬所说的“异乡人”。于存在中，没有一个可以逃避的巢、可以洗罪的牢、可以克服焦虑的酒店，“狐狸有洞，空中的鸟有巢，而人子，却没有地方安放他的头”。人被抛掷于此世之中，离开了生命的原乡，我们不断质疑、不断发现这趟生命之旅的意义，也不断为生命之短暂、荒凉而感到无奈。正是这种存在感，时时撩拨我们、时常刺激我们的心灵，才让我们对人生感到俯仰歌哭，枨触无端，此即诗人之“忧生”也。

存有论意义上的怀乡，显露的即是这样一种状况，我诗有云:“独上高楼看紫霄，月华如练卷冰绡，分明愁思秋来剧，莫道家山隔水遥。”诗人之感兴，哀乐无端，实本于生命之不得不然，出诸忧生。是以，伤春悲秋，对此茫茫，不觉涕下，原不必是真正由于家乡路远或时世衰乱而然。

换言之，因血缘、地籍以及现实生活上的异乡人处境，陶冶了我的现世疏离感。而此种失乡漂泊之感，又因浸润、蕴藉、酵发于才性情气之中，竟又成为我生命的基本情调，使我有文化上的和存在上的乡愁，以此忧生，并以此伤世。淡水四载攻读，虽从小镇生活中获得了乡居的乐趣，也慰抚了羁泊的灵魂，却无法变更这种生命态度。甚且由于我的少年性气兴于诗又表现为诗，忧生念乱的情结反而更得以加强了。就像我曾经谈过的，如晚清诗人那种沧海潰流，一切都荡抉丧弃了的哀痛，沉浸入了我的骨髓之中。独行天壤，为文化之遗民，甚或为天地之弃婴。孤孑一人，怅望千秋，前不见古人，后不见来者，露立苍茫，不唯无乡，抑已无侣。就是这种孤独、孤绝与孤寂，攫住了我。我亦融入其中，与孤独为一。

孤独的人生观，我另有长文申述，收入散文集《少年游》中，不必赘陈。此处所要说的，主要是这种生命情调对我学术路向上的影响。

由于我是如此地孤独失乡，我与现世自然就有若干距离。生命关怀历史文化以及人的生命本身，忧生甚于忧世。即或伤世，也是为了能更深刻地忧生。因此我在大学到硕士班这个时期，事实上很缺乏社会学的向度，主要是从生命内部和生命本身的存在状况两方面去探索。

例如我曾写过《由鲍照诗看六朝的人生孤愤》，从挽歌谈起，讲忧生之嗟；写过《从华山畿谈起》，讲爱情之痴与顽；写过《说龚定庵的侠骨幽情》，讲剑气箫心的心灵状态；也写过《春夏秋冬》，讲四季变转和诗人情感表现的关系。这些，都不从人与具体社会的关联处谈，而是从普遍的人生存在情境上立论，例如人都面临着死亡的威胁，都有情爱的欲求，都必须随着时间之流而动作，都可能幽恨或清狂，都会遭遇到理想及生命在现实社会中的挫折，等等。

讨论这些，材料固为文学作品，探问的其实是人生哲学上的大问题。我必须不断剖析此类作品与问题，因为我亦有忧。只有解答了这些疑难或理解了这种种人生基本存在情境，我的忧伤才能释然（忧伤是不能清除的，但理解了忧的状况，差可免于惶惑，而安于忧伤），而且也可更深化我对生命的忧虑。

这是非常特殊的路子。彼时文学研究界尚罕见此一路数，人亦不知我在干什么。而我则因为研究乃基于理解我自己生命的需要，故在选择论题、解析方向、使用文献等各方面都与学界其他人之作为无甚关系。我也不必参考旁人的论述及研究，自然就与俗异趣。在解析过程中触及到的一些东西，例如对六朝挽歌的研究、小说中男女殉情模式的比较、陶渊明所弹是否为无弦琴的质疑、以四季物色结合神话原型理论解释诗人情感的变化，等等，反而是在许多年后才渐次成为学界讨论的课题。后出者之论析自然较为精密，并系专门针对上述各题而发，但要旨实不出乎我当年所谈。

且如黄景进先生论挽歌、黄维梁先生论四季为原型、吕兴昌陈怡良先生辩渊明之琴是否有弦等等，都是把它们当作一客观的学术对象来研究的，我则非是。并不是为了要研究这些问题，所以去写那些文章的。我关心的乃是人的生命问题，以及我个人内在的问题。写研究论文，犹如抒情寄寓，所以每篇篇末，往往可以看到我抒情的后记，像谈华山畿故事，说："余检《古今乐录》，见华山畿者，爱其音吐凄梗。爰稽前文，略举数端甚似而异者，备考镜焉。去岁冬已成稿，于叶元礼事遍索群书未得，今春忽得之，思为写入，补此因缘之证合。乃为二稿。秋冬风寒，以事触怀，复为补述，成此琐琐。"谈鲍照，说："切切挽歌之思，用窥六代才人之隐，蓄兹意者匝岁，而流尘莽莽，卒未属笔。都门苦热，校《中原音韵》竟，聊缀遗文，布此肤说，供君子之采云。"论韩翃柳氏传故事，说："丁巳中，久旱忽雨。披蓑坐花间老树下，诵唐传奇。遂于雨中疾书数纸。入京试归，灯下补成此稿。窗外雨声犹相接续也。"论青溪小姑事，说："吴均《续齐谐》所载青溪小姑事，唐人传奇之所昉也。惜其事多不为人所晓。偶助麈谈，录为札记，或可比观焉。是夕，有所谓耶诞者，与佛诞同，都人为之狂欢，非华俗也。"文章都有酸腐气，但显然可以看出：我正以易感之灵魂，在古籍中搜寻可以与我相印发者而相发明之。

这是孤独失乡者仅存的慰藉。淡水的岚风渔火，能在生活层面慰抚我的失乡感；可是心灵层面的失乡感，只有进入幽复的历史场域中，去观察人类永恒的悲哀，方能得到慰解。淡水的历史性质，也提供了从生活现实到心灵到历史的一条绝佳桥梁，让我可以顺当地跨进历史场域，去体会那些生命的哀挽、畸裂与沉沦。住在这烽火边缘的小城，它又提供了一个疏隔于现世都市红尘的环境，让我在此发展我越世高谈的性格。想来实在是太幸运了。

也就是说，我越贴合了淡水的土地，便越疏隔于现实。精神越来越超然冥举，专注于生命之本来处，探索于生命在历史的流转处。如此发展，自亦深刻影响着我的人生观。

我以为，人生在世，虽为“一个”现实世界，但此世界仍然是立体的，有其品级。如人饮食，饮食这种现实生活之中就可以分成许多品级，故我们总是希望生活能过得好一点，吃得好一点、穿得好一点。这种生活上的品级，同时也就显现为社会地位高下的品级。某种地位的人吃什么样的东西，穿什么样的衣饰，基本上有个社会共许的认定标准。人生营营，所追求者，无非即是从较低的品级位阶慢慢攀爬上去，例如由办事员、组员、组长、主任、经理、总管这样的一级一级洊升。每升上一级，社会地位、衣食住行各项待遇也就上升一级。人生的追求，大多数便是如此。我称此为“社会品级的追求”，视为外向的追求。

对于别人追求这些，我没意见。但像我这样缺乏社会性的人，对社会本乏认同，要我热衷这些，引为人生之志业，我做不来。社会边缘人，原本即流荡于社会版图的底层或边疆。漂泊的生涯，也并不想入厝华堂。因为旅行已由习惯成了性情。伴随着我、感动着我的，不是崇爵高位的花光、排场与仪注，而是客途上不知名旅店中掩灯独坐的凄清和寂寞。我的心，游走于此人世之边、之上、之下。社会没法子给它安定，也不是它的归宿。因此，外向的社会品级追求，对我来说，无甚意义。兼以我当时未谙世味，亦不能知世间荣华究为何物、究竟有何可羡。故我乃是先于经验地、本质性地否拒了它，不曾从社会性追求上去安立我人生的意义。

既然如此，我便只能由内在追求方面去树建我人生的理想。认为人的内在也可分为若干品级，例如古德所云，人有庸人、俗人、贤人、圣人、真人、神人之类不同的境界等级。这些人，其为圆颅方趾一也，其不同，是内在的不同。这样的不同，不仅在人与人之间存在着；一个人在不同时地也可能会显露出差异来，所以我们会说某人“堕落”了或“提升”了。

由这些异同中，我们可以发现，但凡庸人俗士，内在品级越低者，其社会性外向追求也越热切，庄子所谓“其嗜欲深者天机浅”，正由于此。反之，内在品级越高者，他们越不会考虑社会品级的问题。故颜渊饭蔬食饮水，人不堪其忧，而他不改其乐；故孔子说：“士志于道，而恶衣恶食者，未足与议也。”盖此类追求内在品级之上升者，都不是现世的追求，而是超越的追求。有另一种理想、道，作为他们的目标。其人生即以求道体道为事，故内在充盈，不假外求。

我这时并不晓得什么道，也尚未能志于道。可是我有超越的向往。我那飘忽浮游于现世之外的生命，常为其飘忽浮游而忧伤。可是此种忧伤并未使我试图落入现实去定下来，而是就其飘忽浮游而思此飘忽者究竟有何意义。

例如依我忧生的性格，我特别会感受到死亡的威胁。这不是说我怕死，而是说我常会想到人总是要死的。一旦逝世，功名得丧，俱成泡影，而其震耀显赫于一时者，转瞬也将如轻风吹过夜空，不再有人记得。古往今来，世上生人若干？廿四史中能获记载的，又有多少？故人生一世，即使不谈它存在的意义为何，我们也可发现事实上大多数人均如荒野上的杂草，方春怒生，未尝不各具姿态，可是转眼就枯死了，不会有人记得，也不会有什么遗迹。此为生命之无常、历史之无情、天道之不仁。

对此无常，我甚悼伤，但我不是虚无主义者，我发现无常中仍有机会，因为不是所有的人都如野草，生过就生过了，什么也没留下。廿四史所记录的人虽然不多，毕竟仍有不少人是死而不朽的。对了！就是这个“不朽”的观念，对我产生了灵魂的撞击。

那是大三时某次乘火车去台北。我坐在车里往外看，秋天的乡野，略见萧瑟，黄芦白苇一片。我怔怔地看着，想到春天的繁花盛草已经不可见了，眼前这一片秋色，很快也要凋零。草枯萎了，就像人一样。人活着若都这样，活着又有什么意思呢？在伤感中，我想到了“不朽”，震得跳了起来。

我从小就读过三不朽的故事，这两个字说与写也不晓得说写了多少回，可是这一次我才有了真实的体悟，才开启了我超越的追求。我知古人之所以不朽者，或立功或立德或立言，我既无现世社会品级的追求，则欲求不朽，自然须由立德或立言处下手。我之德不足称，忧生感世的人，也难以在德业上有什么成就，故欲不朽，唯在立言。

不过，立言垂远，我并无此雄心，只求借着书写来安顿生命，并使人知道曾有一个这样的生命罢了。就像一位旅人，独自来到深山中，对着山谷，唱出他对生命的感怀。这位旅人走了或死了以后，山谷中也许还会回荡着一些余响。

这种追求，是超越现世社会品级的。其可以不朽，安抚了我忧生的悼惑；其超越现世，又可满足我越世高谈的兴趣；而且，因其为超越，更可让我升入宗教性的领域中。

不朽，本来就是宗教性的观念；超越也是。因超越而带来的“神圣 / 凡俗”之分，正是宗教存在的基础。我没有固定的宗教信仰，可是我的精神扬举或契入超越界的探索中，却使我对宗教事务备感亲切。

我于大二时即常参加学校的佛学社团正智社，去他们的图书室看书，加入他们的访寺游参活动，如去看慈航法师的肉身像等，也在他们的社刊创刊号上发表过文章。大三更花了许多时间研究禅宗，通读《禅宗集成》，写了《庄学与释氏之联络》《禅说王维诗》《玉溪生与佛教》等文。后来这些文章都再扩充发展到博士论文讨论“学诗如参禅”等处。迄今海内外论庄与禅、诗与禅的，似乎也没有谁能超过我。

但因当时我之学佛论禅，只出于性情之契会。是禅的情调，那种不着不滞的态度吸引了我，可以使我应世而无所住，而并非真正对于佛教的无生宗旨有什么理解或认同。且无人指导，全赖文字感会，对佛教义理之源流脉络，殊不分明。虽曾于唯识下过一些功夫，不幸唯识之知识主要也仅得自熊十力。可谓入门路头稍差，故至今于天台华严及印度诸学，仍多懵然。幸而这些都不甚要紧，我非学问僧，亦无意为学问僧。征文考献，涉深梵藏，成为佛学专家，我并无兴趣。事实上，后来的许多经验也可以说明我对“宗教”本身的关注，高于一宗一派。各宗教探索生之苦乐、死之断续，对于我这样忧生易感的人来说，实在是再亲切不过了。

何况，我乃失乡者。各宗教往往号称它们才能提供人类真正的归宿或原乡，例如六朝道教的仙乡传说、罗教的无生老母真空家乡、基督教的伊甸乐园等等。人类活在这个世界上，常被视为失去了乐园家乡的旅人。这种对人生的解释，异常贴合我的脾胃、契符我的感性存有。我虽不知我真正的家乡与乐园何在，但我正是这样一位异乡人，在漫漫寒夜的寂寞旅途中，乐于听听各种家乡的传闻，不也是人之常情吗？

游　学

作为一个文化上的遗少，淡水，既是涵茹我生命的地方，也是形成我文化观的所在。前者滋养了我感性的存有，后者则渐开我学识思辨之途。若依孔子所说“绘事而后素”的道理，前者当然是一切的基底，我一切知识理性都是在这个基底上构饰绘采的。

但是，感性的应机触发，着在当下。于时间之流中，留下来的，只是一种情怀。少年清狂，皆成惘惘，诗之生涯，如是而已。知识理性的成长，则或能与时俱进。故在淡水，除了俯仰歌哭之外，我当然也同时要钻故纸堆、要沉思入冥。

故纸堆岂好钻也哉？今人受五四新文化运动之影响，动不动就“极高明”，而不屑于“道中庸”，更不齿于“务沉潜”，总是说古法不可因仍、旧籍徒成束缚。不知五四诸公说那些话，是饱餍珍馐者亟思返璞归直，而不是胸无点墨的人有资格学古的。古法为何，茫然不晓，乃竟大言古法不必守、凡事贵乎创新；孔孟老庄李杜之境界门庭，一步不能到，居然开口闭口说要超越古人、旧法不宜墨守。此类妄人，世上多有。谓故纸堆不可钻不必钻，而实际上任何一册故纸他也钻不进、啃不动。懒人多半有一张勤快的嘴，这原也怪不得他们，他们实在是欠缺一点读书的本事呀！

我则别无所长，就会读书。此语我常讲，自谦，亦自负，此为我之风格。不过，老实说，我也不是天生就会读书的。三折肱始成良医，故纸堆钻得久钻得熟了，总会摸出一点门道，思之生涯，亦如是而已。

人生真能用功之时间至为有限，小时知识未开，受父母师长鞭笞棰楚以就学，怨怒惶苦不已，读如未读。中年入世，随俗流转，生活迫人，救死之不暇，哪有余闲攻坚？老而欲读书进修，则桑榆晚景，殊难有所期待。因此钻研攻苦，俱在年少，其后不过随时温习，用免遗忘罢了。除非是命世雄才，才能在吃老本之余还能有新的进境，否则一个人的学问能做到什么地步，大约在少年时期便已确定了。这也是人生的悲哀，无可奈何的。我现在这点儿学问，大抵也就是在大学时期打下的基础。

我习惯黎明即起。五点半天色乍明、晓鸡初动时便开始漱洗，然后袖一卷书往露气湿重的校园跫一圈。在瀛苑草坪、紫藤花架边打一趟拳。大汗淋漓，气喘吁吁。然后循花径散步，坐石间树下读一阵子书。再吃了早餐回来，准备上课。如不去上课，便坐读至午。出购午食。返，午睡。二时起，坐老榕下，稍待清醒，再读。六时许方出晚饭。饭毕与友人聊天后即点灯夜读，十点半就寝。除非有事或出游山水，日日如是，生活极为规律刻板。每日总有十到十二小时的读书时间。书如游仙之枕，只要一打开，我的魂魄就钻进去游历了。秦汉唐宋明清，任我游赏，有时玩得兴起，还不肯回来哩。

有次因家中伙食费用接济未到，生活至为困窘，我跑到后山去摘些蔬果来吃。有些还不甚熟的青木瓜，便切了准备熬糖来制成蜜饯备饥。我坐在屋里看书，忽有友人来访，入门大叫：“你房子失火啦！”我才抬起头来看。呀！不得了，满屋子黑烟，门窗几乎都看不清了。煮糖的锅子仍在火炉上。但糖是碳水化合物，水烧干了，就成了炭，所以烟熏得很厉害。空气中浓重的糖烟味，也刺鼻得很。我们连忙取水来浇熄炉火。锅底因烧成了炭块，也不能再用了。还被房东臭骂了一顿。

这种经验，其实时时都有。我又曾因看书，忘了正在烧水煮茶，结果白铁水壶竟然烧成黑色，差点变红融解了。我的室友林明峪更硬是让茶壶熔化在瓦斯炉上，幸而熔铁也封住了瓦斯口，才未酿成大祸，使读书种子变成了罪魁祸首。可是，忘了正烧着水是常事，对于我竟能完全不晓得屋内浓烟蔽目、糖香刺鼻，我实深感讶异。有此呆气，我是感到既得意又恐怖的。

因经常旅游书乡乐不思归，屁股不堪承荷，竟长出淤血脓块来，痛不可忍。每天要挤脓放血，也无法安坐，只得斜倚或靠卧，继续读书。古时白居易读书勤奋，口诵生疮、肘磨肉破，我能追继前贤，殊感荣幸。何况久坐渐成习惯，便不复病痛，只是眼睛近视越来越厉害罢了。

当时与我同住农舍的有书国符、陈文虎、林明峪诸君，各读各的，也各有读法。如书国符喜用女生常用的那种发夹把额前头发夹住，以便埋头读书。我也学他。有次班上女同学来访，未及取下，被她们着实取笑了一番。后来我与林明峪同住较久，他喜欢戴一斗笠坐在屋子里开灯看书，屁股下必须垫一本硬皮精装本《说文解字》，而且必须打开小收音机，听调频音乐，方能凝聚精神。

我是乡下小孩，自幼只见妈妈听广播公司的歌仔戏，从不知还有调幅调频之分。林明峪从家中携一小收音机来，即置我桌上，放大了音量听音乐。他在另一端，他自己的桌上，危坐，戴笠，读书，觉得不亦快哉。说这是音“乐”，快乐的乐，他这样读书非常快乐。读倦了，把斗笠一扔，躺在床上“挺尸”，也还要继续听着音乐，继续快乐。

他快乐，我当然也很高兴，但我不懂他为何要把收音机放我桌上。而且读书时听这些吵死人的流行音乐、热门音乐、广告，亦不知究竟有何可乐。不过我懒得和他争，又觉得他或许正在借此教育我，要我熟悉一下台湾的新时代流行文化，所以并不计较，只努力与他一齐快乐地听着音“乐”读书。

如此读了几年。现在，我在任何吵杂的地方都能随时沉静下来，进入书中世界；而周边的话语声响，则像当年听收音机一样，也仍能晓得它在讲些什么。后来我出而面世任职，无论在嘈杂的办公室、发言盈庭的会议场或有人演说的聚会所，都能一面听受，一面读书写稿，实拜林明峪音“乐”教育之赐。

林明峪读书之怪，不仅如是。他喜聚书，又喜攻坚，例如把《辞海》拿来，从头至尾读一遍。这样读法，我只听张佛千先生说他在抗战赴渝时，因旅中无书，只得把《辞海》翻读一过。其余则未曾见也。他在大三时，对禅宗起了兴趣，又把《禅宗集成》也读了一遍，后来毕业时写了一册《禅机》，即为当时读书之心得。我既是他的朋友，只好陪公子读书，也把禅宗读了一通。大四时，他忽立志要做小说家，写了一本十几万字的《少年游》，也交我恭读，害我平白浪费了不少眼力。

除此同居二三友人外，我班上同学入大学即组成读书会，每周推一人演讲一题，以相切蹉。初肆谈锋，不免得意忘形。以为古人亦不过如此。但谈来谈去，后来学思路向渐渐分歧，竟难以聚谈了。例如马叔礼长我七岁，老成人而喜谈新文学、论电影；我则年最幼，却着长衫，手拿一柄折扇，一副老夫子模样，谈经说史，古貌古心。所以不得不各自办自己的读书会。通常我是邀朋友来我农舍共谈的。有时煮酒、有时备粥，若新获毛蟹，便烹蟹持螯论学，乐也融融。间也赴马叔礼等人的讲会去参观，觉其议论也甚新颖有趣。

有时蔡英俊等师大友人会来淡水访我，游山玩水，讲谈诗词，甚为快意。时师大有诗社名“南庐”，本以敲诗钟为主，简锦松任社长后戮力革新，发展社务，也常跑来我山中小住。讨论复兴传统诗歌之道，然后相与唱和嗟赏而别。

独学时的奋苦，有了友朋情谊及理想之滋润，自是备觉前途光明，可以读出点名堂来。

当然，整体校园气氛及师长的教诲也是很重要的。淡江在大学排行上虽非第一流的大学，然实有其特殊诱人之魅力，校风自由开放，即其一端。我中文系之教师们，宽纵栽掖学生，全无所谓权威宰制诸习气。如张梦机师上课，先在黑板上写杜诗两句："自来自去堂上燕，相亲相近海中鸥。"说是上课不点名，学生可自来自去，毫无束缚；但师生关系则如海鸟之忘机。他的课是这样，其他课亦多如此。且能纵任学生发舒才性，仅从旁指点之、欣赏之。这都不是其他学校办得到的。台大号称自由，距此境界，殆仍甚远。

当时我们不懂事，学校宽容我们，我们也就真的狂诞起来了。我大一校注《庄子》，竟用王仁钧老师的讲义名义去印刷。大二上文学史课，上了一阵，觉得我也能教，便要求胡传安老师让我着长袍立讲台上讲书。学校社团办活动，觉得邀名人来讲也不过尔尔，故多是自己开讲，作大师状，过过瘾头。而且非我一人如此，马叔礼、李利国等等，无不皆然。个个桀骜不驯，人人高视阔步。学长张尔廉更主办过收费演说，师长教官来听，照样收钱，还声明听不满意可以退费。在这样的学校里，出现许多骨鲠狂侠之士，出现了乡土文学、校园民歌运动，实在毫不意外。

校长张建邦先生，时正提倡未来学，大谈"知识爆炸""成长的极限"，办《明日世界》，又宣称要把淡江办成东方哈佛。我们对此，因为无知，所以颇致讥诮，觉得今日世界尚弄不清楚了，谈什么明日世界？而且以淡江的条件，恐怕只能成为"东方的哈哈"。但张校长谈此，确实启发了较活泼开阔的思路。《明日世界》月刊社也培养了不少校园菁英。他所主导的一场"大学的质与量”争论，更使学校处在热切的思与辩之风气中。

我记得有年冬天，校长宴请各社团负责人及校园中的“才子”“才女”，用车子把我们载到台北，在信义路中心餐厅吃西餐。这是早期台北有名的西餐店，也是我生平第一次进入西餐店。厚厚的地毯，令我如行走于云端。校长及各级主管列座，静听我们大放厥词，也不免使我等有受宠若惊之感。因当时并没有什么特殊的事情，也并非学生有抗争活动而校方摆此阵仗来疏解，只是要听听学生的意见，认识一下校内“优秀”的学生罢了。

当时校长对学生甚至对年轻老师如王津平宽容爱护之情，令人印象深刻。席间有一学生指出学校不应审查学生刊物，李子弋师解释道该刊确实有不妥之图文，恐刊出后有政治问题。学生不服，抗辩。李先生有点恚怒，说：“那你就去刊好了，我们不管，有事你自己负责。”张校长闻之，轻轻说：“不能这样，学校应该保护学生的。”李先生亦哈哈大笑。紧绷的气氛登时便松缓了。

这种爱护，并非管制性的另一说词。而是真正尊重学生，鼓励学生发挥他的创造力，也容许他孟浪，容许他出错。出了错，则保护他。

这种典型，在申庆璧老师身上表现得也很明显。他知我恃强好胜，故帮助我时，从不让我觉得是受了惠，而总说是我在帮他。例如他访查得知我家贫，所以常帮我发表文章在他的刊物上，给我较高的稿费，然后谢谢我供稿，“光其篇幅”。他要教我文章的做法，也往往是写了示范，然后找我说：“鹏程贤弟，你帮我看看有什么不妥的地方。”我们嫌十三经廿五史佛书道经太多，读不完；他就每天用毛笔棉纸抄经，订成线装本几百册。令我们玩其墨迹、赏其装帧，而实际上是在用他极有限的时间、极宝贵的精力，以行动的典范告诉我们这些小孩子：“老夫抄都抄得完，你们会读不完？——‘未之读也，岂为多哉？’”我在大三时写《古学微论》，写毕送给他看，他立刻替我向张校长要求给予奖励。张校长允以私人经费特案奖励我之后，他才告诉我……

这类例子太多了。后来我随他在张校长办公室办公，照拂奖掖之处更是难以尽述。此固为其个人之盛德，然实亦淡江之一种精神。如我前面提到的李子弋、张建邦诸师长，其实也都具有这样的精神。

吾友王樾，读大学时为狂飙少年，曾冲进李子弋、冷枫先生办公室，骂他们是“猪”！可是他硕士班毕业后，冷公立刻延揽他到自己的单位来。后来他一度离开淡江。张先生竞选北市议长时，请他来帮忙文宣。他又不愿苟同于工作人员的做法，拂袖而去。后来校方寄奉车马费，亦遭退回，且附一函予张先生，有“你知道你为什么越选越差吗？因为你不能得到知识分子真心的支持”等语，措辞甚为伉烈。张先生居然丝毫不以为忤，仍把他当成自己得意的子弟。这就是宽容。胡适说过：“容忍比自由更重要。”其实自由的精义即在容忍，只有宽容才能成就自由。张先生在这方面，表现得极有品味。我辞去秘书工作时，他便找王樾回来接手，负责草拟他对外的文稿。后并将《明日世界》交王樾去办，结果王樾竟将月刊结束了。张先生也不怪他，仍请他主持学校的机关报《淡江周刊》。如此宽容、如此惜才，其他各大学的校长们，或许也办得到，但我不曾见过。

因此，我从淡江得到的，不是某一门课枝枝节节、零零碎碎之知识，而是一种气氛、一种态度。在自由探索与开放的言谈对话空间里，从学者依自己喜欢的方式，学习着、发展着自己的学识。而且，我们不会因此而忧惧，担心自己所搞的这一套会遭到师友之嗤议、蒙受学校的敌视。只要持之有故、言之成理，在校园里便可各占一隅，自成风景。若对于成为风景、吸引目光不感兴趣，亦可自居化外，与学校不发生关系，过着闲云野鹤的生活，体悟自己的人生。

在此天地中，我方能随兴地读写，任性发展出我自己的学问路向。盖为学不易，成学实难。要不太笨、有点资质；然后还要懂得用功，并懂得拿捏发挥挥洒才性和敛才就范以就沉潜之间的微妙分际。而这仍不够，尚须有师长涵养之、环境陶成育化之、友朋切磋砥砺之。勉强而成，实非一人之力。在这方面，我是深有体会的。

其次，就是我刚刚谈到的“随兴”。随兴，是随自己的感兴而学之，以事触情，由情生感，感而学之，此吾兴于诗之为学途径也。与孔子所说“吾十有五而志于学”的志学并不相同。夫子至圣，早知为学之途向与宗趣，故能志之而学，以迄于树立。我则为一浪荡流佚于世法情缘中之小子，生命存处于这个时空中，触境生感，感而思之，此思或又触动某感，或则骋构某境，步步追索，蹑虚游心，渐觉悲喜莫名，哀乐无端。诗之感兴和思的辨析，交融互构。

而且也不是有了一个固定的学思目标，并非悬一鹄的以志之并按部就班循秩为学。我的情与思，它们本身的抽绎以及它们和外物之间的振动，就是我所学的内容。故读书、撰文以凝构思虑，对我而言，非职业、非志业、非工作、非休闲，且根本非一身外之物。对此事亦无所谓好之或乐之，更不必以造就出什么来为目的。它只是如此。有此生命，有此呼吸饮馔，便有此学。

在我生命的幼期，束于体制与课业，我的感受和思虑无法肆性地发展，只能逸落在体制外，流湎于“课外书”中。如果手边没有书，我会去借、去租、甚或去偷来看。为了租书，曾被打个半死，跪着端举小板凳和脸盆水，也不晓得跪了多少回；为了偷书，曾被逮着罚跪在街上受尽羞辱。可是我仍四处找书来看，如野狗四处流浪觅食般。读书不是谁叫我要去读的，也不是冀望书中会有白玉姑娘黄金塔。我不知读书有何好处、有何用处，只知不读书我就会饿、会渴、会晕眩空虚。这是生命自然的需要，自然如此读书进学。只不过这些学都不被承认，都被学校及教我们读书求学的人视为不务正业，都谓我为贪玩不好学。（我研究所毕业返校任教后，还有一位初中时的老师来我家面摊上吃面，问起我的情况，我父亲告诉他：“现在大学里教书。”他竟嗤之以鼻，当众嘲笑我父亲是大言挣面子。可见我幼年之不受教、不好学，曾是如何著名了。）

直到进了大学，此种生命方能畅遂地发展，随吾感兴，兴到即学之。因此，其无宗旨无目标、流荡泛滥如故，生命却是充实的。如人饮馔，断断乎没有人只拣一种蔬果或肉类吃。只有什么都吃，营养才会均衡、身体才会健康。可是现在的教育却常是要人择定一个方向一个领域，专营修凿，以迄有成。认为如此才能成为某某专家、学问才能做得好。我向来不喜欢此说。因为只有随兴读书，随兴做学问，才是生命的，是自然的。我走到菜市场，就吃碗蚵仔米线；进了大饭店，便吃红焖蹄髈、鱼翅羹；若在寺庙，当然茹素；造访清真教区，正好大啖牛羊肉。此即为随兴、随缘。兴之所之，思维之、读诵之，兴尽则返。生命于此优游，亦在此成就，渐渐地就有了内容。

这些内容既是感性的也是理性的，是诗也是思。许多美学家哲学家刻意从“诗性直觉”和“逻辑思维”的区分处立论，强调感性和理性的不同。我明白它们确实是有不同，但生命本身却是情理合一的存在，于兹感之，亦于此思之。而联结通贯它的则是文字。

因为生活中纯粹的感觉本来就不多，听到看到或感觉到的些小触动小片断，又在生活中不断移动着，只有靠我们添加进记忆形象和思想等因素，才能连缀黏合起这些断片，构成意义，而令我们咀嚼体味。又惟有运用语言文字去描述这种经验，它才能使感情得以明确清晰，得以辨识。许多我们所未曾身历之人生经验以及感情，如丧失亲人、被贬谪之类，更是由文字带给我们的。

读过子夏丧明、孟姜女哭墙、屈子怀沙、贾谊伤鹏鸟等故事，我们的感情便有了深度和厚度。可见脱离语言文字的纯感觉或纯思维，都是模糊、单薄且不稳定的。语言文字一方面从理性上激荡并启发了感觉世界，一方面又从感觉上激起并启发理性世界。

所以，我的思与感，既要在不断读书，摩挲语言文字中锻炼成长，也要不断试图用文字去书写我的思与感。在阅读与书写中，模糊者清晰，混乱者秩定，零散漂沫者渐渐聚合、扩大。

我不能如某些朋友那样，乐于体验生活，强调生命之实感，而疏于向书本子文字世界去叩问人生。也无法如我某些友人那样，据说很有学养很有体会，却不擅且不乐于书写。我的思与感，只有在读与写的逻辑中才能构成意义、形成内容。因此，当我随兴而学的时候，一大堆的札记、笔录、论文便随我浪迹而飘洒四野。

现在我手边还有不少这些心灵轨迹的草图，如《老子证义》《五行闾诠》《壶中猥谈》《公羊学与晚清》《封禅考故》《冷红簃夜话》《宋学稽源》《西施沉江辨》《说杨朱》《诗与释氏之关锁》《宫体之流行与李义山诗》《哑响补义》《九辩解》《孔门遗说考》，等等。青春嫩稚之气，糅合了悍锐驳杂的知识配备，在进行着思维的冒险。

其中许多讲法是非常特殊的，如考证《论语》，谓“六十而耳顺”，耳字为衍文。即五十而知天命，六十而顺。“七十而从心所欲”，乃是纵心。又辨越王沼吴后，沉西施于江。认为楚国是夏王朝的后裔，《楚辞·九辩》的渊源，就是夏启所作的九辩九歌。又说荀子之术语“类”（如批评孟子“僻违无类”，说“礼者，法之大分，类之纲纪”等），本指一种祭礼，故凡依礼法而行者即称为知类。

凡此种种，心灵在书本子中优游，同时也如游戏。我喜欢综合拼凑，如堆积木般，建立起我的城池堡寨。但建好后，我是不会搬进去住的。我会留下它，随时观玩。更会暂时丢开它，另外再去造一处花园林囿。造了这个堆那个，或糅水、或堆沙、或砌砖、或烧瓦。把一个心灵的花圃弄得团花簇锦，处处都有我的构建。

这就是“游戏”。读书不是工作，也不是休息，是一件最好玩的事。任性而动，随处游赏，没有什么目的。游戏中获得的快乐、自由中拥有的生命充盈之感，就是我之目的。这里面，当然是任性兴感的，但它本身也是理性的，就如小孩子玩跳绳或打球一样，自己约束自己，自己遵守规则，仿佛其中有目的似的。所以这是在游戏中把理性消纳了，因此也就超越了实用的追求目的之理性。使整个读书求知用思的活动，变成了审美的活动，有一种无关心的美感。

自由、随兴、游戏，便是我读书求学的基本状态。反复进行的游戏活动，则是阅读与书写。不断读、不断写，在此兴感，也在此沉思。诗与思，交融为一体，理性与感性，难以析别。吾以此为养生主，亦以此为逍遥游。

说这几句话时，我是很有感慨的。因为我在学界中，常常遭到“不是某某领域的专家”之质疑，我也向来不重视现代学界所流行的那一套规格、技术、形式。我强调学以养心，鄙夷地盘意识、专家隘士心态以及工具理性。可是我所讲的学以养心，虽可扩大心量识见，却又不是传统儒家所讲的涵养性情、进德润身。而是因情为理、用气为性。虽日日存察虑省，然生命恒在哀乐兴感之中，徘徊往复。所存思体察者，即是体察这悲喜与哀乐，并顺此感兴而思构理境。所以道德修养也是谈不上的。我之逍遥游，其实正是因为我乃天地之畸人，两无挂搭，故只能超世独往。

就在当时的校园里，也是如此的。我淡江同学才子们发起校园民歌、乡土文学运动时，我都没有参与。事实上我也没有参加一切校园内部的论题，亦不关心他们对读书为学能如何贡献于国族社会之讨论。我读书为学，就是读书为学，不为什么。而此种超越了追求目的之理性，也保障了我读书为学的纯粹性，使我读得比较好。

每每想起昔年校园中热血激昂的议论，想起那些才气艳发、豪情万丈而渐渐飘散流失在莽莽红尘中的友人，我就会轻轻抚摸我饱经风霜刻镂的皮肤，喟然而叹。我是逐渐老大了，但自由、随兴、游戏的心情与精神，仍活跳在我的皮层底下。也只有这种精神，才能让我比别人坐得更久，走得更远。岂不闻屈子之“远游”乎？吾之为学，亦游也。不是求学，而是游学。优游戏浴于学问海中，游心骋思，不亦快哉！

问　道

远游，可能是失意者不得已的放逐。理想破灭，以致流落江湖，故去国怀乡，忧思惘惘。从屈原的贬谪，到《古诗十九首》所谓："行行重行行，与君生别离。……浮云蔽白日，游子不顾反""人生天地间，忽如远行客，驱车策驽马，游戏宛与洛""回车驾言迈，悠悠涉长道，四顾何茫茫，东风摇百草"，远游者无不是力言行旅之苦，伤别离、叙忧情。

如此远游，游虽甚远，心情其实仍然依附在某一定点上，因为远行只是为了回归而做准备的。若遂去不反，不但自己情感上无法负担，别人也不能接受，如《列子》就说："有人去乡土，游于四方而不归者，世谓之为狂荡人也。"古诗也有云："荡子行不归，空床难独守。"家乡有温暖的床、有温柔的手，在为游子招魂呢！

这样的远游，当然不是庄周式的。庄周以天地为逆旅，人生本来就是一场旅行，谁非游子？何处才是生命真正可以安顿的家乡？因此他不认为远游只是失意时的放逐，而主张生命本来就该在这场旅行中做一次豪壮的遨翔。《逍遥游》中大鹏冲举，直上九万里。列子御风，去以七日。尚且被庄子认为不够逍遥。可见生命应超拔到什么境界！远游应遥远到什么地步！

我之游心于学，自然与屈子远游不同，但也距庄子之神化境界甚远。既非无待逍遥而游，亦非如鲲之化鹏，羽翼已成，故遂冲举扶摇。我是借游以成学的，不是成学而后游之。

从前黄山谷有诗说：“从师学道鱼千里，盖世功名黍一炊。”以鱼游于池中为喻。说学者以功业为黄粱一梦，所以专心问学；而问学之勤则如鱼，在水池里绕着假山游呀游，游行不止，算路程恐怕也有几千里，但或许游来游去仍仅在一方小池塘甚或小鱼缸里。此喻曲折而深刻，故后人往往袭用，梦机师的老师李渔叔先生即有《鱼千里斋随笔》。以鱼千里自喻，既说明了自己的精勤，也表示大道茫昧，莫可窥测。自己忙了半天，究竟是否得见天地之大美、游观沧海之波澜，谁也不知道。

我之从师问道，即似于此。如鱼之游行，悠悠忽忽，不知几千里矣。水石藻荇，颇有闻见，然此即为道乎？不可知也。所可知的，就是自己一直在游，一直在游行中从师问道。此亦远游，但跟庄子比起来，实在寒伧得很哩。

初入大一时，系主任于大成是专治《淮南子》的，斠理淮南王书，妙契王念孙父子心法，而师承则为王叔岷先生。王先生著有《庄子校释》等书，以校勘学名世。但当时王先生仍在南洋未返国，于先生在校勘学上遂称独步。然而，校勘之道，其功力实不在校勘之技术面，而是在于校勘者的判断面，故载籍须极博极熟，且须有神思妙悟，始能在各种版本错综纷纭之中，奏刀析理。因此，于先生虽以校勘著称，本人却是个才子型的人物。象棋为大国手，十几岁便在报端辟专栏谈棋林掌故；书画师事陈定山翁，后以学米南宫为主，俯视颜柳。而这种才情洋溢且充满艺术气息的形态，其实又不仅表现在于先生身上，整个中文系几乎都是这样的。

例如当时每位老师几乎都写得一手好字。申庆璧先生书如孙逸仙，浑朴厚实。丁龙垲、白惇仁两先生学颜鲁公，矜重古雅；

白师的章程行稿，更是妙绝天下。王仁钧先生流丽婀娜，用笔至巧。戴培之先生，通和硬媚，亦不可多得。王久烈先生则教过我们一年书法。其他如汪中、刘太希诸先生，诗书也都是久著盛名的。这些老师们授课，常用自写的毛笔手稿付印，文采烂然，墨沈淋漓。他们着长衫、衔烟斗，谈诗论艺，横案作字，我辈小子，望之皆觉其飘飘若云中仙人。上课时捧读其彩笺墨宝，玩其笔势，实在钦羡不已。偶于其黑板板书中，窥见其用笔之法，更觉欣欣然，若有所会。

但这种欣赏，正如魏晋人欣赏其时人之清谈一样，“共嗟二家之美，而不辨理之所在”。所欣赏到的，是谈辩者在谈论中显现的风致、巧思、韵度、语言辩丽的机锋以及气氛。这种美的欣悦，可以把人裹入其中，使人沉浸进去，感到醰醰乎有味。然而，这种美，不是分析的，也不是知识的。

就像我们大一上李鎏（爽秋）师的课，他讲书如话家常，道说人情世事，书法又极秀丽。所采之教材为石印本林云铭《古文析义》，也是传统的文法修辞评点，并非现代化的标点排印白话注释翻译教科书。爽秋师对文章内容具体的解析，大抵不出林云铭书上所说，可是同学们喜欢的，则是他由文章上引申出来的谈话及其板书。在听其讲谈和欣赏其板书之中，我们即获得了很大的乐趣。但仔细想想，从知识上、从文章分析之方法上、从文艺学的角度看，并不晓得学到了什么。

这不是批评李老师，而是借此说明当时我们整个教与学的互动，特点并不在知识性的客观面上。相较于其他业已“现代化”的学门，中文系所体现的，乃是传统性的学问形态。学问不显示在论文上，而是表现在人身上。教诗的人，不是来为我们分析诗如何构句、如何谋篇、如何塑造意象、如何处理感情，他们本身就向我们显现出一种诗的生活、诗的气氛、诗人的生命形态，然后写出一首首诗来。我们看了，若有所悟，沉沉浸润于此一诗之世界中，便也懂了。不但懂了，更让自己也在浸润中染上了诗人的脾性、学习到了诗人的态度，不禁也要作它几首。知识的、客观的学习，转化为主观的、实践的，而且也是美感的、表现的。

如汪中（雨盦）先生讲诗，讲了什么，我全忘了。但我永远能感受到、能在脑海中浮荡起一个个诗的情境。檐前细雨灯花落，夜深只恐花睡去，宫灯教室里，黄暗的灯火，诗人曼声吟哦，墨笺娟美，夜雾低迷。那一句句的诗语，都不是古人古书上的意象，而就是我们读诗时亲身体验的情境。灵魂于此，仿佛正行于魏晋唐宋诗人之园林书案间，应目触心，理解即在当下。至于对诗的知识性理解究竟如何，并不会去想，想也想不起来。

又如万心权老师的杜诗，在深广的G教室曲角子上课。傍晚时分，黄昏的大教室显得格外幽深。万老师操其乡音，诵老杜沉郁苍凉之诗，我辈十数人静坐听之。回声盘旋于宛如荒山深谷的教室中。这是历史的回声。在诵念和回声中，我们若有所会，仿佛也都懂得了安史大乱后的苍茫悲戚。所以也不晓得要记什么笔记，不晓得老师教了我们什么。似乎就在那一声声诵念咏叹之中，万老师和老杜契会了、冥合了，而我们亦心领神会，目击道存了。

并不只是诗词文艺性课程如此，整个教学都是这样的。像沈亮先生教《史记》，一学期可能只上一篇《项羽本纪》，或《伯夷叔齐列传》《信陵君列传》。用木刻《史记评林》本，凡所析论，亦大抵不出书中所述。但上起课来，兴会淋漓，生气勃发，指天骂地，历诋时贤。他身量短小，但声若沉钟。骂人时满面红光，一口黄陂土腔，格外动人。且性气乖兀，上课时必要求女生坐前排，男学生往后坐。批分数，则女生多九十分以上，男生上了八十分便算难得。盖愤世嫉俗之极，遂不免以世间男子为浊物，不愿污其眼目。他最佩服的，是其黄陂老乡徐复观，及沈刚伯的岳父徐子明。徐子明，世或以之为老怪物，曾著《胡祸丛谈》，痛骂胡适之，谓中国正因先有“胡祸”，所以才有“赤祸”。徐复观先生之批胡，也是有名的。沈公所欣赏的人物既是如此，其本人之反对新文化运动、瞧不起新文化新时代新社会，便不难想见。他上课，非知识之分析，而只是显其牢骚愤世之感，亦不难想见。故所选讲者，才会都是项羽、信陵君、伯夷叔齐一类人物。讲书，并不被认为是一件客观性的活动，而是借由讲书，显示了他本人实践性的态度。我们则是观赏者，坐在讲台下，欣赏他骂人的风姿、气力，欣赏其一肚皮不合时宜而已。

如此目击道存，是用不着分析的。有时甚至连语言都显得多余，当下证道，即此便是。我徜徉于此一氛围场景之中，如饮芳醪，颇以入道见道且亦证道自喜。

但这样见道证道，既契会于当下，时过境迁，情景俱变之后，仔细思之，便觉空空然仿佛一无所有。感动与体验当然都是真实的，可是与梦中的所见似无不同。有时想要把这些梦中体验讲出来，也不知目击道存之道究竟为何。浑沦恍惚，甚为飘缈。

而且审美的艺术性美感把捉，虽然极为动人，也能激发主体实践的态度。但观玩的方式并不能成就知识，也不能真正去实践。就像欣赏绘画的人，能感其美而未必能知其美，且亦不能因此便成为一位画家。要当一位画家，事实上仍须由此进一步转观玩为创造才行。

而此创造活动，并非只仰赖其实践性态度即可达成，必须有其实践性的能力，也就是他的创造能力。此类能力包括才气、学力，以及实践性的努力。不断创造，又不断在创造中进行知性反省，以修正改进其创作活动。纯美感的欣赏与沉醉、艺术性的气氛、机锋式的禅悦境界，恐怕并无法提供这些。

故如此见道，其实如蹈虚空。我要凿开混沌，成为有能力的创造者，就需要从知识上去求索、去分析，不能再耽于此一才情美感的世界。

背离这个世界以便更深入这个世界，是痛苦的，也是艰难的。因为情感上我既眷恋于此，无法割拾，又因缺乏分析的训练，所以当时虽也有唐亦璋老师文学概论之类讲理论的课，但乍读王梦鸥《文学概论》这样的书，如坠五里雾中，根本无法进入。故分析的知识与方法，若要建立，仍得靠自己一步步慢慢来。

我之知识化与方法化，是由练拳打架开始的。

在此之前，我当然已有知识，但那是才子炫学式的、掌故谈助式的，驳杂零碎，不成统绪，缺乏组织。把所学到的东西系统组织起来，通过对比互勘去思索知识与知识的关系，我在正式教育体制中并未学到这种方法。因为考试所要求我们的，都是些零碎割裂饾饤的知识。大学联考，甚至连问答题申论题都废掉了，只要求我们用2B铅笔去涂框框，作选择题，以便适应电脑阅卷。发明出来辅助人脑的电脑工具，反倒成了宰制我们命运、限制我们思维方式及表达方法之上帝，想来就使人沮丧。而我正是在此令人沮丧之情境中求学的。教育，只是使我那些知识更形散漫、更形零碎、更加无关痛痒。

幸而叛逆的浪荡生涯拯救了我。好勇斗狠的青少年经历，让我必须练点武术。习武时又无老师指导，只能去偷拳，或依访得的刀经拳谱闭门苦练。故一招一式，得来不易。学来的这些南拳北腿，凌杂不堪，也势必要予以统合系联起来，否则根本要弄不开，手脚也无法协调。金庸武侠小说中曾描述日月神教教主任我行精擅吸星大法，但吸取各派高手之内力以后，却可能发生各种功力在体内矛盾冲突的病况。我之练武，只初入门，未达任我行的境界，但修习各种不同功法，亦曾经脉错乱、鼻血狂喷，令我深为懔惕。所以这才试着把所知组织化，并由比勘旧知，熔铸以创出新的招式。

这些尝试当然是极粗糙的，而且本与治学无关。可是在我开始觉察到淡江的美感世界需要凿开一隙，引入知性分析之光时，我很自然地就运用上了这些粗浅的知识化经验。

例如注解庄子书，取古今各家笺注释解杂糅调停其说，渐渐融会通贯之，而成为自己的一套讲法，便是这个时期很重要的试炼。此时，对于《庄子》，已不再是审美的品味，赏其逍遥、玩其俊语，以恢廓性情，涵养生命情调而已。乃是从知识的角度去把捉，执其筌蹄，穷其色相，追问“逍”字怎么解、“遥”字怎么释；齐物论，究竟是齐“物论”，还是“齐物”之论。

这种解析，把庄子完全知识化、对象化。它成为我的认知对象。针对这个对象，历来之笺注认知，也自成一个个具体的认知对象，供我一一认取。然后我再将它们和《庄子》一一比勘对证，以形成我自己的知解。如“逍遥游”，我即解为“消摇游”。每一字、每一句，我都有我自己的训诂、自己的解释。

可是这些训诂与解释，其实并不是“我的”。一部分系折衷摘选古代笺释而成，一部分则是从《经籍纂诂》《说文》《释名》等书中摘取选用的。所谓心裁，只是稍微用了点裁量、选择、搭配的心思而已。裁百衲以成衣，实非真有所见；依凭各种知见以成说，亦非真能自铸伟辞。

此等知识化与方法化，不仅用在诠解古籍方面，在练习文章书写及创作诗歌上，也是如此。不再是任凭才情以驰骋文辞，也不是感性地抒发胸臆。而是以知识性的态度，去理解命意构辞之活动；裁剪古人佳句丽藻，镶组串融变化以成文。

此知识化与方法化之作为，使我增益知见不少，不惟熟于典籍、广知馊闻，亦自行摸索稔验文字、声韵、训诂、版本、校勘之道，具备了所有汉学家的本领。借径于章太炎、刘师培、康有为，上溯《皇清经解》及清初三大家，根底厚富，亦自深有所获。

然此或能满足我知识上的虚荣感，实质上却形成了生命逸离于自己的发展。因为一切知识化都会出现庄子所说“以有涯逐无涯”的情况；一切客观化对象化，也都会使所读之书不再与自己生命相连。“不哭，不笑，只是了解”，对我这种兴于诗、感意气的人来说，实在是太困难了。才情与知识、理性与感性的冲突，乃渐渐滋生。考据训诂之学，并非纯然客观化知识化之体认，也更加明晰。以才性感兴为基底的为学形态，并未放弃。

但这时我既已意识到纯感性纯欣赏的态度是不够的，此种知识化方法化的路子便不能不走。走上这条路子，固然有逸离生命自己的忧惧，但也有知识日益充实的快感。对于中国文化内容，本已能感，今且能知，自是喜慰异常。越知越多，亦越发自信自尊，生命亦仿佛因此而愈有内涵、愈有价值。对一个以才气纵横而自负自喜的人来说，博古多知，也正是显示其才情轹凌朋侪之道。这，都吸引着我，令我无法在知识化的道路上停转不前。

何况，求知本如采矿，越挖越深，越采越多，它会积累、会生殖，知以成知，不断构筑，不断滋长，真是索之难穷，绎寻不尽。一旦熟练于知识的探究，便如吸毒的人，陷溺越来越深，一日不穷理致知，就一日嗒然若丧，忽忽若有所失。

我这时的知识，是博古而不通今的；形态则是杂糅的。无家法门风可以遵守，所以便成不了专门名家之学，所学也不以复述传习古代某家某派之说为务。拳法如百衲之衣，更如金庸笔下陈家洛的“百花错拳”。因为未尽谙熟古今学术之渊源流别，也不管这些，如海蓄川，杂采兼收，贪多务得，一口吸尽千江水，对各门各派艺业，在有意无意间，不免有扭曲、误解，唯取所用之处。工夫所在，端在串组编织以使其自成理致。故寻众说之窍隙，察各家之异同，找到它们可以缝合、类比、推证、衔接之处，至为重要。此，我由才性美感世界逐渐走向知识化方法化的第一阶段也。

事实上，这一阶段充满了凶险。因为许多成名学者，都是从一门一派的口诀功法开始练起的，积学渐熟，才试着旁通其他各派。渐积渐博，又再进一步将之融会贯通，自成一套，便足以名家。其间工夫之难，真不可为不知者道。多少人苦学了一辈子，连一门一派本领都学不周全、学不好？多少人博有知闻，然而稗贩转售，一辈子也无法自成格局？还有多少人雄才大略，欲融摄古今，折中众艺，而终不免左支右绌，自我矛盾？百花错者，杂收百花而成，又须与原花不同，非天池怪叟之类奇人，殊难臻此境界、创此武功。乃我小子，竟在混沌无知瞎摸乱撞间，凭无上机缘，乘气性感通之力，借由章太炎刘师培等人之隔体传功，跨越了到达这一步的许多关卡，“一超直入如来地”。虽仍功法散涣、气脉不充，但侥幸尚未走火入魔。下视一门一户、枝节稗贩者，真有云泥之感。

因此这时我亦貌似大师了。自谓即此是道，辄欲论道。

那时我正与眉叔师学诗。眉叔师亦正在讲授《战国策》《吕氏春秋》等课，我也许是害怕他摧毁了我日益膨胀的大师意识吧，反正说不清楚什么理由，我明知他讲得极好，却不曾去选读这些课。以致在兴于诗的美感发展途径上，我反而获得了指导；而于理性知识探究这方面，本应有人协助教导的，倒全由自己摸索得来。此亦可谓老天眷顾，凶险已极。然当时夷然不觉，只一心一意地构造我的《古学微论》。

《古学微论》起草于大二时。初稿写成，随时增删订补。大三时又重写了一次。全书约二十万字。但翻来覆去，约摸写过五十万言。每天坐在农舍猪圈改装成的宿舍中写，或带了稿子去图书馆里写、歪在校园瀛苑草坪中间的大树干底下写。写不出来就发呆，看树下的蚂蚁打仗，或静对牧羊池绿油油的池水。有时往后山去，爬上慈修禅寺阒寂无人的小径，在含笑花和苹果花下参悟。大道杳渺，花气氤氲。一霎时，仿若神游太古，物我俱冥。

成书后，分成《辨始》、《原儒》上下、《明道》一二三四、《诠法》上下、《述阴阳》共十篇。附录有《儒学之流变》《齐鲁楚三教辨》《庄学碎义》《庄学与释氏之联络》《辨老》《说仁》

《荀卿考》《释性》《释墨》《后王解》《说行人》《太一考》《检荀》《小说解》等文。

从目录上，便可发现该书主要是讨论先秦诸子学术。称为微论，意指其中多微言大义。与现今教科书或学界习见之说相较，本书亦自多非常可怪之论。

例如学界一般均认为孔子首先提倡“仁”，这个字，在古代本无;“仁义”连称，更是在孟子时才如此。因此可以由仁字的状况及其涵义之演变，来推断古籍的年代早晚。自傅斯年至屈万里先生，对此均有阐发。我则举了一大堆反证来辩驳。如谓《说文》有古文仁，写作“”，与丁福保《说文古籀补》所录古印玺的“”相近，即忍字，可见仁忍相通，故《释名》曰:“仁，忍也。”《吕氏春秋·去私篇》高注也说:“忍读为仁。”老子所谓:“天地不仁，以万物为刍狗”就应解成“天地不忍以万物为刍狗”。这是仁的古义，与孟子等人把仁解释成“人也”全然不同。但古书中也经常有人仁互通的情况，如汉韩敕碑:“四方士仁”，仁就是人的假借。古书中不常见仁字，可能即是因为用人字便可通假的缘故。何况，古时仁义的义，都写作谊，义字一般只做礼仪的仪用，到汉朝人才以当时的用法来改写，今人怎能据现存文献来判断古代之状况？据《史记》所载周初谥法，已云:“仁义之所往为王”，《逸周书》文政、大戒、谥法诸篇同。《墨子·兼爱》所引，亦有“仁人”字样。可见最少在周初，仁德仁人这样的观念已然形成并且广获认同了。所以孔子在周游列国时，和各地人士谈仁论义，并不需要重新界定字义，即能沟通无碍。今人据有限的记载，去推断仁字在古代复杂的字形与字义问题，并主张仁字是经孔子界定其意涵且予以推广之，始渐获各界认同的，无论从方法上或知识上说，都有严重的缺陷。

这类考辨太多了。我认为老子姓老。又认为老子在孔子前，举三十五证以明之。主张荀子寿至一百六十岁左右。谓荀子所称法后王，即指夏商周三后。且谓荀卿学术，多与道家相通。墨子则姓墨，取义于墨刑……此类议论，旁征博引，穿穴经传，而宗旨则在于论证九流诸子均出于古道术。

其说大略谓：古代官师合一，典要皆在百司之史，此即庄子所云之古道术，也就是后来道家之学的基本面貌。九流均出于古道术、均出于史，因此也均与道家有深厚的渊源。尤其“儒以道得民”，儒又是术士之称，它其实就是学习古道术者的通称。我们不能用后世儒家经生的概念去理解它，而应明白儒道同源同质之事实。

整部书便是如此，一方面考证九流诸子之渊源，一方面说明这些分流竞走的派别其实内在是可以相通的。所谓道通为一，其道则为古之道术，以道家老庄为基本模型也。

这样的论述，显然深受章学诚、章太炎及江瑔《读子卮言》之影响，但也不妨说是我前此注《庄》经验的扩大。我在前面已说过，我这时期的知识化与方法化，本领在于找到各家学说中可以缝合、类比、沟通、衔接、通会的地方。我在注《庄》时，所面对的，只是历代解《庄》之各种说法。现在所处理的，则是九流十家宗旨各异之说，要使之道通为一，自须运用更多材料、更复杂精巧的讲法才能奏效。而事实上我也确实发现了不少诸子可以沟通合会之处，对于更深入地掌握诸子学说，不无贡献。

如老子主张绝圣弃智、反对礼治，是大家都晓得的。但若把老子所说“礼者，忠信之薄，而乱之首也。是以大丈夫处其厚不居其薄”（卅八章），和《礼记·礼器》所说“甘受和、白受采，忠信之人，可以学礼。苟无忠信之人，则礼不虚道”合看，便可能有新的理解。

因为显然老子并不是反对礼，而是采取一种类似孔子言“礼云礼云，玉帛云乎哉”的讲法，强调礼应以忠信为其本。所以他又说：“轻诺必寡信”（六三章），“信言不美，美言不信”（八一章），“忠信不足，有不信”（七七、廿三章。上下两句末，王弼本都有焉字。但二焉字应属衍文，帛书本、御注、邢云、庆阳、楼正、磻溪、顾欢、高翿诸本均无二焉字）。这种态度，若再考虑到老子所常主张的卑、让，那么岂不正符合《左传》昭公元年叔向所说“忠信，礼之器也。卑让，礼之宗也”吗？由此来看，老子岂非一真正懂礼、也主张礼的人？孔子向他问礼，岂非理所当然？而老子是史官，礼本来又是史官所掌理的，《周礼·条狼氏》注：“大史小史，主礼事者也”，《仪礼·既夕礼》注：“公史，君之典礼书者”，都是例证。由这样的考据与推论，我可以证明儒道通一、史礼合会。读者即或不承认我这番议论，这些分析，不也仍有助于理解老子学吗？

然而如此论道，且自以为知道，实有极大之问题。何以故？让我举个例子来说明：

> 周秦九家，世之所称，各有号系。推其所自，亦皆有故。惟儒道名法，并非以姓氏立名，而独厚于墨者何？为墨子之学者，称墨者。而学于孔子者，不曰孔者颜渊、孔者子贡，何也？
>
> 推审厥故，盖墨为道名，翟亦非墨姓也。斯义倡于江瑔，《读子卮言》曰：“墨者非姓氏之称，乃学术之称也。周秦以前，凡言某子之学，皆不系之以姓。《汉志》九家，莫不各举其学术之宗旨，以名各家。无以姓称者。且墨子前后，亦绝无墨姓之人。”其识卓矣。
>
> 然斯说亦不自江瑔始，元伊世珍《琅嬛记》已云墨子翟名乌。自谓引自《贯子说林》。惟彼云墨子母梦日中赤乌入室，惊寤而生翟，遂名乌。语涉神异，故孙诒让《墨子绪闻》斥之曰：“其说妄谬，不足辨说。《说林》古亦无是书，盖即世珍所杜撰也。”清周亮工《因树屋

书影》亦云："以墨为道，今以姓为名，以墨为姓，是老子当姓老耶？"

按：老子盖老姓也。周说失言。然谓墨为道名，甚是。虽然，古非无墨氏也。《潜夫论》云："故志曰：禹师墨如。"《尚友录》云："夷齐之父为墨台氏。"《元和姓纂》亦云："墨氏，孤竹君之后，本墨台氏，改为墨氏。战国时，宋人墨翟著书号墨子。"翟岂夷齐之后欤？又按：《史记索隐》曰："伯夷名允，字公信；叔齐名致，字公达。解者云夷齐谥也；伯仲，少长之字。"《论语皇疏》同之。《释文》曰："允字公信，智字公达。夷齐，谥也。"智致音同。刘宝楠曰："案《谥法解》，古人无以字居谥上者。《困学纪闻》引胡明仲曰：'彼已去国，谁为之节惠耶？'盖如伯达仲忽，亦名而已矣。"其说良是。且后汉有墨台氏，邯郸淳《笑林》："平原陶丘氏，取渤海墨台氏女。"故应劭谓："盖夷齐之国君姓墨胎氏。"明为悬揣之辞也。《元和姓纂》仍其说，而坐实以为墨子改墨为氏。今按核而知其非然。论语《疏》又云夷齐姓墨胎，名智允。一云姓墨胎，一云氏墨。其羌无实据也可知。谓墨翟为孤竹君之后，窃所不敢苟同矣。矧古之姓可呼为氏，而氏不可呼为姓（见《通志·氏族志略》序）。今孙诒让《墨子传》迳言："墨子名翟，姓墨氏。"是以氏为姓，乱矣。

今墨既为氏，而又须兼道名，则得氏之来，尚资玩味。考其本因，可为梗概：夫古专家之学艺，皆为世业，因即以业名官。如太史氏、职方氏、虎贲氏是也。而《书·吕刑》曰："臣不匡，其刑墨。"传："臣不正君，服墨刑，凿其额、涅以墨。"又按《周礼·秋官》云："墨者使守门，劓者使守关，宫者使守内，刖者使守圄。”墨子书有《备城门》。曰墨，盖取义于刑之名也。然而何以以刑名为氏哉？

窃考之，史佚为宋之祖，史角为墨子之前师，为清庙之守，实古史之列（伊佚亦清庙之守，《洛诰·逸祝册》可证）。《吕览·当染篇》云：“鲁惠公请宰让清庙之礼于天子。桓王使史角往，惠公止之。其后在于鲁，墨子学焉。”（梁玉绳云：桓当作平。惠公卒于平王四十八年，与桓王不相接。《竹书》请礼在平王四十二年。）则墨子所学，亦史官之事也。古者祝史之职甚尊，《曲礼》曰：“天子建天官，先六太。曰太宰、太宗、太史、太祝、太士、太卜。”周之史佚史角，始以天官世守清庙，传其家学，墨子受之。清庙者，明堂也。史角为史，墨翟受其家学，亦当以史自任矣。《左》昭二年，韩起适鲁，观书于太史氏，则以官为氏也。古者誓小史曰墨，《周礼·秋官·条狼氏》：“誓邦之太史曰杀，誓小史曰墨。”故《左》昭公二十九年《传》载蔡墨曰：“物有其官，官条其方，朝夕思之。一日失职，则死及之。”蔡墨，晋史也，可为明证。曰杀曰墨，古史自勉之词也。故《大戴礼·保傅篇》曰：“太子有过，史必言之。史之义不得不书过，不书过则死。”《诗·卫风·静女》毛传亦云：“古者后夫人，必有女史彤管之法。史不记过，其罪杀之。”知古史自誓之重也。史书或名梼杌。“梼杌状如虎，长三丈，人面虎爪，口牙一丈八尺。人或食之，兽斗终不退，惟死而已。甚哉！史官之宜死于是职也。”（陈继儒《偃曝余谈》）墨子学于史角，为小史，誓曰墨，因以为氏。其学派亦号墨焉。此颛蒙所见，渊雅君子，或所愿闻。

又，近贤侈言墨子为平民，以为贵族平民之争，实儒墨之分际。然墨子尝仕宋为大夫矣，谓之平民，可乎？《史记》、《汉书·艺文志》并言墨子为宋大夫。《史记·邹阳列传》又云："宋信子罕之计，而囚墨翟。"墨子弟子三百人，持守围之器以待楚寇（《公输篇》）；又墨子出曹公子于宋，使家厚于始，处高爵禄。斯岂皆无位者所能致？果其为平民、为贱人、为刑徒，皇喜专政劫君而囚墨子者何？墨子又能仕弟子于卫（《贵义篇》）。此非平民所能办也。且鲁阳文君言于楚惠王曰："墨子北方贤圣人，君王不见，又不为礼，毋乃失士？"（余知古《渚宫旧事》三）既号墨子为士，其非刑徒氓庶可知。至若穆贺语墨子曰："子之言诚善矣，而吾王天下之大王也。毋乃曰贱人之所为而不用乎？"（《贵义篇》）无位者曰贱，见《论语皇疏》。墨翟时已非宋之大夫，故云如此。非即刑徒之称也。且考于古谊，亦未有以贱人为刑徒之称者。《周礼·小司徒》注："贱谓古今贩卖者。"《仪礼·士虞礼》注："贱者谓庶孙之妾也。"《释名·释言语》："贱，践也，卑下践履也。"俱无奴隶罪人之义。故钱穆云："童仆奴隶，咸由罪人得名。墨家乃以奴隶之道，唱于一世，衣食操作。一以刑人苦力之生活为准。曰贱人犹云刑徒"（《先秦诸子系年》）者，盖失言也。

本文名《释墨》，曾摘出刊于一九七六年《淡江文学》第七期。文笔及论述，皆可以代表我当时的风格。博综古籍，与古今汉学考据家争锋，而持论多奇恣，不乏独见语。

但从我的考辨中，不难发现我整个思辨的重心，在于辨析史源。例如墨家何以称为墨家？我从两方面来说明：一是创始人即为氏墨的墨翟；二是墨翟的学术是一种墨者之学，因为他受学于史角，为小史，对自己的职掌，有墨刑之誓词，所以以墨为氏，且即以墨为该学派之名。这是我对墨家及墨子来历的说明。墨字，在我的解释系统中，既为人名又兼为道名，并考出古代所谓墨家之学出于清庙之官的具体状况，实是超越古今所有论墨子及墨家名义之文的地方。

可是，把墨子是否姓墨、墨子本是小史之官等等考证清楚了，对于墨子兼爱非攻贵义等学说内容是否也即一并解释明白了呢？来源的问题，替代了内容的问题；甚至常认为要解决内容上的争论，最好方法便是厘清来历，正是彼时我主要的错误所在。因此，我这部稿子虽在各派与诸子之关系间，探明发现甚多，整个讲法毕竟是不能成立的。

其次，便是论道论源仅溯及各家皆出于史，便以为已足。未考虑到史有许多种，学也可能即有许多种。例如清庙之史，和小史、记太子之过的史，必不相同，和老子这样掌图书之史也不会一样。把所有诸子学推源于古史官，然后论断其同源故亦同质。忽略诸史有异；忘了古所谓史，有时实即指吏。所谓古代官师合一、学在史官也者，实乃学由百官吏员职掌之谓。竟认为史官之学均为古道术，殊属妄谬。考辨古史、探论道原，意在凿破混沌者，乃亦因此而仍处于混沌之境，万物无精粗大小，杂然并列，通之为一。其为先天易也，不足以言分析与知识也。

由于以同源为同质，故我对诸子学的内容缺乏深究。经由清学考据而建立起的知识化与方法化本领，也还没有办法辨析名相、诠解概念、建构理论。更由于对源的理解甚为笼统囫囵，遂亦无法超迹上溯，跨越章学诚“六经皆史”说的局限。这都是我的悲哀。数年劳苦，功竟唐捐！

然而，在写作当时是甚为快乐的。我的知识逐渐积累、思辨能力渐渐养成，在各种典籍各种说法之中穿梭往返，更有无穷的快感。仿佛面对一层层雾障，拨开、扫除之后，人竟又进入更深密的榛树林莽、沐浴在更厚重的雾气中。在烟岚雾气里，有或持戟或舞刀的敌人倏焉掩至，施展各种武功向我杀来，我须凝神于云雾迷蕴之中辨识其刀法、判断其武技家数、测察其优劣、揣探其破绽所在，以便收伏他或击败他。这些人，都是高手，我与之对敌，往往不支，俄而肩胁中剑，俄而踣地不起。但我知道哪些地方是致命的，哪些地方虽被伤破，尚无大碍。遇到杀手，只好认输，回去闭关苦思，再练绝技，或者干脆向对方偷招。若只受伤，不致毙命，则裹伤将息，略事调整后，再战。

已放弃练武的我，从文章写作和参辨道术之中，乃又获得了习武搏击时的快感。充其想象，甚至比真正的搏击更好玩、更刺激。看见某一种特殊的讲法或独到的见解，就像猝然遇上高手那样，瞳孔会收缩，喉头会哽塞，呼吸一时急促起来，脊梁微耸，准备看清其招式来路，舍命一搏。写完一篇考辨，廓清摧陷了古今贤达之说，亦如剑士杀敌完毕，轻收其刃。把笔插回笔管里，听到那轻轻地“卡”一声，便仿佛收剑入鞘了一般。带着点淡淡的疲惫、喜悦和惆怅，为之怔忡。

我颇沉溺于这种情绪之中，在古籍里优游，问道于玄古。泛滥经传，旁搜博采，以构建己说。什么九宫八卦阵、诛仙阵、万仙阵、四方五斗阵，千精万灵，一齐喝破，斩将搴旗，好不神勇。

但真正深刻的快慰又不止于是。因为从分析方法和态度上看，这固然是一种知识性的活动，但是我的精神状态却近乎宗教性迷狂。信道求道，一路追索，渐渐进入神秘高玄的上古浑朴道域。我觉得我窥见了道源、掌握了道本、通达了道体，我内化为道之言说者，是大道在此濡驳世界的声音，用来说明它自己。在这个道我混同的情境里，我简直悲喜莫名，手足无措。唯一能做的事，就是写、写、写，让自己陷入更深的书写中去体道、证道，为大道辩护。

依照我当时的想法，是孔老同源、儒道通一，因此意在综摄，欲使人知道通为一。要达成此一企图，用上了不少考据方法。但综贯之功、融摄之力，恐非清儒所谓汉学考据所能为。因为这是有意图、有宗旨的论道之作，并非单纯地考证古史。其论虽尚不成体统，但朝向一思想家类型而发展的架势，已隐然具现，也成为我日后论学的基本风格。与一般考文辨史之学者颇为不同。

且我求学问道，本取途于晚清。但入机虽由清末，探源却直叩先秦。上古神话、经传、诸子学说，摩习渐熟。昆仑头与尾闾墟，下贯上溯，两端合揽，首尾毕举。故能通观整体，彻上彻下，见国史学术之大全。又与一般划疆定域，只懂得埋头在某一朝代某一家数中的学者不同。

可是此时生命终究是割裂的。骋才使气的一面，兴于诗感于物，歌哭无端，继续在美感世界中俯仰自乐。逐知索道的一面，则如此不断运思构知，知以感知，轮转相生。只因为运思构知本也是乘兴为之，因此尚不觉其为矛盾。可是学诗与问道，在此刻总是分裂成两种行为，不相统属，一偏于感而一偏于知，一偏于诗而一偏于思。

在这两方面，由感而知的部分，发展得较好。偏于知的部分，则一往难返。混沌既破，天真渐漓，又未能用知融情。故在知性行为不断增强、方法意识不断深化之后，竟或渐趋于执理断事，走向纯理辨析与知识建构之路。对于感兴的一面，不免抹杀、隐藏之，或只视之为论理的存在基底，可以存而勿论。影响到日后我在硕博士班时期的作为。

因为从纯理主智的一面来看，整个中文系当时的教育及学术形态，可说尚未知识化、现代化，一切都是含混的、美感的、伦理的、实践的。可以目击道存，当下即是；但无法明言论道，亦无方法示人以规矩，教人如何求道。只能体而察之，默而识之。我知识化的程度越深，对此当然便越发不满，觉得它应做些调整，否则便不足以言道。

从整个中文系的大环境说，中文学界意识到需要进行知识化与方法化的调整，乃是受到当时大学内部其他学门知识化的压迫，以及外文系比较文学研究风潮的冲击。然就我个人而言，对那些冲击虽亦有所感应，实属枝节。所有知识化工作，都是我个人生命的体验，在一本书一本书、一个字一个字之间黾勉刻苦建立的。所有方法意识，也都是从凿山采铜的经验里，摸索获得的。故后来中文系里许多朋友起来反抗传统时，都不免援引西方哲学与文论为方法利器，我则是“我用我法”。而我法即由中国传统学术中变化而出，似洋似古，乃又不洋不古。

然此均为日后之发展。正翻滚于知识海中鼓浪而前者，未能预知此也。我志在求道，索之于玄古儒道墨法混沌未分之际，似乎也表示了我和素朴世界仍然相去不远，道通为一的浑化境界仍然是我所向往的，故生命之畸裂尚不严重。问道用智，因仍有许多悲情与感兴托住，亦尚未尽支离。这都是我幸运之处，每读《世说新语·排调篇》所引“盲人骑瞎马，夜半临深池”的故事，总会莫名地联想起这一段冥行盲索的求道旅程，不知不觉，惊出一身冷汗。

卷二

思

窥 机

汉光武在当上皇帝以前，志愿不过是娶妻阴丽华、任官执金吾而已。人皆难以逆料其未来之际遇，我也不例外。

但一般人对于其未来又均不免有些预期，故亦不免有些图画经营。如现今颇为盛行的“生涯规划”云云，即是针对这一需要而设计的。我则无此观念与习惯。眼前事，好好把握，未来能怎么样或会怎样，只能任运委顺，无从规划，也无法预期。且性好野战，往往不耐烦写战斗计划书。这种态度，当然有好处更有坏处，可是委顺任运之人，何暇顾念及此？在我大学同学一进学校就懂得寻找“出路”，知道如何选修课程、充实职能，以备将来毕业进入社会之需时，我可是一点儿也没想到任何有关未来就业之问题的。

现在我当然能理解我同学们的心情。在那个社会经济仍不发达、人仍挣扎以求温饱之年代，历经十六载寒窗苦读，荷负乡里父老之重望，好不容易熬到大学毕业，所为何来？无非期望毕业后能谋个好一点的差事，在社会上有点竞争立足的本钱。因此读书便不止是读书而已，乃是学习一种能在社会竞争中立足且制胜的技能。大学联考时选择科系、填具志愿之重要性也即在此。因为一旦选择了什么科系、考进了什么科系，其实也就决定了你此后大半生的荣枯。如果所读科系、所学技能并不符合未来社会之需，那人生可就灰黯了。

依此标准来说，读“社会组”的学生，基本上都是成绩较差、数理不好而无法入读理工“自然组”的。在社会组中，若能考上外文科系，将来尚可凭其外语能力，进人外商企业发展，其社会竞争力自然又大于只懂得中国文史知识的人。

这是社会的现实。所谓大学教育，其实即建立于此基础上。纵使是台湾大学毕业，若读考古、读哲学，也是前途茫茫，不知学此屠龙之技究竟有何作用、有何意义。

当时曾流传一则笑话，说某台大哲学系毕业高材生，毕业后找不着工作，只得往动物园谋职。该园见他可怜，给他一件工作，乃是要他披上熊皮，假扮成熊的模样，表演给游客观赏。一日，正表演时，不慎跌落隔壁老虎槛内，他大惊，刚要站起来喊救命。孰料那老虎向他低声道：“不要叫，我也是台大哲学系毕业的！”可见台大哲学系毕业生，在当时被认为只能去动物园假装老虎或狗熊，其淡黯凄凉，可想而知。直到后来我担任中文系系主任了，仍有联合报驻淡水记者来校访问，询我文学院二百位女生，将来愿嫁何种科系毕业者；结果没有一人愿意嫁给文学院学生。令我文学院各系男生备感沮丧，久久不能治愈此心灵创伤。

在这种社会现实与风气之中，读中文系的学生，特别是男生，当然格外窘迫彷徨。展望未来，不知将如何规划其人生。因此其中有些人消沉了，因为他们已经预见了无甚前景的灰黯人生。有些人愤激了，觉得学这些圣贤经传、文学作品，根本无裨实际，儒冠空误，除了能唱点高调外，百无一用。另有些较能切应于现实的朋友，则身在曹营心在汉，知道未来要在社会上立足，就必须在中文系之外再想点办法、学些东西，或者干脆转系，以便追求较为美好的人生。

我钝于感受时代气息的生命，兀自游处于自己的世界，对此殊乏体会。非但不懂得挑选较为热门的科系，考入德文系以后，反而转入中文系。进了中文系，也不曾考虑到将来能做什么、会做些什么、或要为即将毕业的生涯做点什么样的安排。我只是在此求师、问道、学诗、用思，把握当下，享受眼前，只觉风光无限，游赏不尽。

但花事将歇，大学也总归是要毕业的，毕业后该怎么办呢？

我别无所长，只会读书，所以当然就只希望能再继续读书。可是淡江本身要办的研究所一直未被教育部门核准，我势必要去考旁的学校研究所。

因此对于大学的社会性格，我虽然能够漠无感知，对于研究所的社会性格，我却已不能再避开不予面对了。因我若要再继续升学，即必须进入此一结构之中。这道进入的程序，对我来说，大概就等于成人礼的“生命过关仪式”吧，对我有着社会化洗礼的作用，帮助我成长、刺激我成熟，影响至为巨大。

我之所以要考研究所，原只是纯稚地想再读点书罢了。或许这也是一种逃避立刻进入社会、拖延着不肯面对社会生涯之策略。可是由于要考研究所，我乃被迫逐渐理解到研究所本身即具有的权力意涵。

有些学校有研究所，有些没有。没有研究所的学校学生，必须去那些有研究所的学校报考，求取深造之机会。俯仰既已由人，形势上当然就矮了一截。有研究所的学校，仿若名门大派。我校虽亦号称为大学，实乃支宗庶孽。因为有研究所的学校，能培养博硕士，其门徒分布既广，学说流布自然也较具影响，势力当然要远胜于没有研究所者。这就是学术政治的权力问题。没有研究所，就没有学术发言权。

由此权力意涵，遂亦逐渐培养出一种地盘意识。因每一学校研究所培养的人才，由其本校先行吸收消化之后，自然也就分散到其他本身并无研究所、无法培养师资的学校去。去了之后，亦往往汲引同学师友去任职，渐渐人丁兴旺，该校便成为那个有研究所的学校之另一地盘，宛如少林寺的达摩下院或某一帮会之分舵。新近毕业的博硕士，常被介绍分发到这些分舵来练历一番，有所表现或本部总舵有职缺时，才有可能返归本山。而研究所与研究所之间，也是有所不同的。有的研究所，即类似另一学校研究所之分舵。例如文化大学中文所，不但由师大出身者主政，大部分的课根本也就都在师大上。老师往往不上阳明山去。在师大上课时，文化的学生下山来听讲，陪同师大研究所的学生一道上课，老师则兼领文化的钟点费。故二所一家，然其势显然颇有抑扬。

这些权力意涵和地盘意识，都是我所陌生的东西。生命沉浸在诗歌的感兴和用思求索的远游之中，逆俗超世，何能切知此人世之机栝？故等到我大四准备考研究所时，面对此一情势，反而觉得彷徨了。

当时各校中文研究所的考试科目，大概都是国文、英文、小学、专书、文学史。只有专书可以选考。我学诗正勤，随眉叔师读李商隐诗正有心得，便拟选考李商隐诗，可是各校均无此科。后闻汪中（雨盦）先生在台大及师大开此课，我若要选考此科，就必须再去旁听。

这就是所谓权力意涵了。有研究所的学校，握有学术上的霸权，我们要去考它，便只好俯而受教，去听课、抄笔记、读考古题，进入它的知识脉络中，否则根本不可能考得上。汪老师是魏晋名士，毫无权力观念，但这是个结构问题。汪老师因能在台大师大开李商隐诗，所有欲选考诗歌者都麇集于其门下，故亦非其所始料所及地自成一大势力。经常有一大群弟子在其身边，号称“汪门”。

我在大二即与相熟的简锦松，就是汪门健者。他曾把我的诗稿呈给汪老师看，也拉我去参与汪师府上之聚谈。我觉得汪师是可亲近的长辈，更坚定了选考李商隐诗的决心。但淡水到师大上课实在是太辛苦了，早晨六时即须下山，赶搭火车，到台北后再转公车。来回须花费七小时。冬天淡水又冷，与几位同学在夜色初褪时裹寒而行，星斗方残，人声尚寂，萧瑟之感，远远超过了读书求学的快乐。

像我第一次去师大听课，因路况不熟，找着教室时，已然开讲了，慕名而至者挤满厅堂。我后到，挥汗进入，不但找不到座位，且因打断了上课的节奏与气氛，遭获不少嫌憎之眼神。结果所有人都坐着，唯我一个人贴着教室后壁冷冷的红砖墙，站着听了两节。当时一同听课的，多是师大的同学。但听了一年，不曾认得其中任何一位，因为我本不属于他们。故其后虽每次都能有座位，坐在教室中，依然如处于荒岛。幸而张梦机师及陈文华、颜昆阳诸位也常去听汪老师的课，令我不致太觉孤寂。

我本耽于寂寞，因此并不会因在师大听课遭到冷淡而有什么不快。可是这些听课的感觉，使我不安。我清楚地体察到这和我历来读书的经验不同。不再是为了理解诗歌、了解诗人，也不再是为了我的兴趣或我的困惑而读诗。读起来亦毫无乐趣，只是为了考试，为了揣摩汪老师可能出题的方向。来师大上课，是来此求敲门之砖、寻入门之径。抱此觊觎之心，匐匍于师大国文研究所的权力台阶底下，仰望殿堂，敬慕感和厌鄙心竟是同体共生的。

对于李商隐，我太熟了，不只韦编三绝，而且我真正能够了解他。可是多听这一年课，我对他反倒疏远了。不是汪老师讲得不好，他其实说得很精彩，但就学的心情阻碍了我。我觉得我是以出售我最熟悉的朋友，来换取入学研究所的机会。所以我越想工具性地借用他，我就越不了解他。

到师大听课的感觉既是如此，台大我便不想去听了。简锦松意外替我借得该校声韵学文字学笔记，我读了一些，却更强烈地感受到宗派、地盘与权力纠结的意象。

盖师大国文系所长期由林尹景伊先生主持，以章太炎黄季刚嫡传为号召；但鲁实先先生亦在所内任教多年。林先生治小学，重点在于《说文》条例，且以声韵学为枢纽。对六书分类，采戴震四体二用说。鲁先生声韵学并不专擅，重在通过甲骨金文以原造字之本，发明章太炎以“建类一首”之“类”为语根之义，而说六书皆造字之法。二者不尽相同，学生兼听并受，各有依违，但大体上都重视《说文解字》和《广韵》，是传统小学的发展。台大小学课程则由龙宇纯、杜其容伉俪负责，对六书的解释和鲁先生等殊为不同，对中古音、古音、等韵图之理解亦辄与林先生等颇多分歧。这些分歧，原本是学术研究上的常态，然而门弟子推尊师说、不容异端，竟渐使此类学术意见染上了意气的成分。再加上考试甄才，凡欲入台大者，须如此说；欲入师大者，则须如彼说。学术到此，几无是非可言。

台大与师大，是当时中文学界两大势力，开宗立派最久、门弟子也最多。传承既盛，壁垒自成，两者之间，若有芥蒂。主事者瞩目高远，或不以我此处所述为然，但当年从学者之感受确实就是如此。我越去听课，越读其笔记及考古题，对于我将来准备就读的研究所便越无敬意。在尚未考试时，我即已明了：准备考试所读的书，是无意义的；未来考上研究所而读的书，恐也是无意义的。盖学已为禽犊、学已为禄利之途，读研究所，不过历经一个过程、谋一份资历而已，与学问无关，或许也根本与读书无甚干系。

这种感觉，在考台大时最为强烈。我读龙先生杜先生著作及讲义甚熟，稔知其学问底蕴，亦颇敬重其学养，答其考题，本应毫不费力。但我一看见考题就写不下去了。龙先生的考题简直是从他的《中国文字学》书上抄下来的，问某事“郭某”之意见为何，“唐氏”对某事之看法又如何。此郭某，指郭沫若；唐氏指唐兰。请问考题宜如此吗？非其弟子生徒，又怎知郭某唐氏究为何人？杜先生所出考题更妙，云中古音之声韵，说法各异，近有人主张有若干声调者，请述其说。此所谓有人主张者，就是她自己新发表的论文，不是亲承音旨的课堂学生，对此必然莫名所以。我一向认为研究所考试应当测验学生对该学科之基本知识，而不是试探学生是否了解出题者个人的独特见解，更不能利用这类考题来区分出谁是自己的学生。这样的考题，令我觉得台大似乎不欢迎我们这样其他门派的带艺投师者，所以就掷笔而出了。

赴师大考试时，较无此等感觉。那年师大考题出得十分平正，外校考上的也很多，单我淡江，便有林敬文、简松兴、陈正荣、童黛虹和我五人，占了三分之一。师大本身毕业的蔡英俊、简锦松反因考上台大而放弃了师大，以致那一届倒是以外校学生为主的。在各研究所血统主义普遍盛行的时代，这不能不说是极为幸运的事。

更幸运的，是在生活上，我虽负笈于市廛，但友朋之乐、师友调护翼掖之情，仍使我有还活在淡江的感觉。

师大在台北闹市之中，门口的和平东路车水马龙，侧边的师大路龙泉街也是人车杂沓、店货横陈。校舍局促于街市之间，如人的五官被压挤在一块儿，皱成了一团，极其丑陋，几乎没有呼吸的空间。所以另辟了一个分部在公馆侧边蟾蜍山对面，邻近河堤。地甚荒僻，建设亦毫无美感可言。

分部以理工科为主，只有一栋楼房供我们几个人文学科的研究所用。因与学校其他部门缺乏任何有机之联结，故其势甚孤，我们与学校的关系近乎两忘。每日只到所中上上课、找点资料或寻人闲扯几句，其他时间则各人各自隐没在市声街尘里，彼此同学之关系，也近乎两忘。国文研究所只有一层，除办公室与教室外，有几间书房，各有木书柜数大橱。我们就坐在这里闲扯、看书。但大部分时间是没人的，气氛沉静而古旧。偶有日影射入，更觉幽深。

我先是赁屋和简松兴同住在学校边的武功国小附近，后来又搬去师大本部对面的金山街巷内。日本式老房子里庭宇幽深、花木扶疏，颇便读书。时金山街尚未拓宽改建，尽是老旧眷舍违章建筑，用木材板、铁皮及塑胶板，隔出一间间狭弄窄屋。鱼龙混杂，亦大合我之脾胃。每日我去买份“不一样馒头”，吃点水饺牛肉面。林明峪也骑了他的摩托车来找我鬼扯淡。他的摩托车名叫驴子。每逢他小说写不出来或我无聊时，即跨此毛驴云游于新店乌来、基隆宜兰东北角上，饮山泉、啖海鲜，飘飘乎若仙。

当时蔡英俊、简锦松等虽去读了台大，仍常回师大来玩，并替我介绍了一大批师大的学长学弟学妹。我有时和林明峪一道拉他们去鸬鹚潭夜宿捞虾，有时则独自跑到学校宿舍去找他们厮混，穿房睡铺，一点也不生分。

我淡江时期的许多师长，本来又就不少是师大出身的。如黄锦鋐、周何、李鍌、戴培之、张梦机、张文彬、曾昭旭、王邦雄、沈秋雄等都是。我久预简锦松所办师大南庐吟社之会集，又认得师大教师不少。另因眉叔师之介，得谒鲁实先先生，对师大“鲁门”一脉，闻见亲切，颇不隔阂。故来到师大上课，有时亦仿佛如在淡江。

可是师大毕竟与淡江不同。这样的环境、这样的形态、这样的气氛，当然和淡江大异其趣。我因幸而能得师友翼护，减低了异乡人的感受；对未来亦朦然不晓规划展望，不曾考虑到以一个外地人身份，在今后升学考博士班或就业时会有什么困难；兼且秉性乖张，异乡为客，正好符合了我某些生命律动，反有乡居适性之感。故对此师大新环境，并不难适应。其他几位同学可能就不如我这么幸运了。尤其是童黛虹。

她是由屏东女中考入淡江的。来自阳光充盈之地，行走之处，必带着一串银铃般的笑声。但她与师大素无渊源，骤然进入这个新世界，不免惶惶，需要我们几位老同学调护。可是我们几人都是男生，自顾亦且不暇，故无法理会、也不懂得如何照应她。又一直以为她大一时就担任过我们的副班代表，并非柔弱女子，似乎也毋庸刻意协助之。以致她独自承受着独学无友的荒寂。想在新环境中寻找新的友情，却发现这时的同学已不再如大学时期那样单纯。不但大多已兼职就业，其行为亦颇社会化。与师友应对时，娴熟得体的酬酢礼仪和语言，其实正是人与人相处时有效的隔幕。使每个人都望得着、谈得来，却又仿佛不甚相干，各自活在各人的圈子里。生活上有这样的感觉，也就罢了，学业上竟也不再能相扶持相沟通。因为每个人所选择的课题与专业都不相同，共同关心或能相商兑的论域极小。因此整个研究所构成一种封闭性，使人的灵魂瑟缩于其中，静待枯萎。更不幸的，是权力意涵也浸透在所有的人际关系之间。人与人相处，往往会卷入有关权力的论述或角力场，使人身心俱疲。

她太敏感了。感受到这一切正压挤着她的生命，使她幽闭，令她沮恐。而她又无法挣脱出这种气氛和这种结构。致使一位总是带来银铃般笑声的阳光女孩，竟渐渐产生了厌世的倾向。有天她向我提及，说想休学。我大吃一惊，憬悟到事态严重，忙找同学来设法安慰照顾她。但并未奏效。不久她便服毒了。救治后，返乡疗养。一年以后才再复学。然亦不能卒业，再次休学。而且，永远休息了。

现在，童黛虹墓木已拱。忆事怀人，徒增吁唏。她是彩虹，可惜被刷上了黛色。或许这是命吧，或许她之终究轻生，别有因缘。但师大国文研究所的生涯，会不会也是使人灵魂幽闭萎缩的原因之一呢？

我不像童黛虹那么敏锐，可是我也会有不快乐的时候。例如同学相处时一些社会化的动作和言词，我就很排斥。学生帮老师做寿、抓公差去替老师搬家，或提公事包、看家等，也觉得没大必要。为了祝寿，我们同学间还闹了些意见。我是反对的。因为学生尊师，本属至情，然而或替之祝寿或否，为什么？真是由于被祝者德望俱尊、教导特别费心吗？有时并不见得。那么，祝与不祝之间，考量的是什么？不常是权力吗？师生情谊，而溷于权力意涵，我便无法接受。何况，师生相处，本于人情之互动；学问的摄受，也有才性之不同。每个人对老师的感情和获益之处，是不一样的。真有感受获益时，去拜寿祝贺，怡然泰喜，不在话下。若无此感受与获益，勉强摊派，凑份子去讲些恭维祝贺语，岂不痛苦？当时我们每个月，仅有奖学金九百元，租房子尚且远远不够，不能不想法子打工兼差，糊口枵腹以读书，又何能经常解囊替这位老师贺嵩寿、向那位老师祝遐龄？

此皆可言之成理者，然在所中公然倡言此类言论，便仿佛是对某位老师不满故不愿为之祝嘏。谣诼斯起，谤议猬集。人事之难处，可见一斑。

所里当时还谣传某些老师要求另外拜门。亦即要在课堂之外，另外到老师家磕头，递门生帖，称弟子，才能获授秘技。又传说倘要想进博士班，须去拜某某老师。老师叫你去考，意思就是说准你来读了。若告诉你明年再来试试，那今年便不消白费气力。还有人说某些老师有办法，能帮学生介绍工作；某些老师则“不够力”，不必再找他指导论文。诸如此类讲法，绘影绘声，令我困惑，难以置信。高等学术机构，招我来此读书，而读书乃竟与做买卖相似。老师投资学生，以扩广其权力势力与地盘；学生投资老师，贺寿送礼嘘迎叩首以谋求未来好出身。这是什么世界？学问还讲不讲呢？傅青主说得好：“脂韦跪拜以贪其利禄，曰治世之礼当如是。礼丧世、世丧礼，礼与世交相丧也，悲夫！”（《霜红龛集》卷三一《礼解》）

浮漾在这些权力意涵之中的，还有一种血统主义的幽灵。这种血统主义有两个方面，一是从学术传承上说，台大自认为接续了北大的衣钵，师大则归宗章太炎黄季刚。由于林尹高明潘重规诸先生皆出黄门，故由之上溯于章太炎，再上溯于孙诒让、俞曲园，以接清朝朴学之脉，自命为朴学正宗、学术真脉，即成为所中某些人据以标榜之口实。仿佛系出名门，血统纯正，言必称

“本师”林先生高先生、乃至季刚先生太炎先生。

另一种血统主义的面相则表现于地籍上。犹如一位江苏人，少小来台，迄今居处歌哭于斯四十余年，行亦将埋骨于此。可是，才二十来岁的台籍小青年，动不动就指称这些“台腊”（我仿“僧腊”而杜撰的名词）远多于他的人是外省人。纵使这位江苏人闽南语说得很流利、娶了本省籍老婆，也一再强调“哇嘛系台员郎”，他还是永远被定位为外省人。为什么？本省外省的省籍区分，其实真正的分判点并不是土地。与在地之久暂，毫无关系。所谓在地人，是依他的血统来衡量的。故省籍地籍情结，其实只是血统主义。而研究所，正是这样一种血统主义滋长的地方。大学部就是师大者，是生下来就是台湾人的台湾人；外校毕业考入师大研究所的，则是外省来台，声称“哇嘛系台员郎”的台湾人。出身异地，血统不纯，想要留校任教或分享利益，当然就要困难些了。

一切血统主义之态度，皆为我所不喜。对此风气，或传言所构筑起来的氛围，我不像童黛虹那样默然承受，以自消殒，我愤激，我要反抗。

反抗，当然还不到揭竿而起的地步，因为事实上老师们对我都很好，同学相处亦无大矛盾大冲突。故反抗其实只表现为一种谑谐嘲讽、滑稽以玩侮之的方式（如当时所中多尊称林景伊先生为林公，我们便彼此同学也互称某公某老）。要不然，则采取一种逃避的方式，不参与此权力竞逐之游嬉。萧然自处，寂寞自甘。

我这种不合作的态度，显然又引起了不少议论。因为玩侮往往使人难堪，不参与又仿佛不屑。在我考博士班时，华仲麐师甚至引用《论语》曰“虽有周公之才之美，使骄且吝，其余不足观也矣”来训诫我。重点当然不在吝而在骄，以为我是恃才傲物，故轻于狎侮，又不屑与师友往来。

有一年，汪中老师特别差人来找我。我以为有什么事，急忙晋谒。原来汪老师是听说了我许多不符社会化要求的行为后，很担心，基于爱护我的立场，告诉我要善于处人、要常去师长家问候，勿孤峭自清、才华自恃，而绝乎朋类。

我敬谨受教，也感谢老师们的关心。我知道我之所以令老师担忧，定是背后的批评太强烈了。研究所不是如我当初所想象的，一个读书的地方、一个还不必进入社会中去权谋厮杀的高级研究机构。它就是社会，也是整个社会的缩影。一个不能充分社会化、熟悉社会行为模式的人，在这里是难以立足的。汪老师并不晓得童黛虹的事，但他深恐我这个学生仅凭仗着一点性气书卷，便来闯此社会之虎穴龙潭，会弄得尸骨无存，所以才温言劝我“好好做人”。

对此，我当然是感激的。不过，来不及了。我之违逆世俗、时与社会相龃龉，到这个时候已经超越了天生才性的层次，而有属于价值选择的意味了。不再是因不通世故，以致不娴礼数、不达人情。

从前我是个书呆子，因性气兀傲、逆世独寻，故游心玄古，问道杳冥，而其实是对世俗一无所知。由于要继续读书，所以上了研究所，也才让我逐步体会了世界是怎么回事，知道社会是什么。权力意涵、地盘意识、血统宗派主义，既是我所初步了解的学术界实况，也是我所了解的社会深层结构。不论什么样的社会团体，表面上是学术社群或政治的、经济的、公益的、服务的团体，其内里，皆无非此等结构。故在真正进入社会之前，我已经把社会完全看穿了。

这些了解，并不由知识上来，乃是从一些具体的感受上获得的，所以格外深着痛切。把这些了解，跟我在古书上所读到的宫闱斗争、王朝血战、社会诡诈、人情冷暖之故事文献相比对相印证，我对社会之机制，可以说业已了若指掌；人情世故，靡不毕悉。

我本非方正之人，生命大有邪气，少小即熟读《厚黑学》一类书籍，对权力运作未必无知。一旦在与世相劘相切之中，体会出社会原来即是这么一回事，我心中的权力意识便常被勾牵而出，蠢蠢欲动。可是，我读书读了几十年，圣贤经传也不全是白读的，知道在知机之外，亦尚有忘机等境界，也晓得权势竞逐终非了局。

体会至此，身心实甚痛苦。拆碎一切假面，洞视一切伪饰，面对社会上种种尊卑上下贵贱排场文饰等等，都如佛家所谓“白骨观”一般，见美人则见其为骷髅脓血，但觉腥秽不堪。久之，始渐能悲悯体谅之，理解此中各种权力倾轧，其实也自有其不得已处。人情世故，有时也不得不如此，否则乾坤恐怕反而难以维系。这时愤激之心渐平，亦渐能随俗俯仰。

方吾随俗之际，我那帮有洁癖的朋友们甚至要疑我已遭杂染、即将变节、世故太深、机巧太多。

可是，通权应机、随俗俯仰，毕竟只能是暂时的、偶尔为之的。真正在立身处事的大方向大原则上，必须有个决断、有个抉择。我究竟要利用我已精娴审知之人世机栝，去表现为一人情练达、世事洞明之人物；抑或有所不为，依自己的性气，去进行反世俗的追求呢？

为了准备考研究所，花了我一年时间；就读师大国文研究所，前后又有六年。我的生命事实上即转折于此：始则惊异，已而惶惶，继以愤懑；格诸理事，渐能释然；而终本性情，归于价值之选择，确乎不疑，复返于逆俗。

逆俗者，当然要被批评其行为不符社会化之规范，当然要承担社会异样的眼光，要被讥为少不更事、不通人情世故。当然也无法获得权力与利益。但这不正是我所追求的吗？“一自祖师传道，至今确然不疑”，研究所的生涯，所获传之道，即此是矣。我后来在社会上的遭遇，以及我的对应方式，大抵也可说就是这段生涯的各种翻版或扩编而已。应世于未曾入世之前，窥机见道于不可道之处，抚今追昔，不觉惘然。

从　师

为学重师教。

虽然豪杰之士，可以“无文王犹兴”，但若在做学问的路子上，能得到师长的教益、同学友朋的扶持，进德修业当然会更容易有所成就。

我考上研究所后，张眉叔师很高兴，立即要我去晋谒鲁实先先生。我对鲁先生慕仰已久。大学时周何及沈秋雄师讲授文字学时，同学或苦于摸不着头绪，书国符偶赴师大，得闻鲁先生之教，大为惊异。据他回来向我形容：鲁先生乃湖南宁乡人，一口家乡土音。他自己虽也是湖南零陵人，可是几乎完全听不懂鲁先生在说啥。但见鲁先生堂上挤满了人，鲁先生则喜怒唱做，淋漓酣畅。满堂为之倾倒，随情为之喜怒。书国符听不懂他在讲什么，但觉如入狂人国中，四座都是疯子，宛若中魔，或如被催眠一般。上了一节，他仓皇遁出，并问师大学生：鲁先生之说究竟为何？师大学生也懒得向他解释，介绍他买一册鲁先生弟子李国英所写的《说文类释》来看。他看了大喜，因为周何及沈秋雄两师所讲，基本上也与李书相同。因此他回来后便介绍给我读，让我省却不少抄笔记的工夫。

从李氏的书里，我发现鲁先生的弟子都对他极其崇拜信慕，言必称“宁乡鲁先生曰”，而且形成一种气氛。鲁先生的话语，在其中弥漫烘染，产生了仿佛咒术般的魔力。似乎在文字的本源处，真理即在那儿发声，让人获得依止归向的力量。我虽不曾如书国符般真正听闻鲁先生授课的情境，但从书本子里一样可以领受到此种气氛与力量，对他自然也就格外好奇。开始搜罗了他的著作来看，如《史记会注考证驳议》《殷历谱纠谛》《历术卮言甲集》《说文正补》《转注释义》《假借溯源》等。觉其文字遒丽，奥衍之中，特显华赡，为历来讲文字、证金石之学者所无。而历法淹通，亦可称为古今独步。乃知师大学生对他的崇拜，虽或钦其宝而莫名其器，未必真能知鲁先生学问之底蕴，但亦未必徒由感性激扬而生。故对鲁先生，我自有一番敬意。经眉叔师指点，晓得他们原系至交好友，便不揣冒昧，径去叩门了。

鲁先生住在和平东路安东市场后面的师大旧宿舍中。我常于夜饭后去拍门。有时眉叔师也会到，诙谐论学于此昏灯老屋中。两老之乡音土语，我均不隔膜，反而有了越世高谈的意味。

有一次，周五晚上才由鲁先生寓所回来，过了几天，下周二早间上课时，周何老师来，沉痛地说：鲁先生脑溢血猝逝了。举座震动。我急忙通知眉叔师，老师大哭。我中午去校本部探消息，看见学校里国文系各年级学生全部挂出挽联，痛悼志哀，人皆矜泣。整个校园，即如一大灵堂，人人都在吊丧。校方觉得不妥，学生还和管理人员吵了起来。校方无奈，只得听由学校变成灵堂丧宅。鲁先生在台无儿女，其弟子均服重孝。师生情谊，如同父子，号啕涕泣，一切发乎自然。各种纪念文字、丧葬礼仪、身后经纪，都不是动用关系去安排去讲究的，自然地构成这样一种气氛，使人觉得泰山其颓、梁木其坏、哲人其萎，觉得丧失了依止归向，茫然若天地将闭、乾坤将息。

公祭时，鲁先生的事略是眉叔师写的，文字工力，足以尽其生平。弟子们临窆送行，且在墓地建一碑，曰“功并史皇”，而后返。

功并史皇，是鲁先生的自我期许，也是他学生们对他的赞扬，强调他在文字学上的成就，不在仓颉之下。先生疏狂自负，俯视万代，气象雄阔，此语可以见其豪情，亦可以见其幼稚。弟子奉师若神明，以洞见文字本源秘奥之功推美之，足以彰师弟之谊，而亦可见其逾量。因此，这整件事或这句话，未必要从客观学术意义上看，未必真要以鲁先生之说为不刊之论，而应注意它所代表的师生形态。

鲁先生之所以受学生这样欢迎，不是修读了什么教育学分、学会了什么教学方法、采用了什么测验评量、根据什么教育原理，他只是以他的生命力和学问在尽情演出。才人挥洒其才，揖踊蹈舞，顿挫浏漓，神妙不可方物。它具有高度的表演性。所表演的，都是高难度的动作，如历法、古文字学等等。鲁先生所自负者，在于此等高难度动作，并不像江湖卖艺人走绳索吞刀吐火那样，“难能而不可贵”。对于他的文字历法之学能通见中国文化之本原，他是拥有高度自信的。但这并不碍于他教学的表演性。不只以学问本身在表演，也以身段、口气、姿势在强化其表演功能。讲书时甚至会跳到桌子上去。学生从他那儿，既能享受到听课观讲的乐趣，进入书中去沉醉痴狂；又从他浩博的学问中，窥探到中国文化的深度，获得文化上的自尊自信；更能由他的自信自负态度里，确定真理已被掌握，大师即在眼前。怎能不为之倾倒？

此等大师，所能给予学生的，基本上便是这些。学生们才学气力均不如师，何能效其挥斥纵恣？学力未充，又何能称情演出？亦步亦趋，谨循守之，便可谓无愧于师。这是学问传承上自然之势，也是自然之理。鲁先生未尝不知，故他一直想找传人，希望学生们能发扬其学。学生想去找他做论文时，他会带学生去看面相，看看是否是块做学问的料、将来是否能有出息。学生要进博士班，他会替学生去争，据说甚至曾为此向所长林景伊先生下跪请求。有时嫌学生不能尽通其学，更会帮着写论文。他太急躁了，不知师生虽是学问上思想上的眷属骨肉，毕竟父子异体，其间仍有若干自主性必须重视，仍然要有分际。但当他觉得该要有所区分时，他又会为了学生径取其讲义、援引其说法或应对不当而恚怒，动辄说要把某某逐出门墙。

在这些地方，均可看出他的率直，但亦毋宁说独学自修成功的鲁先生并不善于处理师生伦理。故鲁门所表现的师生情谊最令人动容、最令人怀念，而其中也存在着许多使其学业门风不能持续昌大的因素，令人感惋。

相较于鲁先生之门，瑞安林尹景伊师，是另一种典型。鲁先生生长乡野，自学成名；林师则为儒学世家，又师事黄季刚。鲁先生独来独往，在学界少友辈，亦少援翼，更因与董作宾交恶，深受某些人之摈斥。林师则与同门高明仲华、潘重规石禅诸先生相互合作，形成学界不可忽视的一股力量。在个性上，鲁先生真率疏狂，林师深沉机权。可说两人完全不同。但是两公同治文字之学，又都有豪情。与普通研究小学的人很不一样。

治文字小学，世或以为乃刻苦工夫、枯淡事业，其实不然。治这套学问，非有诗性的想象力不可。试看王国维、章太炎、黄季刚、郭沫若、闻一多、陈梦家等近世治小学之名家，谁非诗人？即如鲁先生虽不常作，而其《朱梅》四绝，固亦风神秀夐，况又性近诗人。若既不能诗，又性非诗人者，在此道中便永远只能做些技术性的工作，饾饤刻板，不会有什么大成就。林尹师其实也是如此。本质上是个诗人。少年英特，诗酒双豪。不仅在黄季刚门下受教治学，亦在抗战期间从事谍报工作，系狱几死。来台后，纵横党界学界，横眉冷对，非一般规行矩步、刻画虫鱼者可比。

我觉得林老师正是因为有这种性格，所以才能容得下跟他在行事风格、学术见解、乃至利益上都不免有所冲突的鲁先生。个性中不乏豪情的林老师，对于疏狂者、自负者、才情纵恣者、有诗人气质者，实在是颇能欣赏的。我在这一点上，特有感受。因为倘非他之怜才惜才，我及其他某些学长恐怕就进不了博士班，对我许多冒犯尊长的行为，恐怕也不能获得他的宽谅与优容。

但是，师大国文研究所也因为林老师这种性格，而蕴含着许多发展上的不利因素。例如诗人之狂放自负，运用在学术及行政上，便可能会任情喜怒，随意轻鄙某些人，而形成近乎霸道的处事风格，使被鄙薄者觉得受到压抑，不免怨沮。林老师在学界曾得到“学阀”“学霸”的批评，与此很有关系。才人惯做青白眼，本属行政处人之大忌，而林师不幸不能超越此才性之局限。

又例如他的肆才任性，在行政上也常导致漠视客观性法制规范的风格。不但在甄举人才、考试评量方面，他并未替研究所建立一套客观化的制度规范；甚且他自己有时也不免不顾法制规范，做出些权巧之事。

像其公子林耀曾先生考师大国文研究所时，应考资格、回避原则，乃至于所出考题，都曾引起一些争议。徐复观先生为此，与林尹李渔叔等大打笔仗，谈该年考题中有关杜甫《戏为六绝句》的解释问题。林公卒后，另一公子考文化大学硕士班时弟子们徇私之事，被翻出来，也对林师之令德有损。这都是他行事不甚考虑客观制度的地方。也由于他不甚着意于此，门弟子才会想尽办法亲近迎合老师，以博得老师的好感，而形成不太好的风气。吾等旁观，偶见丑态，实所叹息。

林师于此，或非无所知。但我以为他也许是故意如此的。才人往往以雄谲自负，林师似乎即是如此。当时“国家”博士制度尚未废除，各校毕业的博士，通过口试后，还得经“教育部”学术审议委员会组织考试委员再考一次。依例当然仍是通过的，但有一年林炯阳先生竟未获通过。林师并不认为这可能是因林炯阳先生的论文有瑕疵或应对未妥，他径直判断这是学术界的派系斗争。因此他的因应办法，就是趁屈万里先生因病辞卸学审会召集人的机会，推荐高仲华师去担任这个职务。事成之后，他来上课，很高兴地向我们说："现在我们已经掌握这个位子了，以后你们大可放心，论文考试不会有问题啦。"可见林师有把学术问题朝政治方向去思考及处理的习惯，也善于把握机会、掌握权力。他早年参与情报及党务工作，所形成的思维方式及行事风格，事实上也影响着他办这个研究所的作风。

于右老曾写过一幅对联送给林师，联曰："蟠胸万卷，在手一杯。"林师当年之才学，应该是很受老辈激赏的。钱玄同序其少作《中国声韵学通论》时说："景伊天资渊懿，善读善悟。既受师说，复能潜心绎理，心得甚多。……综合之功与组织之力，皆可赞叹。"那时林师已在北平金陵等地方教书甚久了，所撰讲义，连钱玄同都很欣赏，可见其才华之高与进学之猛。

但是，他这本书刊印于一九三六年左右，一直用到他去世时。相距约五十年，迄无修订增补。文字学方面，少年得窥黄侃手批《说文》而悟得若干条例，到教我们时，也没什么变化。一册《中国学术思想大纲》，情况亦与《中国声韵学通论》相同。所以林师的学问，其实与康有为类似，二十岁以后，即尢进步。在台出版文字训诂之书，皆由弟子代笔。这在我们学生们看来，便不免惜其滞懈。

尤其他到了教我们时，身体已坏，手术过后，行动渐觉龙钟。上课必迟到，必早退。课时话语甚缓，间则咳嗽，吐浓痰，举讲桌上烟灰缸唾之。许多人对此均表示不能接受。所讲亦不出早年所著。至于讲诗学等早年无相关著述者，本值得期待，然所讲亦草草。除命我等集句、抄同韵诗之外，时提一录音机来，放讲桌上，使同学逐一坐前吟唱古诗。摇头晃脑，周而复始。于中国诗学之精义，毕竟未甚言诠。

这或许是因他年事已高、体力已衰，但我又不免觉得林老师可能本来就不擅长教书。他是才子，他的老师黄季刚也是个才子。黄先生本来也就不擅长循诱愤启，故林师之小学工力，原由他自己“善悟”和“潜心绎理”而得。其秘诀在于：“如果你能知道它的条例、了解它的公式，就等于几何三角一样，是很简单，而且很科学的。”（《中国声韵学研究方法与效用》）以简驭繁，摄博归约，故能迅速通贯这些学问。

可是这些条例，用在自己治学上固然能见精彩，举以为教，其实几句话就讲完了。重点只在于学者依条例去推衍、去演算。结果林师为了强调这些条例，便不断强调其学脉，把条例讲得好像武林中的奇招秘诀。承学者又只知依条例公理演算证明。林师本身固无进步，整个研究所里依循林师之教者，实亦无甚进展可言。慑于林师的权威，也没有人从方法论上反省其条例定理本身的合理性。而那些不能条例化、公式化、科学化的学问，例如诗，他便根本不会教，也没有学生学到他什么作诗法门。其中或有误以为已获其作诗法门者，其实只是误入迷途而已。所作如“白白圆圆高尔夫，河湾尽是富人趋”“六旬方驾四轮车，亦可通街到处爬”“游泳高球群乐地，健身自在喜躬临”“海滩一片白沙湾，中外游人共往还”之类，盖近于薛蟠体、张打油。

因此，无论从行政运作、师生关系、学术内容等各方面看，林师所主导的风格，虽是影响国文研究所最深的一支，其中仍难免有许多不周到处。

当时所长已经由林尹师而周何师而李鍌师了，在所中任教者尚有高明等师长。高老师颀长鹤立，笑语宏健，他只要在所里，各处都可以听见他呵呵呵的笑声。教书甚勤劳，然亦略嫌枯涩。喜抄黑板。曾记其讲宋明理学，竟谈司马光，两节课仅抄《宋史·本传》而已。所述治学方法，亦仅版本、校勘等等而已。所涉虽博，是否有独特的一套方法与宗旨，我还未及细考。闻友人周志文在赴“教育部”考“国家”博士口试时，高师因其研究明末屠隆，里面谈及晚明文人一些问题，而勖勉道：“晚明文人，有些道德是很差的，例如有一位李卓吾，他就写了《厚黑学》，败坏人心不小。所以做学问仍应该注重道德问题。”可见高师确是谨悫君子，重视立身行品，可惜张飞大战岳飞，将民国的李宗吾错认做明朝的李卓吾了。

或问：高师为黄季刚高足，主讲上庠，栽育博硕士无数，号称“国家博士之父”，岂能连这一小地方也会搞错？殊不知这类错误是很常见的。简松兴考硕士论文时，因他执意两年毕业，被痛骂：“要你多读一年书，三年再毕业。你不肯。现在你看，论文写成什么样？你看，自序开头几句话就错了。什么‘春秋退天子、贬诸侯、讥世卿、讨大夫’？《春秋》尊王攘夷，怎么会退天子？你研究《春秋公羊传》，连这个都不懂，还写什么论文？……”我们躲在隔墙房间偷听至此，真是欲哭无泪。不知简松兴坐在场中将如何应对。因为《春秋》退天子贬诸侯云云，出自司马迁《太史公自序》，乃其闻诸董仲舒者，正是公羊家之通义。以《春秋》为尊王，则始于宋人。考官混蒙不察，反以此质难好学深思的考生，岂不冤哉？似此之例，当时惊为奇闻，久之也就惯了，习以为常。

为何对此竟能视为常态呢？前文不是说过了吗？整个研究所，基本上在学术方面是内敛而不外拓的，缺乏进展。师生之间缺乏对话与刺激，一种类型如鲁先生，精进不已，日新其业，但学生追蹑不及，只能景从赞叹；一种类型如林尹老师，依傍门户，日述其旧，学生循例推算证明，无多发见。而两种都是单向的传输。不论学生从老师那儿能不能学到什么，老师一定不能从教学活动中获得反馈，教学无法相长，教者之学术功力或不免日益消索。久之，除了循诵其既定之若干材料外，常会日亡其所知。加上同侪间也缺乏砥砺刺激，彼此仅以友谊相维、以同气相濡，知识上欠缺客观辩难的气氛，更使得各人可以各安其一小领域，不虞产生知识上的冲突。兼课又多，奔来跑去，老且不能退养，抑何能深入钻研？这些，都是当时师长们屡在教学及考试时发生基本常识错误的原因。

现在我们自己出来做了事，也晓得做事之难。在学校里挂一教职，理应认真教书，可是社会上这儿拉你演讲、那儿命你座谈；一忽儿报章杂志邀稿，一下子友朋学生找你写序写推荐书；“教育部”国科会，送来一大堆待审之资料、企画案、升等论文、表格；文建会或什么单位什么机构什么捞什子团体，又堆来成吨的废纸，说是什么文学奖，要评审，要审阅。这里要开会，那里有事命你捧场……人生几何？精力焉能如不竭之泉，可以不择地而出？忙这忙那，能好好上完那几堂该去讲的课，都算不错了，怎能奢求写教案、准备什么好教材？批改论文或作业，实在也是无暇为之。

越是有名的先生，学生越多，事情越忙。一年毕业十来个学生，博硕士论文，加起来便有数百万言，光看一遍，眼睛就得长出茧来。何况还得去各校考旁人的学生。各校自己总还得招生，几十个学生来报名，论文资料又是千万言。看罢尚须遄赴大学联招、夜间联招、各校转学考、考选部所办高考、普考、特考、甲等、乙等、丙等、丁等、邮政、电信、交通考试等等考场奋斗。如此折腾下来，更不用说还要有若干家居生活、社交活动、日常琐事待办了。坐在这个考场考着明代小说的论文，心里还恍恍惚惚如在那个论唐朝古文运动的论文试场，也是常有之事。论文随便翻两页，随口问几句，搞不清楚情况，更是常有之事。

当时张大春在辅大中研所，考试时，于论文中夹一纸条，说谁若看到这一页，便奉送一瓶 XO 洋酒，结果果然没有任何考试委员能从头看到那一页。大春把这事写成一文在报端披露，众皆诧谓不可思议。其实，若平恕思议之，则亦不难理解。

也就是说，在社会运作及研究所本身的学术风气双重制约下，老师们的学问，仍能保持在早年水准的，大概已称得上是难得了。精益求精，谈何容易？而学问一道，不幸却是逆水行舟，不进则退的。他们有时并不能意识到自己名益高、位益尊、著作益富、门徒益众，学问其实已益退，仍冀望获得如以往一般的喝彩，自然是较困难了。

这还是从自己跟自己比较上说，若相对照着外在环境的变化来看，情况就会更糟。在他们早期授业时，学生们只能仰望听受，因为他们就代表了当时最高的学术标准。但渐渐地，整体学术水准在调升、学术环境在改善、学术对话在增强，学生听读接受的新知日益广深，对那些依然复述四十年前话语的教师，自必渐少敬意。老师们面对嘿默不再应和的学生时，恐怕也不晓得他们冷漠的表情和陌生的脸庞中，其实含藏着老师们难以理解及想象的新火花。这时，责备学生不尊师、不认真做学问，是没有说服力的。

更大的困境，在于学术本身的封闭性。由于林老师长期主持所务，他与高仲华师均出蕲春黄氏门下，由文字声韵之学以上溯于清代朴学统绪，似乎就成了师大国研所的标记。即或并不钻研此道，小学也被解释为万学之本、必由之径。其蔽也，正如魏源所云："近儒遂欲以小学蔽先王造士之法，以六书蔽小学养正之功，形声训诂，童而究之，白首莫殚，终身无入大学之期，则又固之甚者也。"(《小学古经序》)

而且这对许多人来说，真是苛政，痛苦不堪。没有人能理解《说文》《广韵》和明清戏曲小说有何关系，为何小学竟是研究桐城古文或常州词学的工具。但大家都知道在这种情况下，文学研究，已成了旁支。研究小学的人总觉得搞文学不如文字声韵那样，须下扎实工夫，故也不重视。幸而它尚不尽遭排斥，因为林公喜作诗，高师及周何师能填词，早期汪经昌先生在所中任教，能度曲；后来汪中老师也在所里执教，还与系所同寅合组了一个“停云诗社”，诗酒唱酬。所以文学研究虽不畅旺，所里总还有点文华气象，不致尽成质木无文的朴学世界。思想性研究，情况就比文学更蹇困了。

朴学本来就是从反对宋明理学中发生的，发展到章太炎，本来大有思想性。无奈黄侃以后，又退回《广韵》《说文》之中，以小学为工具性学科，而亦仅止于工具。推其道以研经证史，或仿阮元傅斯年之疏证字义，即已未能；效法戴震疏释《孟子》以讲思想，更是愧乎前贤。可是它继承了朴学反对宋明理学或怠于进行思考的姿态。对问题的分析，甚少概念抽象之力；对于逻辑思辨，颇为陌生；对于形而上学与知识论，缺乏兴趣。因此虽也讲时代背景、谈政治主张，实际上对于社会分析，比不上社会学系毕业的学生；对政治理论的掌握，跟不上政治系；对思想内容的诠析，又无法望哲学系之项背，便成了我们国文研究所学生普遍的毛病。而对宋明理学的淡漠，则更是我们的传统。

对新知不甚了解、对文学与宋明理学不够重视，使得我们所中充满了一种沉闷、古老、停滞的气氛。偶然流露出一些谈笑谐谑之资，如误把李宗吾当作了李卓吾之类，亦辄使人不知如何是好。在这样的环境中，师生关系自然会形成某些错乱难理的纠结、矛盾或紧张。所出现的反抗，事实上也就发生在以西洋新知、文学研究、宋明理学来反抗国文研究所传统的形式中。

以宋明理学来抗拒师大国研所的朴学风格，其实早在我读大学时即已发生了。当时杨祖汉、廖钟庆、万金川等，在大学即读熊十力、唐君毅、牟宗三、徐复观之书。联合了早期牟先生在师大教过的学生，如戴琏璋先生等，又结合了师大国研所较年轻、有思想性的学长，如王邦雄、曾昭旭等，创办了《鹅湖月刊》。廖钟庆师曾来淡江教了我半年多哲学史，愤世嫉俗，对师大国文系与国研所至为不满。上课时自购一瓶可口可乐，边讲边啜，对着黑板大谈佛学，以牟先生《佛性与般若》之见解为主，同学们大多一头雾水。后来他要去欧洲深造，乃由王邦雄师来接手。那时我已在《鹅湖》发表文章了。

《鹅湖》事实上就是一个综合了文学、宋明理学、西洋新知，而从师大内部生长出来的反抗团体，想要替文化找出一个新的方向。原本并不专讲哲学或宋明理学。所以不但我有文章在里面，它第一次主办讲会，我记得就是由王文进主讲黄山谷诗“谷口风雨留三日”。只不过后来牟先生的影响力越来越大，才渐渐变成一份专业哲学性文化刊物。该刊强调师友讲习，反对对中国传统只采取堆垛材料及小学考据的方式去研究，主张身心体验，参用西洋哲学方法与概念来重新解释中国哲学，无一不是针对师大国文研究所所代表的学风而发。现在一般人把《鹅湖》看成是新儒家的机关刊物，认为它是因哲学界自由主义及士林哲学势力太大而激生的，殊不确切。

该刊创刊时，实代表了国学界一股清新之风。王邦雄曾昭旭几位老师借由其教学与演讲，广为介绍，各校中文系学生几乎都有订购支持者。但写稿子并无稿费。每至出刊时，许多人去当义工，打包付邮、套信封、贴邮票，坐在房间地板上论学。议论警动，让人觉得中国文化有希望；行动热切，使人觉得师友相聚有温暖有道义。这些，都不是国文研究所体制里能够见到的。

可是，《鹅湖》对师大国研所来说，毕竟是体制外的东西，宋明理学对朴学专家来说，也可置诸不论不议之列。因此，《鹅湖》的冲击，并不能震撼国文研究所的森森黉宇。依然故我，即可使这种分离出来的反抗力量终究与国研所分道扬镳，各行其是。要撼动整个国研所的传统，要等到我出来。我以文学研究为基干，兼治思想，又消化了一部分西学，对国研所来说，不全然是异路另途上的东西。可是入室操戈，又不尽用他们熟悉的武器。对传统的破坏力，或较显著。

但这是后话。正在国研所中求学的我，其实本来无意反抗什么。且我虽未必听话、未必趋近逢合、常坐在办公室里大声聊天故意不进教室、对老师们常刻意露出不在乎的神情，老师们总是对我很宽和的。除了林老师高老师以外，如叶庆炳、黄锦鋐、陈新雄、黄庆萱等老师，对学生也都很好。循厚诚笃，使我们有时也不免对自己之跳脱佚荡感到不好意思。

整个研究所，气氛当然显得沉肃，规矩也较僵硬。礼俗规范不用说了，课业上的规矩就很不少，例如规定要圈点《十三经注疏》。硕士毕业点一部分，博士毕业须点完。又规定论文得用文言写。纵使像郑明娳那样，研究《儒林外史》，也必须用文言。形成以文言写论文探讨白话小说的怪现象。诸如此类。我能写也喜欢写文言文，对此自不以为意，别人便或谓为苛政、为守旧。

直到我写博士论文时，因希望将来论述能流通较为广远，向汪中老师请求允许我用白话文写，他也还不答应。可见规矩之严、把守之紧。而这个规矩后来毕竟不能维持下去，却也不是因为谁抗争获得了成效，而是个令人啼笑皆非的理由：因为新一代的学生越来越不会写文言文了，勉强要他们写，写得个柔肠寸断、磔格拼凑，读起来不但比老先生们所讨厌的白话文更难读，或许也比让他们写英文更不通。越看越难受，就不如废掉这个办法啦。

至于点书，本是好事。然凡好事，成了规矩就惹人厌。譬如吃饭，自是美事，人也不能不吃饭。但是若规定必须吃、不准不吃、而且有几样菜非吃不可，那胃口可就倒尽了。《十三经注疏》我早已读过，现在命令我再圈点一遍，我怎么会有兴趣？所以我根本懒得点。毕业时，借得颜承繁的书，把最后一页撕掉（因为所里检查以后，会在最后面盖上检核已毕的章子），补贴了一页，把这一页点好交上去蒙混了事。硕士毕业时更是荒唐。我写的是

《孔颖达周易正义研究》，黄锦鋐老师指导。但那年黄师赴日本研究，嘱我将稿子写好后邮寄给他看。我急欲毕业，怕他看了有意见或要我修改，为免麻烦，便不肯寄去。待将安排考试了，才写信给老师，说草稿寄呈已久，今已提请所方安排口试，不知老师改得如何？老师大惊诧，以为是邮路遗失。只匆匆在我考试前一两天收到我已印好的论文，草草看了一下，就让我又蒙混通过了。

我所谓“有时也不免对自己之跳脱佚荡感到不好意思”，即是此类乱七八糟的行为。当时研究所诚然有不尽如人意的地方，我们这些学生其实也不乏失检之处。生不生而师不师，究竟该归咎于哪一方，有时是很难说的。而且，我隐然觉得：老师们对我这类荒唐蒙混之行为，也不尽然看不真切。没有人不晓得我骜桀不驯、没有人不知道我对所里并不十分满意，但他们还是容忍了我一切冒犯、莽撞与唐突之举措。这是今天我自己做老师时，对学生都做不到的。后来黄锦鋐老师在接任所长之后，曾有意找我回师大做事，黄庆萱老师更是长期关怀支持我。在外界认为我和师长们关系极其恶劣的时候，他们都不吝于表示对我的嘉许与翼护，使我永远感念。

故师生之际，实所难言。研究所六年经历，老实说，学问上并无太大的收获。然处在各种师生关系、伦理纠结之中，体验观察其间进退依违、人情物理、学术位权的变化周流之理，在错误的摸索与情理的焦虑紧张中成长，受用之大，实在是笔墨所难以形容的。

交 友

在人的伦理关系中，父子、兄弟是天伦，夫妇等则属于人伦。天伦是不能改变的，人伦则可由人来决定、来处理，决定彼此要不要发展成朋友、夫妇、君臣的关系。

人伦之中，有人认为夫妇这一伦最为重要，所谓“人伦肇端于夫妇”。但也有人觉得君臣这一伦更重要、更根本。可是，还有不少人把朋友这一伦看得特别重要。

曹丕《交友论》有云:“夫阴阳交，万物成。君臣交，邦国治。士庶交，德行先。……《易》曰:‘上下交而其志同’，由是观之，交乃人伦之本务、王道之大义，非特士友之志也。”重视友朋交道，且推之为天地万物生存之原理，此为代表。

把朋友视为人伦之本务，也许太极端了，然而亦自有其道理。因为朋友正是进一步发展成君臣或夫妇的基础。岂不闻欲结婚者总是“先友后婚”吗？君臣或不自朋友发展而来，但彼此总须是把对方当个朋友看，而不是当奴才或当主子看。所以君臣及夫妇相处，若不能合乎友道，则彼此对待，必有许多怨毒苦楚生乎其中。

而且，君臣和夫妇之伦，也都与朋友一样，有相同的构成逻辑：基本上生于“遇”而成于“交”。两个互不相干的人，在极其偶然巧合的状况下，如佛家所云："同船过渡，尚须五百年缘法"，忽然遇上了。遇上了，而又非真如同船过渡那样，立刻擦身而过，各自消失在红尘之中。两人忽然在事业、理想、性气等各方面，发现有形成更紧密关系之可能，并经进一步深交，才能成为朋友。否则即使同坐一舟甚久，在船上揖握谈笑、甚或协力共抗风暴、共事相处多日，依然是下船后各奔前程、依然要感叹"不遇"。

能不能遇，是命定的。故友朋遇合之难、遭会之巧，往往令人咨叹。可是它又不像天伦那样，人完全不能着力。对于友朋伦理，人可以经营、可以发展，也可以决定其形成和终止。这种自由与决定论之间的关系，正是它迷人之处。

还有，生命本是个别的、孤立的。与人相遇、相劘相切，而成为朋友，便仿佛两个物体经碰撞而产生物理或化学之变化，生命出现了激荡，行走的弧线发生了改变。朋友的眼睛，替我们发现了不同的视野；朋友的生命形态，让我们得以对照、得以探索。如果没有朋友，那么，我们除了自怜以外，恐怕根本不懂得如何关怀生命、认识世界。因此，有时我们会计较友朋相处时孰欠孰得、孰是孰非。可是，说到底，连这些计较，也是朋友送给我们的礼物，让我们增知识、长见闻。孔子曰："独学而无友，则孤陋而寡闻。"旨哉斯言！

大学时期，我基本上是独学的。只在书斋中尚友古人，而对现实世界的友朋之道，则缺乏了解也缺乏经营。幸而同学朋友厚我，令我平白享受了不少友谊的温暖。

我在班上，年龄最小，但不仅未遭欺侮，更得到许多额外的照顾，同学把我当小弟弟宠。记得有次生病腹泻，不能吃荤腥及干物，班上女同学竟然熬了一锅粥端上山来给我吃。我性乖谬，言辞刻薄、举止寒俭，又好张皇作怪，同学们也都不以为忤，反而常鼓励我、称许我，认为我读书应该会读出些名堂来。

当时班中有两位老大哥，一是马叔礼，一是陈丰沛。马叔礼行三。大家都喊他马三哥，大我七岁。老成持重，学思深沉，谈吐不凡。他的演讲，令我羡妒；他对新文学新思潮的吸收，也非我所能及。后来他参加校中“文社”，甚为活跃。记得曾去听他讲电影“毕业生”，大阶梯教室竟然爆满，讲完了群众还不肯散，围着他讨论半天。后他又参加联合报文学奖，和朱天文交好。两人在校中携手谈艺，乃至后来共同推动《三三集刊》，俱为旧时佳话。可惜我与他终究性气不能投合。我欣赏他，但不能和他深入交往，成为学业或生活上互相扶持的友人，至觉遗憾。陈丰沛比马叔礼更大，长我九岁。系转学来。曾经担任过海员等，生活阅历甚丰，小说也写得好。毕业后隐居南投乡间教书。我曾怂恿他上台北替电影制片公司写剧本，他则无意于此，挈妻子优游林下。

其他同学，亦皆类似这样，各有典型，不能一一详述。仅择与进学有关之若干事，略述于次。

大二时我搬出宿舍，赁居农舍中。同住在那座三合院里的，有书国符、邱嘉良、谢碧红、林明峪、杨连春、陈文虎等。我与林明峪同住最久。有阵子曾一齐打拳击。我系玩票性质，稍玩便罢，他却和杨连春参加了校队。某次，赴台中竞赛。数日后，忽一大早，我尚晨酣未醒，竟有人推门跌跌撞撞踉跄滚入，倒在床上。我惊起，视之，原来是他老兄勇夺区运银杯而返。但肩挂纱布，吊起右臂膀，已骨折矣。其“师傅”杨连春也很惨，获另一级铜牌，然耳鼓也被击伤了。

练拳之下场如此，只好读书。读了几年，毕业了。我去研究所继续读，他准备写作，对研究所不感兴趣。乃本诸大学时对禅宗之钻研，弄了一本《禅机》，跑去找人出版。出版社对他毫无信心，也看不懂他写的是啥，只觉禅如哑谜、禅师都是疯子。他很气苦。幸而折腾了一番，终得售出，我也帮他诌了一篇万言长序。

这个模式，延续了许多年。他调查妈祖、廖添丁故事，整理中国笑话书、编名流趣谈，探讨台湾乡土社会、采访民间禁忌，都拉着我一块跑、一道讨论，勒令我看稿子、写序。我对台湾之历史与社会，本无所知，通过他，才得到了真切的体认与动手探索的宝贵经验。所以虽然我在研究所另有课业，但我很喜欢和他一同工作，不以为苦。

所谓工作，其实说得太堂皇了。那些事，根本就是在玩，玩得个不亦乐乎。我们三不五时跑去鸬鹚潭夜宿、捞虾、泛舟、喝酒、看花、跟乡人与荣民胡扯。有时坐公路局的长途车去旅行，闲步在陌生的乡野小镇上淋雨或晒太阳。要不则趴在车站栏杆上欣赏美丽的车掌小姐。后来他写稿渐多，积钱买了一头“驴子”，更是乐于邀我出游。风驰电掣，快娱心耳。偶于市集中停下来，吃一碗肉羹或虱目鱼汤，便以为人生之乐至此足矣。

不过因为他骑“驴子”跑出兴致来了，竟跑去民生报当了记者，全省大跑特跑，专门报导各地乡土事迹，什么摸乳巷、义民庙，以及老鼠、铁蛋等各色小吃，无不澜集于笔端。各小吃店经其报导品题，立刻门庭若市。我曾随他去了几处，或见店中供奉林大记者玉照，如拜观世音；或见店东千福万谢，称为恩公。其实依我看，他倒也未必懂得吃。其品评之法，重在新鲜、原味，根本不贵烹调，纯是乡野纯朴的见解，非可以语饮馔之道。唯现代人肥腻太多，对此反觉清新，故其介绍文章乃大风行。原拟写小说、考民俗的林 ××，便因此而改弦易辙了。

他先后编写过《廖添丁》《妈祖传说》《台湾民间禁忌》《近代名流趣谈》等十几种，我奉命写序，有时也参加编务或出去推销稿子。记得新编《笑林广记》时，我找来民初上海石印本，因文字漫漶，必须重抄。恰好班上几位女同学毕业后在台北做事，就住在师大附近，我便送去请她们帮忙。孰料第二天就接到电话，把我痛骂一顿，要我立刻把稿子拿回去。原来她们秉性贞淑，看见古书《笑林广记》里居然甚为淫秽猥亵，以为我存心不良，进行性骚扰。我啼笑皆非，只得跑去取回，改往师大男生宿舍中找人抄。他们一听见要抄缮的原因竟然如是，都极为乐意。不但抄得很快、抄得哈哈笑，后来其中有人毕业考入研究所，更以笑话研究为题，撰写论文，得了个硕士学位。可惜这部重编稿，因卷帙较多，出版社虑其滞销，且惊其淫秽，删削了许多，致令版本毫无价值，仅我一长序，为在台研究此一领域之经典作而已。

其他一些书，在编撰时也总有类似的趣事。不及赘陈。因整理民俗史料甚久，渐与娄子匡先生熟。娄先生为民初以来民俗学耆宿，所编民俗丛刊，收书近千种，老而不倦，对后辈亦极热情。我和林明峪有时会去他士林山上老屋中小坐，他也常有书函来。每年端午中秋等节日，辄办民俗聚会，邀我参加。

我曾发一宏愿，想替他所编辑出版的书做一书目提要，而且体例别开。例如若出版《妈祖传说》，则在提要介绍这本书时，就妈祖之传说、妈祖研究之史与问题点，一一申论，再予评价位置。如此，每一则提要，便可为一妈祖研究史、雷神研究史、孟姜女研究史、白螺精研究史……读者得此一编，不惟可以检索历来研究之成果，亦可为民俗学之入门。这事做起来并不容易，并世学人，有此本领，能做得来的，恐怕也不太多。我系初生之犊，却自以为是能胜任的，欲以此向娄先生毕生之辛苦致敬意。惜此计划终未能实现。后来我有意编民俗辞典，收集了若干资料，亦终作罢。

当时穷得慌，又曾与林明峪商量组一写稿公司，包写各类文稿。准备发函各寺庙宫观，替它们写志作传。也接了几个电影剧本，林明峪写过几出，也找来张智清写林投姐等故事。后来又拟开一装潢店，专事贴壁纸。将古代书法山水剧迹，放大做成壁纸，贴在房子里，谓可增加主人气质。但资金与技术都不行，只好退求其次，准备卖书法，提供给建筑公司装潢或出口卖给洋人。去找王仁钧、白惇仁等老师帮忙，他们也都答应了，而终究没有办成。想起来实在丧气。后来林明峪做了记者，又在报社当编辑养老，民俗研究便也渐渐偃旗息鼓，收存起来。仿佛鲜肉风干成了腊肠腌腿，只能留来下酒。

这时我的学问，除了民俗研究之外，当然也还有别的进展。关键人物是李正治。

我在大学时就与他相熟，他常邀蔡英俊、曹淑娟等来淡水找我玩。有时在山上坐谈，有时去河边，或在龙山寺喝茶。我的诗稿，也请他评阅。有次他偕吴秀余到台中访我，坐我家面摊上论学，走后家父很高兴，以为我交了位好朋友。正治之易获人好感，可见一斑。他有亲和力，善与人交，我考上师大后，所交往的朋友也多是他介绍的。

他比我高一班，课余并在师大办有读书会，又参与“鹅湖”的讲会。常来往的学弟妹包括张春荣、江宝钗、蔡秀女、林安梧、郑志明、周益忠等。他与英俊则隐然为核心。我到师大后，常与他们玩在一块。可是我的路数跟他们完全不同：我不通新文学、不懂电影音乐绘画等一切和西洋有关的艺术、不用白话文、对宋明理学不甚尊敬，跟他们在一块，实在极不协调。而彼此尚能相处，大约纯以意气投合而已。我初由淡江来台北，能得此辈友朋，谈些学问，虽不甚符契，毕竟仍是论学、仍是以性情学问相交。这种感觉，可以安慰我飘荡的灵魂，使我喜欢和他们一道玩。

而且，善于用情者，本当善于因境，我的个性似乎也颇易随顺情境。例如我本无意探索研究民俗、本无心关怀台湾乡野，但林明峪既是我的朋友，他对此有兴趣，我就好像也该跟他一样对这些有兴趣。他要去研究这些，我仿佛也就理所当然应和他一齐去瞧瞧。友情，对我来说，可能较为根本。既是朋友，只好并肩作战，还有什么好说的呢？前文曾谓朋友相交，即如两物体碰撞后，会使生命发生激荡，让行走的弧线发生改变。具体的改变，就是如此。

例如我本以遗老遗少自喜，逆世独往，欲复古道。对洋文及西学，是不屑措意的。我英文原来就不甚好，大学既读中文系，又抱持一副国粹派的态度，英文当然忘得更是干净。待大学毕业，便几乎与从来不曾见过英文字的人差不多，字母都念不齐了。

考研究所时，面对英文试卷，实在踌躇难以下笔。因为考题虽是选择，但我看不懂试题的说明，不晓得该选多抑或选一，也不知是选对或选错，不敢贸然乱选，只好全部填了“C”。两题翻译，中翻英，当然不会写。英翻中嘛，我看了半天，除了The、it、a、of之类，只认得一个“医院”。因我早晨临出门时正好看过这个字。乃大喜，心想既有医院，必有医生、护士、病人等等。便据此撰了一篇三百字短文，权代英翻中。迅速交卷，第一位步出考场，不免洋洋自得。过了一阵子，才陆续有人出来。我听见他们谈刚才考试的状况，都不曾讲到什么医院病人之类，正感纳闷。忽闻他们在谈“历史的文学”如何如何，始猛然憬悟：呀！原来并不是医院（hospital），而是历史（history）！

我的英文程度，说来可怜，如此而已。后来我在社会上暴得大名，著作中又时时评述西方理论，偶或标注洋文，竟有不少人误以为我精通西学。有次台大外文系主任林耀福居然问我是否愿去他系上任教，令我哭笑不得。事实上我从不冒充，绝不讳言我不懂英文，无奈人或谓我为谦虚，甚至还据此以恭维我，真是不知从何说起。

但我现在之仍然不懂英文，和大学时的不懂，却是不一样的。当时不懂，是不愿去学，此我国粹派之特殊心理也。有一度，我甚至还认为喜欢看外国影片、听外国歌的人，都是卖国贼。后来简锦松在台大时，依规定须修英文，他作诗，引《颜氏家训》中批评北齐士大夫教小孩讲鲜卑语之事来讥讽。同学以为笑谈，我则是心有戚戚焉。因为那些蟹行蝌蚪文字，看起来就硬是不顺眼。何况，我所钻研的是中国的学问，又何必学什么洋文？难道洋人读中国书竟能胜过我吗？我不懂英文，老实说，不仅不以为耻，还颇以此自负哩。就像简锦松现在仍然御长袍、戴安全帽、骑机车，穿梭在现代化都市的大街小巷中，而心中不免升起一份洋洋得意之感那样。

现在我的想法当然不甚相同了。我觉得学英文确实有需要、洋人之学对于我治国学也确实有帮助。我英文虽然终究没能学会，西学倒是尽量吸收的。这样的转变，正是因为结交了蔡英俊这些朋友。

我大学时读报，见颜元叔与夏志清笔战，争辩中国文学批评究竟该走什么路。他们讲的历史主义、新批评、比较文学，乃至钱钟书《谈艺录》，我一概不知。都是友人找书来给我看的。我对这些新学西学，本甚排斥，但因恰有这类论战新闻，稍知其事之原委，可供谈助，兼且好奇，便大略读了一些。

入研究所前后，蔡英俊又正在和周诚真先生打笔仗。周氏曾撰《李贺论》，正是以新批评之法解析李贺诗的人，蔡英俊的解诗方法则不同，双方在《中外文学》上论辩。当时我对新批评的知识，其实仍不足以知周氏所言之是非；对英俊的论诗角度，也不能尽晓，但觉其新颖深刻而已。只因朋友参加论战，不免关心，所以就追踪其说，找了点材料来看。如此渐渍渐染，竟也对所谓文学批评这门学问热衷起来了。

蔡英俊治李贺诗甚深入，李正治论李白也很当行，两位大学时代所写的论文，至今仍为名作，后来又分别为伟文书局写过相关的赏析专著。同他们相比，我算是晚成了。从他们身上，我逐渐发现西洋学问似乎并不那么讨厌，洋人所思考的东西，对我也能有启发。而且中西比较文学的争论与发展，就日日在眼前晃动，实在也无法假装漠不关心。我所深爱的中国诗歌，究竟该怎么诠析、怎么理解，仿佛都成了个问号，我也渴望找出答案。所以他们说一块来读些什么书时，我总乐于参加。但因程度实在太差，这方面没有根基，读了些什么，已无印象。而且读洋书新著，我是没办法的，故所谓一道读书，不过是去听他们讨论，陪同聊天，偶发谬论罢了。

其间仿佛读过刘若愚的《中国诗学》。后来蔡英俊翻译西班牙哲学家乌纳穆诺《生命的悲剧意识》、写李贺诗赏析，李正治写李白诗赏析，我也参与过一些讨论，还替英俊的书写过一篇很长的书评。那是我生平第一次认真读完一本洋人的作品。

我们聚会时并无固定的场所，有一时期则在德惠街黄崇宪家。屋子里厚厚的地毯、软软的沙发、水晶灯饰，雕琢典雅的装潢，令我在其中产生了不少幻觉，感觉空气中老是浮漫着奶油香味，又好像仍活在启蒙时代欧洲贵族文化人的沙龙里。高谈阔论，说艺抒怀，聊人生、谈学问，倦而后已。

这段生活，对我的影响是多方面的。它养成了我以论学为友朋相处之道的基本模式。任何朋友相聚，我都习惯性地与之谈艺论学。不谈这些，我就觉语言乏味，不愿多扯。酬酢应对，俱都免了。谈学论道，起而争辩，亦引以为常。故可以剥开一切伪饰，直以性情学问照面；而以学问相砥砺，更是巩固友谊最好的方法。子曰："学而时习之，不亦说乎？有朋自远方来，不亦乐乎？"朋友来访，之所以会感到喜悦，难道是因朋友来闲扯、来拉关系、来送礼、来讲是非吗？读书人自己治学时就很快乐了，有朋友来相与论学，当然更是快乐。孔子此语，定当如此理解。而我，正是已充分享受了这种快乐的人。

论学之乐，冲淡了枯涩僵滞的课业生活，纾解了不少青年激愤怨懑之情，更打开了我新的视域，令我的人生与学问有了质的变化。并不是说我已从一个遗少国粹派忽然成了西学的崇拜者。而是说在渐渐熏染之中，一些现代性的观念、世界观、西洋学术规模、论述形态，在友情的包装下，溶化在了生活的咖啡里。逐渐和我的旧学根柢起了蜜水融糅的作用、刺激变化的情况，以及水油互斥的冲突，形成新的激荡，让我展开了新的思考。如果没有这段时期，我或许将再继续走诗人名士或老国学家的路子。而不会试着进入现代、理解现代、吸收现代，然后再视现代为我旧有国学知识所当面对之挑战，设法超越之。

友朋互动，视域新开，当然不仅止于此。当时我们在师大办了一系列讲座，谈人文思想；又在黄章明所编《爱书人》杂志上策划了读书方法的专栏，推动校园中的思考及写作活动。郑志明、蔡秀女等人编国文系系刊《文风》与相呼应。我另在刊物上写书评骂人，以“钟馗”为笔名，啖鬼而亦兼赚稿费外快也。彼此激扬风气，竟有点“慨然以天下为己任”的味道。有作品则相互传观讨论。

如当时研究所中颇讲究“世事洞明皆学问，人情练达即文章”，动辄以“读书是学做人”相勖勉。有次已忘了是什么事，传言李正治如何鼓动同学轻藐师长以及其他，所里传李正治来询问。正治气极，又觉是非不明，以乡愿之道为处世真诀，心情至为灰恶。曾搬回东势乡间住了一阵，并考察中国此种民间处世哲学之渊源而予批判疏导，在纸上为此乡愿文化寻一定位与出路。郑志明读后，大有感悟。他本治文学批评，乃一转而以探索民间思想为毕生学术方向。一路抽丝剥茧，穷追猛搜，至今已成书数十种，具一家之言。以民间思想为基干，摄宗教、民俗及思想史研究。虽学术界对此路向尚未全然理解，倒是有几个民间宗教想找他去当教主。推源起始，即始于友朋间的互动。后来我涉足颇多宗教界之事务，对宗教及民间思想略有所知，转又得力于郑志明不少。

这种面向，会在一般哲学系文学系教育之外，看见许多东西，相互参合印证，所见自非寻常文哲训练所能及。后来我之所以能沟通三教，深入佛道藏海者，亦正由于有此一类机缘。友朋益我之妙，殆难言诠。

其时国文系及研究所，正是新儒家的大本营，好谈思想文化问题。我喜欢这样的气氛与路向，袁保新等友人又与《鹅湖》关系甚深，自然也就与新儒家日益亲近起来。

我于大学时，读熊十力、马一浮、钱宾四之书甚熟，但对新儒家第二代人物，如唐君毅、牟宗三、徐复观很陌生。有次得读蔡仁厚先生一书，开卷即痛责苏东坡等文士，谓中国文化命脉逐渐断丧，除清兵入关之因素以外，文士无慧解、无心肝，知识分子无良知亦为原因之一。深不以其说为然，觉得这是宋明理学式的偏见，夹缠于汉宋之争和理学文学之争中，故对清代汉学并不了解，对文人也不了解。后来又见一书，是牟宗三先生写的，很诧异，道:“为何这位牟宗三竟然抄袭蔡仁厚的书呢?”后来才弄清楚，原来牟宗三才是立言者，蔡先生仅系祖述师说而已。

入师大，又赫然发现师大这些讲新儒学的朋友，几乎人人祖述唐牟，令我很不安。一方面是自感于无知，一方面也因为在治学上向以独行创辟为主，殊不能接受开口闭口唐先生牟先生的现象。取唐牟之书观之，则又觉其所论之中国文化，与我所知颇为不同。其论析，多取径于黑格尔康德；所讲道德主体性、无执有执存有论之类名相术语，看来也似懂非懂，深感苦恼。

我基本上是反对牟先生之讲法的。他论孟子、论荀子、论阳明、论历史哲学、论朱熹陈同甫、论魏晋玄学、论明末清初，我统统不赞成。我觉得他经学甚疏、历史甚隔、文学根本不懂，诠解文献，几多偏宕，无法让我信服。但我越读越觉得其中别有一种引人入胜之处，思力透辟，架构谨严，令人无法漠视，而且事实上也极具启发性。

这种发现，更使我困惑，觉得好像应该在“哲学”上下点工夫。当时简松兴正在读逻辑，介绍我读了些殷海光、何秀煌的书，渐启我有关思维术、方法论之思考。唐牟诸先生书，则又引导我如何将西洋哲学与中国“哲学”关联起来。这种关联，是否谛当，我不能和唐先生牟先生去争辩。唐先生已卒、牟先生常在香港。能和我争辩讨论的，就是李正治林安梧等人。

林安梧自中学起即深受宋明理学影响，喜讲良知学，说良知学即孟子学，偏偏我所知道的孟子和他们不一样。他们讲“应然”不重“实然”，我则觉得实然也很重要。他们说宋明理学才能上接孔孟，清学汉学徒为饾饤，我则认为宋学即源于汉学。他们讲王学三变，我倒主张王阳明只是同质地进展，而非异质的变化。诸如此等，几于针锋相对。安梧对我颇不以为然。但水火不相入而相资，我们的友谊并未受什么影响。盖旅人谈事、酒人斗口，若无论敌，路途上岂不寂寞？且也正因为有这些争论，才使我有了补习哲学思考、接触西方思潮、深入认识新儒家的机会。

时至今日，我仍然觉得我是新儒家学派之外最能同情地理解新儒家的人。其学派中人，即未必有我之理解，在学派外面訾议诽笑之者，更是攻击不到要害。大陆上海社科院罗义俊先生曾云：若仿《明儒学案》之例，可以称我为新儒家的“讲友”。确实，我是他们非常特殊的一位讲友，相与讲论，二十年啦。

而此讲论之功，不只在了不了解新儒家而已。我在大学时代，通过清学考据而建立起来的知识化与方法化本领，尚不能使我具有足够的能力去辨析名相、诠解概念、建构理论。经如此与友人不断切磋讲论之后，才渐渐从哲学、从文学批评中学到一点这样的本事。虽仍粗浅，总是有进步的。

可见大学毕业以后，实又开启了我另一阶段的求学生涯。大学时代所思所感，因环境变迁，骤遭震荡，不免如营巢者必须搬家那样，经营了许久的巢穴既不能搬动，只好收拾了细软、检点好行囊，背在身上去奔前程。异乡的风物、殊方的人情，初接触时感慨万千,百般不习惯。人前谈笑，夜阑人静时，便打开包袱，取出旧家当来把玩。挲摩旧物，擦拭董理之。

住久了，才渐渐发现新的水土新的粮食我们对之也有了感情。对付新生活，事实上我们也逐步发展出了些新想法，构建了新的巢。而正在建着新的巢时，旧家当又不免渐渐荒疏了。必须等到新的巢穴建得牢固、理得完全了，才会再打开包袱，找出旧家当妥为安置。让新居新家具和旧物重新融为一个整体，相辅相成。

故此时所学殊乏宗旨，只是尽力在新环境中找新材料、认识新事物而已。朋友权充邻人，或如村妪野老，为我带路，指点某处可耕、某地可渔，教我如何畲地、如何结网。闲话桑麻，偶就菊花。农政物理，即知之于温言笑语之间。

此时除了对于台湾社会有较广泛较贴合的体会及认知外，所开启的新领域，大抵包括了民俗学、文学批评、哲学这几类。这几类又可以错综交糅起来，做些诸如文学批评观念史、宗教哲学之类的东西。此时，我在大学时代的诗与思，便渐渐隐没了它们的面貌和气息，或溶入这些学科的规格架构中，或成了此新铸切玉刀所切的璞玉，或作为我在这些学科上表现的基础。

从朋友身上学到的，还不止这些。他们有的个性温婉、有的甚为刚烈、有人狷介、有人任侠、有些颇为朴厚、有些特见灵巧。这些性格，往往与其所治之学问、治学问之方法、看问题的角度与思路有关。缜密的人，不可能在想事情的时候只重其大体；疏朗的人，也不会太在乎琐碎的论证形式。生命和学问经常是合一的，性格往往决定了学问的规格。因此我越亲近不同的生命，便越能理解不同的治学格局，越能发现治学的不同角度，使我有更多可资参照的类型。

这些类型，固然也可以求诸古书之中，或在老师长辈身上看到。但毕竟有隔，缺乏真正生活性的了解。只有在和朋友一块面临生活的压力、世俗的琐屑、社会的冲击、生命的无奈时，才能看见悲喜、摸着鲜血和热泪、听见欢呼与恶诟。在极限情境之中、在无所防嫌之下，朋友让我们深入体会了人生和人性，而又使我们由此体察到知识与情感会在其中发生什么作用。

这些作用，有时发生在非常小、微不足道的地方。例如蔡英俊喜欢喝咖啡，我喝这种洋饮料就是跟他学的。这种东西，如锅巴水一般，实在难喝。可是一杯在手，醇郁满室，整个喝咖啡的情调、感觉，毕竟有其特殊且非茶酒等物所能取代者。英俊的生活以及他的学问，依我看，就是能和这种情调气氛相合的。这个道理，说来玄秘，其实就像人们总觉得诗人都该会喝酒一样。诗人的稿子，拧一下，就可以榨出酒汁来。学者的论文里，有时也会有咖啡香的。

不过真正令人有所感有所思的作用，并不在这等小地方。例如李正治本是英姿飒爽的人，情理俱胜。在研究所中遭到谗沮后，极平和的个性竟起了些变化。我感觉他论世论事已渐愤激，对于这些学院中讲究的所谓学术，渐生轻藐排斥之心。写论文、求毕业，对他来说，成了极端痛苦的事。硕士论文，不去谈文学理论，而写《咏怀组诗研究》，原即有咏怀之意。但咏怀抒情，作诗或作曲（他当时颇寄情于音乐）似又已足，以此为论文应付学位，便觉多余。后来写博士论文，更是厌烦，所以拖到八九年才终于交卷。他情感太直皓，因此也较容易受伤。生命直接要与险劣邪妄对搏，气力纵能厌胜之，自己也总要受伤的。

且正人君子不比小人。小人轻于狎侮生命、轻于拨弄戏耍价值、轻于议论谮谤人物。因为一切轻贱之，故亦飘浮游荡之。谮议侮弄成不成功，也都无所谓，所以反而不易受伤。君子人立身持正，有其持守之价值、信仰之原则，见其狎侮戏耍，便觉已遭侵凌；若更受到直接的谤辱或误会，便难以忍受。史上凡君子小人相争，君子之气都不长，就是这个缘故。然孤愤咏怀，既不能疗伤舔血，又无补于苍生世界，若君子而被小人欺之以方，就更令旁观者扼腕怅怅了。我看正治的遭际及其学问发展变迁之迹，特有此类感会。

以上所谈，其实还只是其中一小部分。我本是个书呆子，毫无应世的经验历练，虽说在进入研究所时即已窥入世之机、已知社会人情世故之奥，毕竟于应世之道，尚少体察。从这些朋友身上，我看到了许多事，也学会了许多道理。

这些事情与道理，不是书本上可看得到的。需要交往，须有感通。《易》曰："圣人感人心而天下和平，是感之无穷而能至乎泰者也。感而不至，其道乃消。"朋友之道，缘于遇，立于交，而成于感。气类交感，机息相通，生命与学问便能共生于此洋洋泰泰之境。我曾深刻领受到这种境界的奥妙，故不能不写下我的感受、感动与感谢。

树 异

离开大学，进入研究所，生命有了新的进展，学问当然也就有了新的历程。如民俗研究、文学理论、逻辑与语意分析、宋明儒学等，即为此新路向也。然骛新者时复未忘其旧，积习渍润骨髓，亦难湔洗刮除，故仍日与简锦松、颜昆阳等相游处。

然此究竟是结习难忘，故耽于吟咏，且依循旧日形态生活，做文化遗少状；抑或别有理趣?

我以为两者皆是。从淡水到师大，脱离了山水、农村、渔港、宫殿式校园，事实上也就脱离了一种拟古的情境、摆落了仿佛生存于古代的情绪。愤世嫉俗，越世高谈，也丧失了使之存在的空气与场所。那种让自己流放进入历史中去浪迹、去追寻意义之家乡的行动，自然就应有所变化。然而不然。因为“脱离”所形成的距离，反而使得连那些拟古的情境，也变得令人怀念了起来，教我更深沉地耽溺了进去，望古遥集。

而且，疏离了现世，会形成一种具有美感的姿态，让自己成为时代的异端，不苟同于尘俗。我喜欢这种孤绝地弃世隔离之感，喜欢成为时代的异议者。这是我的癖好。在我尚无法提出真正与这个世界对举的价值体系、建构另一个意义世界、成为一位真正的异端者之际，不妨摆摆异端者的姿态。借由“与众不同”

之感觉，来确定我生命存在于此世仍是有价值的。作旧诗、谈国学、写文言文，即是我用以证明我乃一异端者的手段，我自是不肯轻言放弃的。

在另一方面，我之从事于民俗研究等，也谈不上骛新从俗。因为我所做的，有些在彼时根本尚未形成风气。（例如民俗研究，只二三有心人讲之于荒江老屋之间，非今日人人高呼“本土化”的景光。后来我追随申庆璧、白惇仁老师编《淡水镇志》《花莲县志》时所遭到的冷淡待遇，便与今日各级政府之热心编辑本土文献、乡土教材相去不可以道里计。昔冷而今热、今荣而彼枯，而我则已不甚愿意随人作队了。）又有些从整体学术界来说，固然是新潮流，可是在中文学界内部却是异端的。例如文学理论文学批评，或研究宋明理学。

因此，异端精神是多面向发展的。相对于一个现代化的世界，异端者以其保守、复古、怀旧来逆反于其时代。面对一封闭的古老学术社群，异端者又以开发新领域新方法新观念，来反叛其所从属的群体。而在他所在的地方，他也必与其他保守者或新潮者有所不同。就像我讲宋明理学，跟新儒家不一样；讲文学批评，颇汲取于西方理论与方法，而又与学比较文学、外国理论的朋友很不相同。对于左派来说，我像个右派；右派看我，又像个左派。

这样的人生，岂不甚为孤凉？哦，也不尽然。和所有人都不一样，我行我素，我用我法。但是复古保守者会看到我有和他们类似的气味，虽然我之创辟开新曾令他们深感不快；新潮者也会觉得我在批判旧传统方面常和他们属于同一条战线，虽然偶尔亦将疑虑我那浓厚的传统情怀。两不挂搭，却又有彼此亲和之处，既为异类，又为同族。他们都反对我，但也可能会从我这里看到和他们气味相投的部分。因为在激进处，我与他们一样激进；在复古处，我又深入于最远最古最陈旧的地方，所以我洞烛并拥有一切新潮者和守旧者的姿势、语言、心灵样态，反而可以成为最能与他们沟通且获得了解的人。即或他们未能真将我看作是与他们同一国的人，彼此也不尽为一种决绝断裂的关系。

所以孤独者在现实人际关系上不但能够群而不党，有时反而具有比表面的紧张冲突关系更为松缓的温润之感。

我后来和研究所里的老师们有些争执，在报端撰文批评研究所的学风，又公开检讨历来的博硕士论文品质。从世俗层面看，我一定完蛋了。欺师灭祖者，自将被诸祖师号召雷部神兵烧戮痛剿之，在中文学界一定无法立足了。但实际上并不完全如此。痛恨我的人很多，忌讳和我来往、想办法抑沮我的人也不少，可是彼此关系终未断灭。老辈对我总存有爱惜之心。在许多地方，我和他们拥有其他叛逆少年所无的共同心灵与经验，因此有时反而更为亲和。同理，我批判之锋芒，所向无前，锐意改革者莫不引以为同道。可是他们只晓得我是他们所反对那一方的异端，而不知道我与他们一样有距离。我反对现代化，但在推动学界之现代化变革方面，却同时获得了许多赞扬。

也就是说，异端分子，并不如一般人所想象的，是个悲剧型人物，用力顶抗着压力，面容有点红胀、气息有些粗重、脊梁随时会被压弯，而且负诟忍谤，千夫所指，不免踽踽凉凉，甚显落寞。真正的异端分子，不是这样的。

因为我所反对的不只是单一的某一方，压力由四面八方涌来，异端者便会兴起一阵喜悦，发现原来自己和别人这么不同。而这一点小小的不同，居然会牵动这么多人、这么多力量，来对付我这一个小异端，受宠若惊，居之不疑，更是不亦快哉！

可是，压力既大，人能受得了吗？一般之所谓异端，多是单面向的反抗者，孤持一理，正面迎抗另一方，交锋冲撞，杀敌一千之后，难保不会自损八百。但真正的异端，反正方，也反反方，更反折中综合之一方，惹得诸方火起，俱来诃斥。然后引正以攻反，用反以驳正，合其两端，再予遮拨，是非俱遣，荡抉彼此，挪移大乾坤，如封似闭，而实不迎不将，应物而不伤，又怎么会受伤？

且于我引正以攻反时，正方误以我为袍泽；我用反以驳正时，反方又以我为同志。抚剑独行之客，实不乏谬托知己之友。而吾亦终不愧为其友，盖惟吾能深知彼此之隐曲。因为真正的异端，刚好就同时活在相异的两个极端之中。孤独的异端者，在现实人际关系上，乃因此而不太寂寞，有时甚且广获翼援，拥有比其他人更好的机遇。

不是吗？

在我入大学之前，台湾刚经历过退出联合国、保钓，入大学时又恰逢与日断交。据说在此“外交”不断挫败之际，台湾文化开始出现寻根以及回归乡土的思想潮流。例如诗歌，有了关杰明、唐文标对现代诗“恶性西化”的质疑，而诞生了《龙族评论》之类反思，采用古典题材、语汇、意象，企图结合古典与现代的作品，如《将进酒》《秋祭杜甫》《林冲夜奔》《妙玉坐禅》《续韩愈七言古诗山石》《招魂》之类，也逐渐增多。舞蹈方面，林怀民创立了云门舞集。“云门”原本就是黄帝舞乐之名，直溯远古民族洪荒之记忆，跳的则是廖添丁、白蛇传、唐山过台湾。虽然运用的肢体语言仍是玛莎·葛兰姆的，但加进了平剧与昆曲等等。科学界，也在推动科学中文化，和社会及行为科学的中国化、比较文学呼吁建立中国学派等行动，互相呼应。《ECHO》英文汉声杂志也创刊了，以东方主义式的民族主义态度，向世界介绍中国的乡土民俗，谈妈祖、皮影戏、国剧……

这些，像清夜大雨淋泽过的荒地，忽然生出一大堆总名为回归中国的花草。颜元叔的民族文学论、李双泽的《少年中国》、温瑞安的神州诗社，不都是这些物事吗？余光中与杨弦的《民歌》云：“传说北方有一首民歌，只有那黄河的肺活量能歌唱，从青海到黄河，风，也听见；沙，也听见。”写的就是现代人的乡愁。是思乡者的情愫。而在他们发表《乡愁四韵》之后不久，淡江，这所我就读的大学，也迸发了与《夏潮杂志》相呼应的校园民歌、乡土文学运动。

在这个大背景之中，我的民族主义文化态度，显然是其来有自的。但实情却完全不然。

保钓运动，我连听都没听过。孤影《一个小市民的心声》，我虽然曾经拜读，可是它与《大学杂志》集团的争论，却是茫焉不晓。台大哲学系事件，亦不知与我意识之发展、生命之成长有何关系。余光中乃至任何人的现代诗，我都不曾读过，所以也不知其西化或晦涩究竟如何。谱为民歌，以吉他弹唱之，唱一种类似美国摇滚乐的东西，而竟号称是“我们的歌”，更令我莫名所以。至于李双泽的《美丽岛》《少年中国》，我听见时，他早已逝世了。坐在王文进赁居淡海的楼屋中聆听这批业已沉入历史灰尘里的曲子，真有白头宫女话玄宗之感。因为不但斯人已杳，校园民歌运动也早就异化为世俗流行之商品了。

我与那些参与各种社会文化运动的朋友，多是相熟的，在校园中我亦为一活跃分子。可是为什么他们做这些事时我都没参加，甚至根本恍若未闻，实在是连我自已也不晓得原因。只能说我的生命发展自有轨道，自我佚离于时代潮流之外，故风潮波澜，其浪花未能溅上身来。其中，有些我也听闻了、见识了，但由于生命另有脉络与轮轴，所以也激不起什么感动、兴不起什么涟漪。

我跟大家实在是太不相同了。先是，五六十年代美军介入越战而大量驻台，美国文化强势涌入，除美国新闻处所编辑出版之书刊、推动之活动外，美军电台、美军俱乐部、热门音乐乐团、夜总会、演唱会、翻版唱片工业，以及电视影片、好莱坞电影……构成了青年文化的重要内容。大人们在报上热烈讨论大学生为何不看国片。这时，我却只看国片，尤其是看李小龙。看他拳打日本鬼、脚踢西洋佬，觉得好不快乐。

此时，政府正提倡“中华文化复兴运动”（一九六六年），似乎要面对西化狂潮，拨洋返中。然实质上却是以复兴为名，以西化为宗。何以故？此刻所谓之中华文化，乃被诠释为“伦理、民主、科学”之所谓道统。从蒋公中正发表《科学的中庸》，到主持文化复兴委员会、孔孟学会的陈立夫先生之《四书道贯》，都是把孔孟之道解释成为一种符合现代化民主科学精神之物。中华文化，根本丧失了主体性。而且，蒋公几度谈话，也都强调“复兴”中华文化的意义，不在复旧，而在开新。故此一运动，貌若返古，实乃曲折地服从于整个社会的西化现代化。洋人对中国文化的揄扬，也被汲引为增强中国文化之价值的重要手段。陈立夫先生主持李约瑟著作之翻译，即为其中一例。大量古籍今注今译工作，更表明了我们不是要重新进入文化经典之中，而是努力地叫古人穿戴起洋装西服、说白话文、跳现代舞。

如此复兴中华文化，识者固多哂之。但哂之者不过谓其为保守复古、为官方主导文化发展、为借此以对抗大陆之“文化大革命”耳。殊不知后来大部分文化人所投入的回归中国文化运动，其实跟它也没什么太大的差异。

金耀基于一九六六年出版了著名的《从传统到现代》。彼时透过大批归国学人、留美社会及行为科学学者生产并倡导的现代化论调，亦正笼罩一时。在此情境中讲传统与回归，不过是说现代性的台湾社会，应如何再接纳、融合、保存传统罢了。余光中所说：“我们要求中国的现代诗人们再认识中国的古典传统，俾能承先启后，于中国诗的现代化之后，进入现代诗的中国化，而共同促进中国的文艺复兴”（《古董店与委托行之间》，收入时报出版公司《掌上雨》），不是已讲得十分清楚了？如此复兴，是站在已现代化之基础上，回头去找传统，以“建立新的活的传统”。

这时，它所撷取之传统，可能是高雅的文人大传统，也可能是乡土民俗小传统。尤其是后者，从发掘洪通、朱铭、陈达，介绍民俗艺术、民谣、民间艺人、民间戏曲、民间故事、宗教仪式，到乡土文学之提倡，回归中国，逐渐落入“少年的中国有新的学校，她的学校是大地的山川；少年的中国有新的老师，她的老师是大地的人民”之符咒。回归到具体的土地与人民，回归到这个现时的、现代化的中国，也就是台湾。中国化遂成了台湾化，而谓之为本土化。

所以，有一方是敲锣打鼓，让中华文化现代化；一方是让西化现代化之社会能再认识传统，把传统接枝到新树丫上来，免得它遂为死物。二路略异，然其以现代化社会文化之价值为基准是相同的；力图使传统文化能融入现代或被现代人所接纳，也是相同的。如此回归，或如此复兴，举世景从之矣，我则颇不以为然。

当时一再批判西洋文化的价值，指出现代化社会之文化问题者，应推钱穆及新儒家诸君子。钱先生自港返台后，著书皆以分判中西文化异同，揭明中国文化之优长为旨趣，却被余光中讥为“儒家文化的鸵鸟”。徐复观由台去港，力陈西洋文明已入穷途，人类复性之道，正有赖于中国文化，亦曾遭刘国松等现代画家痛驳。牟宗三先生居港，偶尔来台，所讲基本上是由康德进一解，谓中国儒道释三教以“智的直觉”所开“无执存有论”，有胜于西方哲学者。他认为中国哲学亦不悖民主与科学，只需以良知自我坎陷之方式，即可以开出民主与科学，也引发了无穷的诘难。

所以看起来他们好像是整个时代的异议分子。其实不。像牟先生的哲学，就是想用一个架构来安立中西两方的。无论这个架构是“一心开二门”“执的存有论／无执存有论”“纯粹理性／实践理性”，皆无非用以区判中西，然后说西方无法真正达致无执存有论、心真如门、实践理性之圆成，唯中国哲学能之。中国哲学中亦实有主知、逻辑之思路，不过未能充分发展之而已；且后来发展较为偏胜的道德心性之学，只要能够自觉地坎陷一下，依然可以开出民主和科学。这样的论述，仍是以民主科学之价值为基准，来衡量中国传统哲学，并以西方哲学为模型，来诠释中国哲学。现代化的价值与意义，依旧是普遍性的，依然要求中国哲学进行现代转化。它最后当然想要超越现代化，认为民主科学及纯粹理性等终非究竟义，仍只停留在执境、在心生灭门，故有待中国文化提供更进一解。但此东方主义之态度，与据西方现代性否弃中国传统文化者，实无根本之殊。

东方主义，有两个面向，一是视东方为野蛮、落后、愚昧、僵滞的社会，有待西方来拯救、改善、教化；另一种则是把东方视为西欧已失落的精神价值，或者说东方文明是西洋人心灵失落时的丹药，动辄宣称并引述西洋人说“文明的希望在东方”。钱徐牟唐诸先生所表现的，依我看，恐怕仍不脱此一东方主义文化态度。大丈夫立身自有本末，何须由西方是否重视我而见其精彩、显其价值？圣贤之道，如丽日经天，亦不为尧存、不为桀亡，斤斤计较其能开科学民主与否、不悖于现代与否，其志似亦小哉。

封存于校园围墙之内，与外界隔绝，吟哦唐诗宋词、考辨古音分部、辩论六书定义的国学界，则连中华文化复兴运动那种现代化的姿态也无。和社会上整个现代化的氛围，自然相距更远了。他们也以肩承文化传承之大业为职志，但其所认知之中国文化的儒学传统，又与钱唐牟徐诸公不同，更不关心民主科学现代社会乃至世界文化之前途。

此类态度，我也不能苟同。起码对所谓清学汉学考据之理解，我即与大多数师长们不一样。诵数服古，而彼此所知所服之古，实乃悬绝迥异之物，服古之方法亦甚为不同。对于国学界无力回应外界轻藐中国学问、讥嘲国学界的情势，我则深感焦虑。觉得国学界在思维形态、治学方法、表述方式等方面都未能充分现代化，都不能与整个学界对话，正是它生存发展最严重且迫切的难题。

我是如此地与众殊途，想起来实在觉得惭愧，不知何以至此。或许负性逆俗，又少师友调伏，遂渐激矫而至不可收拾。又或许是知解偏宕，绸缪纠缭成了一团执僻不可究诘之生命。总之便是个异端。

这种异端的形态，在大学时尚不甚显。因为彼时多只是离世逆俗地生存于江畔田厝，尚友于古人，远游于大道本始杳冥之域，并未真正与世相劘相切。对时代之气息，可谓钝于感受；对社会之机栝，实在也欠缺体会。没有真正的对应，和世界的差异当然也就不那么明显、那么刺眼。下山入世之后，闻见大开，身心所受之冲击实甚激烈。我对历史、文化的认识，我的价值观、感物的方式，在在能具体觉察到它与世扞格之处。久而久之，终于知道自己殆如天地之弃人，是万方之异端。

异端就异端吧！我也不因此而哀伤，更不想掩饰我的面目，我觉得这正可以显示我之所以为我，故傲然孤立，独行自恣。对于和我不同的东西，甚至还常要去撩拨撩拨它，诘难它存在的合理性。偏激的我，竟经常获得这样的结论：“它跟我不一样，那当然是错的。”

桀骜至此，学问的风格自然也就起了变化。

大学时期，我所写如《庄子注》《谢宣城诗研究》《古学微论》《近代诗家与诗派》等，大体上是综述性的。或针对一家一书，综合其思理、彰明其价值，或总述一个时代。在写作时，大体也是先吸收消化融合前人所说，加上自己的见解，予以综述。因此我曾说此时治学知识化与方法化之特点，在于找到各家学说中可以缝合、类比、沟通、衔接、会通之处。论道亦取浑融，欲通贯诸子、会和孔老，以原道本。

现在，道术渐为天下裂了。非求其综合与浑融，而实欲着力于分析与辨异。知识化与方法化的特点，在于区判诸家持论的分异，并考其所以分异之故，进而提出我与各家俱异之说，并明我所以与各家俱殊之故。本领所在，在于找出各家学说间断裂、隙罅、矛盾、不连续的地方，借此暴露其窘况，逼使其互攻，然后我“独标胜义于众家之表”。

从硕士论文《孔颖达周易正义研究》开始，我就日益强化此一趋向了。该文第一章，先罗列过去所有研究汉魏思潮变迁者的论点，归纳为几种类型，逐一痛驳，随后全部扫去，独以我之异端为正解。到了博士论文《江西诗社宗派研究》，也是一开头就谈历来讲宋诗、讲江西诗派者如何如何错误，以及为何有这么多种类型的错误，洋洋数万言，无非在告诉读者：“我则异于是”“众人皆醉我独醒”。

其余诸文，亦往往如是。以推倒万古豪杰，自抒独见为惯技。其所以能够如此，另有方法学上的问题与发展，这里只是说此种为学及论述之形态，刚好和我这种异端精神相符而已。

然此异端精神，往而不返，竟逐渐成了此后我为文论事之基本形式。笔锋所向，着力于破。端的是见招拆招、遇阵破阵，仙佛神鬼，一概斩杀。对于前辈时贤的研究，不知为什么，我定睛一觑，便见得其中颇有破绽，而且不是枝节处、疑是疑非之处，而是在根本、基础、关键处有问题。振剑一刺，则其学说其研究之堂皇巍峨、体系森严者，辄若冰消雾解，触手而委散。打蛇七寸，老僧寸铁杀人矣。

这种根本否定别人，三言两语，就抹杀旁人一生辛苦，而且所有人都不对，唯我独尊之态度，当然无法使人钦服。纵令口服，心下也不能接受。更愈显得我狂妄、骄傲、目无余子，把问题看得太轻易了。也颇予人“只破不立”之印象。

其实我何敢骄妄？“以其道与天下亢，身危而道不竞”的道理，我也未尝不知。我不是在心理上有了矜气，故特显其骄狂，而是我的学问形态使人产生这么一种感觉。我亦非以否定、破斥他人为乐；更不是为了争什么真理、辩什么是非，基于道德勇气、知识理性，故干冒大不韪，勇于指陈前人时辈之偏失。我只是生命性情自然使之如此。孤独的人，自申独见，本是最自然不过的事。我见事自然与人不同。看别人的见解，自然会发现它与我之所见颇多差异。我甚悼伤。很想知道为什么同一件事、同一本书、同一段文字，别人竟会读出看出跟我完全不一样的东西，他们为何那样想？弄清楚他们如何想之后，自然就又知道了他们为何会有这样和那样的“错误”。结果使得我更为孤孑，更显得我是个立异以鸣高的人。

情绪在这个时候当然十分复杂。一方面颇感欣慰，证明了自己果然是一独特之生命，无法效仿，也毋庸复制，掉臂独行，不妨自喜其独。一方面又有点儿惧怕，担心已入魔道，故性与俗殊。且不知如此下去，将伊于胡底。对于自己永远无法达到“大浸稽天而不溺，疾雷破山而不震”之境界，更觉得有无限的遗憾。

另一方面，则是对我竟能如此辨异分析，轻易见人破绽，有些惊异也有些自负，仿佛如金庸小说《笑傲江湖》所述令狐冲学得独孤九剑后，破枪破剑破刀破暗器，一切击破，功夫之关键，端在他能见其能破之处。从前张眉叔师因学力深厚，所见各类著述，辄能随手指瑕纠谬，金针度劫，故有人跟他开玩笑说：“你眼睛有毒哩！”现在我亦渐渐具眼，且由此发展出一套方法论，自亦窃喜积学有功。

但我为学，本非欲树异帜而学，也不拟压倒别人，发现他人的破绽罅漏，并不以为有何值得高兴之处。相反的，我总掩不住有些难过。平时我们信以为真之事、倚之为历史文化基本理解的典范，往往经不起推敲。略一复按，就会察觉到它大有问题，这种感觉并不好受。什么都不能轻信，什么都是错的，一切都得靠自己来。我仿佛站在荒原上，如何理解这个荒原的古早历史，全得靠我来开辟新道路、指点新方向。可尊敬的前辈们做了大量功课，结果却走岔了路。我既为之悼慨，又有点恨他们教我走错路，浪费了不少时间，还累得我要耗费唇舌与之辩难。这些综合起来，形成的感叹，乃又盖过了发现的喜悦，让我在纵横博辩时，不免怔忡，不免惘惘。

学问从吸星大法的形态，逐渐变化为独孤九剑的形态后，论述方式亦大体形成了一种模式。我常会就一题目，先陈述过去对这个问题的各看法，然后将这些看法条理归纳为几种类型，说明其错误，再申发己见，表达正确理解或解决此一问题之道。此一模式，用学术语言来说，就是研究者须有一明确的“问题意识”，确定要讨论的是什么问题，此一问题或为诸家聚讼之处、或为悬疑未理之案、或为昔人用智失察之所，论文的目的，就是要解决这样的问题。

我自己喜欢或善于分析与辨异，飞镞破的，遂要求别人也须如此，认为论文就该这样写，只有这样做才叫做学术研究。

而当时一般的研究却正好不是如此的。例如研究苏东坡诗，通常的做法总是先辨籍里、说生平，然后考著述、道交游，再针对东坡诗言其体制、特点、风格、渊源、影响、评价。我则觉得这都是入门概论，都是研究前已经该了解的基本知识，不叫研究。所谓研究，是要问你究竟要了解什么问题。东坡诗到底在哪一点上出现了你认知上的疑难，使得你必须花工夫来找答案？学术论文，所要论的就是这个“问题”。故不应泛述生平、交游、著述及诗文概况，须直接就你所应处理的问题来展开讨论。

我执此见解以衡鉴历来一四九位“国家”文学博士，即我之学长或老师们的论文，便发现它们大多不能称为“论文”。而学界对于论文居然不应再讨论生平爵里及著作版本等，亦颇感不解，难以适应。经我强力推销、示范演出，惹了不知多少是非，担了不知多少骂名，现在才渐渐成为论文写作的共识和基本格式

（起码在形式上已经有了这个架势）。

其实，论文当然可以不如此写。伫思抒感，申而论之，何尝不是论文？学术研究，也未必出诸论文之形式，例如札记、注疏、校雠，都不是论文，也不可能论文化，何尝没有价值？昔日执于性气之偏，矫俗立异，以我异端者之精神意态，贯注于学术活动中，故有此激僻之论，其非中道正行，确实不容讳饰。

然而此中曲折，他人何能知之？学界或知龚鹏程为一叛逆青年，但不过谓我能反抗国学界之门户、伦理与习气而已。或知我好斥人非，但不过谓我恃学狂傲而已。或知我研究领域颇广，但仅以为我是泛滥杂涉，不知我一切理解都是自行建构的。或知我惯于推倒一切，独示新路，但仅以为我是想当导师，不知我正于此黯然神伤。

更妙的是：凡人见一异常之说，虽或能接受，接受的方式却往往仍是套着旧的理解来的，即用旧知识来理解新事物。不然，则采取折中的办法，以减少内在的冲击。对我的研究，学界有许多人是能接受的，但其接受之方法却多是如此。他们不晓得我的许多讲法，和典范旧说通常是泾渭难容的关系，中有断裂，无可折中，故是异端也。用吾说，则必须排斥原有的一切讲法。这是我学问的特点，旁人不容易明白的。

我在研究所里经常逆忤尊长，毕业后又撰文批评“国家”博士论文、检讨研究所教育，在中文学界自然被视为一不折不扣之异端，学者不齿言其名姓。所以很多人被告诫不可读我之书，很多人也不晓得我曾做过什么研究。但只要真想做点学问，真想对中国历史文化有所见，我的书毕竟仍是不可不看的。那些偷偷读我书用我说法的朋友，处境就颇为尴尬。因为直接征引，可能会毕不了业。所以很有一阵子，研究生的论文忌言龚某某。我后来曾奉命去考一学生，该生闻讯，连夜补印了一张“勘误表”，指明何处参考、何处引用、何处援据我说。它原先是连参考书目中都没列上我的书名的。其他明引暗用者，当然更多。

这些，我一眼即可辨识。因为我的文章有些特点，一是所征引参据之材料，都是自己读书时找来的。我从不使用辞典、索引、资料汇编、目录、电脑资料库、学术网路，但文中运用之材料比谁都多。这些材料，许多是我第一次使用的。而且，因我之资料非由检索而得，它与我的论点之间就有紧密的有机关联，无法割裂开来。许多人抄我书中的史料，倚为谈证，仿佛书是他读来的，对之当然不难辨认。其次，就是我的论点常与他人之说不可相容。撷用者贸然袭取，不但对吾说颇有误会，便易构成本身持论的矛盾。

这许多因我之为异端而形成的曲饰、矛盾、支绌，都替我孤独的人生增添了不少乐趣。孤独者从不寂寞，此亦原因之一。那些避讳称述我名姓的朋友，如果知道此一大异端，居然在人际关系上并不特别窘迫，恐怕也要咄咄称奇哩！所谓异端者常能自知其为异端，太正常的人却难以理解我们这种异端畸形之士，这也是没有办法的。述往事、道异端、伤幽独、感流年，而一切俱归于无可奈何者，亦由此也。

主　智

为学日益，为道日损。益之之法，则不外乎朱熹所说：旧学使加邃密，新知使渐深沉。

在硕士班阶段，文学理论与文学批评可算是我增益的新知，是新开的路向。在这方面我进益修业甚猛。以旧日学诗之经验及钻研晚清诗家与诗派之基础，来进行理论的反思，成效甚为明显。所谈，后来大部分辑入了华正书局替我出版的《读诗隅记》中。取这个书名，就可以看出此时理论性仍不太高，主要是从阅读和创作经验上形成对诗的知识，再运用此一知识来讨论诗歌史上各种问题。

文笔生涩，思路不严密，当然是这个阶段显著的缺点。但里面每个论题都是我自己找到的，在学界有开拓视域之功；评刘维崇先生的几篇书评，对学术风气亦略有补裨。在该书之序文中，我曾说"钩弋全龙，尚期有待"，可见当时也确有本此伎俩以描述整个中国诗歌史的雄心。书后附录一些诗作，则是创作与研究相互印诠发明的意思，也可显示我从一位以学诗为主的人，逐渐变成为以论诗为主的过渡性意义。

书中有许多文章，后来都进一步扩充了。如论清初诗坛比兴观、晚清诗人讽寓传统者，后来扩充为《论诗史》；论江西诗社宗派之形成，后发展成博士论文。当然，仍有许多尚来不及扩充发展，而保留了它拙朴的面貌。当时这些拙朴的见解之所以能出书面世，主要是张梦机师帮忙，向华正书局郭昌伟先生推荐。郭先生鼓励后进，故不计成本替我出版了。

不过，在此之前，我其实已经出过不少书。那就是故乡出版社的《春夏秋冬》、惠施出版社的《千古诗心——苏东坡》、蓬莱出版社的《采采流水》等。

更早以前，主要是编书。和林明峪编《历代名流趣谈》《笑林广记》之类，顶多撰一前言导论，殊不觉得困难，与自己的学问宗旨亦无太大关系。到写《春夏秋冬》时则觉得有些不同。

当时黄永武先生的《中国诗学》已出版了三大册，运用中国传统诗法修辞之学，结合现代性的表述方式，带领读者进行鉴赏，甚获欢迎。长桥出版社乃委托吴宏一先生主编了四本诗词赏析的书，取名《江南江北》《平林新月》《小桥流水》等。书名既雅，内页又配有古典图案，每选一诗，均附赏析，体例甚为新颖，故推出即广获好评。接着，一九七八年张梦机师也接受伟文图书公司委托，编了一套。以诗人为主，陈文华写杜甫、李正治写李白、颜昆阳写李商隐、李瑞腾写白居易、蔡英俊写李贺，也是选诗析赏。

这些赏析，诉诸市场，是为一般大众写的，所以文字通俗浅顺，兼带感性，和学术文章的写法极不相同。故尔后亦无人由学术意义来看待它。其实不然，它们有极高的学术价值。

因为，"对诗进行分析性的解说，以说明诗之美何在"，正是新批评的目的。自颜元叔先生运用新批评来解析唐诗之后，那种通过创作背景去了解诗意，而对其诗形式之美又无法言诠的传统中文系解诗法，便几乎瓦解了。中文系师生虽普遍不满颜先生的解释，但读诗时须"对诗进行分析性的解说，以说明诗为什么美"这个基本立场，其实已深入人心。这批著作，不约而同地，都是针对一首一首摘选出来的诗词，进行解析，正是受新批评洗礼之后，强调作品，且以分析作品之美为立场的征象。

这些书的作者，都是中文系出身的年轻学人，可以显示中文系的学风此时已然转向。但是，他们毕竟与外文系的学者有些不同。例如此类书刊都不称为分析、论析，而叫做赏析。析而加一赏字，就可见它与颜先生那种新批评解诗方式颇著鸿沟。中文系里对于文学作品，终究不能如面对一客观解析物那样，客观地分析，而是要强调其“欣赏”的意义。欣赏，是有感情的，也是愉悦的。这些赏析文字多半带点感性，亦不写成严谨的学术文体，恰好就反映了这个态度。

又如张老师主编那一套赏析，以诗人来分册，而不是以作品之类型，也可以显示新批评以作品为主，反对仍将作品与原作者关联起来讲的立场，已遭到质疑。这些中文系的论诗者固然相信解诗不必以历史主义的方式，去还原作者的创作意图；却不认为诗之风格会与人的生命无关。不同诗人，有不同的遭际及思虑、有不同的创作态度，于是写出了不同的诗；读诗者欣赏品味其诗，为何一定无法知音默会其人？这里显然即有许多方法论的问题，可以争辩了。

所以这类书篇幅虽小、言论虽浅，蕴蓄却极富厚。后来颜昆阳的教授升等论文《李商隐诗笺释方法析论》，我认为即是由他那本赏析小书发展而成的，昔日只是如此说之，后再将所说予以方法论的凝定罢了。昆阳如此，蔡英俊的硕士论文也是如此。李正治硕士论文写《咏怀组诗研究》，后来又研究意识批评、发展“生命美学”的讲法，也是面对新批评，而从中国文学传统再翻上去讲的。

他们在写这些赏析时，我常参与其议论，中国诗究竟应如何解析，往往成为讨论的重心。刚好，此时故乡出版社正要创业，找昆阳主编一套书，由李瑞腾策划了《喜怒哀乐》《爱恨生死》

《青红皂白》《春夏秋冬》四本，分论中国古典诗里的情绪、生命、色彩、季节，由昆阳、英俊、萧萧和我执笔。这个系列，后来又出版了《兴亡千古事》《采菊东篱下》《月是故乡明》等，共十二册，迄今仍在坊间流通，都是以主题来分册的。我在《春夏秋冬》一九九四年月旦出版社新版的后记中曾经讨论到这套书的意义，说：

> 本书写于十五年前，写作时的情境，不是遭遇到五四式的问题：传统如何在西化的现代存活。而是：现代人如何重新认知并感受传统。
>
> 这两者殊不相同，前者是以现代为正价值，探讨传统如何在整个存活的社会条件均已变迁之后，仍能变形地存留于现代。后者却是现代化达某个程度后，社会心理普遍对于文化西洋化及生活之现代性感到疏离厌怠，以致产生了重新认知并感受传统的需要。七〇年代兴起的一些文化民族主义现象，事实上便呼应了这样的一种心理需求与文化态度。当时如“社会及行为科学中国化”“科学中文化”“建立比较文学中国学派”等活动，和云门舞集、乡土文学、校园民歌等等，殆均与此一需求有复杂的动态关联。
>
> 但西化现代化太久了，我们在重新认知与感受传统时，竟赫然发现我们可能已经丧失了认知与感受的能力。例如谈“社会及行为科学中国化”的先生们，拟摆脱西洋之认知模套与研究框架，重建一种中国式的社会及行为科学，但他们谈起中国人的心理与文化模式，往往仍让人误以为是洋人在说话。讲比较文学的朋友们，欲持中国文学传统来和西方比较，也会发现他们对中国文学所知既有限又隔阂。于是比较文学乃不得不成为用

西洋方法与眼光重新解读文学传统的活动。

对此现象，那尚未充分现代化的中文系学人，便显然占有优势了。他们对传统的理解与认同程度，恰好可以满足社会之需，负担起向社会重新介绍传统文化的任务。但他们也有极严重的弱点，因为其意识及语言均未充分现代化，所以他们向一个基本上已经西化了的社会介绍传统时，人们并不容易理解，也难以接受。这时，我们这类中西新旧夹缝中的人物便应运而生了。先是黄永武等几位先生，从传统修辞学及诗格例法中，发展出新的解诗方式与语言风格。接着吴宏一先生以新的编辑策划观念，出版了《平林新月》《小桥流水》等诗词赏析丛书。然后就是我们这一系列既依主题策划，又尝试由传统发展出新方法及语言风格，更希望对治洋化学者“误读”活动的赏析丛刊。

本刊之执笔人当时都还是毛孩子，学殖未深，但豪气万丈。抖擞着我们的青春与热情，向两方面进行批判。一是外文系（事实上也就是深受现代社会意识洗礼的现代人）不再能体认并感受传统的学人；二是中文系溺陷于传统文献及语言中，毫无生机的先生们。希望将我们所体察感知的传统文学之美，传递给现代社会中的心灵。

因此，我们进行的是具有现代意识的诠释，而又企图经由解析呈现传统的美感与文化价值。任务艰巨，但学养有限，所以做得不算非常成功。然而十几年来仍能不断引领现代人去亲近传统诗词，也可说是功不唐捐了。

在我负责的这一册里，我尝试透过春夏秋冬四季之变化来勾勒中国诗人感知生命的方式与经验内容。借着《文心雕龙·物色篇》的分析，来构建我个人的文学审美理论，并举与西洋神话原型批评相对勘。这个方式，或许仍将被坚持现代化偏见之读者认为是仅把西洋学术资讯放在边陲及贬抑的位置而感到不满；但即使是只从对《文心雕龙·物色篇》和西方神话原型批评之比较研究而论，这本书虽仅为一通俗读物，其分析却领先学界十年。十年之后才有黄维梁先生试图进行类似之研究。

故吸收西学，非以能将西学奉为中心尊崇之地位为贵，贵在能消化之，且能借而开展之。或借西学以开展传统之视境，或借传统以开展西方的学术论域。而此种展开，不是随着学术行情去追逐，而是切应于时代，从我们自处的文化脉络与存在境遇中，依我生命主体之期盼与需求，真诚地展开的。这种展开，虽或寂寞于当世，然因能真正切应时代，所以活力无穷，生机盎然，自会在历史幽暗甬道的前端，呼唤导引着后来踽踽探究生命意义的人们。

写完《春夏秋冬》之后，李瑞腾介绍我帮榕榕图书公司也编一套诗歌赏析。我策划了一组，三位诗人：陶潜、王维、苏轼。找李锡镇写陶、林保淳和蒋秋华写王、我自己写苏，重点在于通过赏析，让人获得生命的反省和情境的感受。不料，此书竟有与《春夏秋冬》完全不同的际遇。

先是出版社对李林蒋诸兄的文字不甚欣赏，接着是付给稿费的方式，大家有点争执。后来人事变迁，其编辑部人员多异动，该公司亦迁址，几乎不知所终。许久之后才得到支票。谁知我放在桃园龟山家中还没来得及去领，居然有我妻所教国中的学生去家中盗窃。追赃许久才得索回。又拖了年余，方能兑现。可是书仍无消息，直到一九八二年八月，我在淡江城区部附近闲逛，偶在一小文具店中见到我写的那本苏东坡，已由惠施出版社出版。

但其他各册则一直未见到。仿佛遗失了的小孩，迄今尚未寻获，心中殊为惦念。

这是我第一回当主编，也是不小的挫折。幸而不久李瑞腾又找我写书了。原来他与友人陈信元办了蓬莱出版社，故邀我编选一册《采采流水——小品文选注赏析》。把赏诗之手段拓展到文章的分析上，其中一些小见解，后来则对我的晚明研究颇有帮助。

此类工作，后来当然也还有延续，例如联亚出版社也找我们编了一套《中国古典文学精华》，我负责写了词的部分，取名《重楼飞雪》。后来此书版权转售给远景，现亦仍在市面上流通，继续和爱好传统文学的朋友交换着文学体验。

在编写这些书时，我们这群朋友，俨然形成一伙小小的传统文学诠释团体，包括张老师、陈文华、颜昆阳、李正治、蔡英俊、曹淑娟、陈启佑等等。李瑞腾则是我们与出版界最重要的联系者，企划观念也最强，对出版很有了解。那时沈谦先生在《幼狮月刊》负责编务，提倡文学批评，出版《期待批评时代来临》。我们便是这个时代的热情喝道鸣锣者，经常聚在一起，讨论中国文学批评究应如何进行的问题，或分派写文章的任务。写毕之文稿，或相传观。我对中国文学批评之方法论反省，即萌芽于这个时候。吸收西洋文学理论新知，融合我对诗文的传统性理解，再以较具现代性的方式表述出来，也经这一连串写作之锻炼而渐渐成熟。

师友们一块，做着这些论诗赏歌的工作，除了偶尔被他们的烟气熏得发呛之外，是很快乐的。可是这时我也不能不照顾一下我的学位论文。

硕士论文，我并不想做文学理论或批评。我仍然志在求道，仍希望旧学能愈加邃密。谓为学须通古今之变、究天人之际。故几经斟酌，决定对十三经注疏中的《周易正义》进行研究。

此乃新知与旧学之分途使然，但又何尝不是生命之畸裂使然？自大学以来，骋才使气，兴于诗而感于物者，与运思构知且逐知索道者，即一直不能合而为一。学诗与问道，分裂成两种行为，或偏于思、或偏于诗，至此仍无改变。在做学问时，以新知和旧学来分别位置诗与思，以社会性通俗写作和学院论文写作两种形态，来分别安立诗与思，恰是在不自觉中符应了生命的畸裂，欲于分裂中两行其是。

可是，这时诗之一部分，实亦已发生了变化。兴观群怨，抒情发感者，渐漓渐隐；学诗之生命，转而成为用知思诗，并著论以言诗。因此，思与诗，均渐为知所摄。在诗这一部分，虽仍强调赏析时应融合感悟和知性分解，但实际上进行赏析时，我却越来越朝向知识体系的构作和论诗方法的探究去发展。以致论兴越浓、诗兴即日销，生命益趋于主智之一面。

而此智，亦非向之智也。昔日用智，虽凭理证，然多直寻。径凑单微、遂与道合，通道体于玄眇幽远之域，恍兮惚兮，与道为一。故所见浑融，如执原始。现在则是分析性的，着重在解析、在方法、在知识。

在当时，我尚不能自觉到这样的转变，我仍以为我是在叩求道本，所以选择了最古老的一部经典《易经》来研究。《易》为书之最古者，《五经正义》又为今《十三经注疏》之最初样态，吾欲追问道原，没有比研究孔颖达《周易正义》更恰当的了。

我早先论儒道同源，说它们均出于古道术，均有得于《易》。但《易》理究竟为何，尚乏论释。亦曾搜索先秦史料，论述连山归藏及周易之分合。稿呈李爽秋师，他认为不能这样胡搞，介绍我读了些论《易》的书，尤其是戴君仁先生之《说易》，他觉得颇能药我膏肓。但我对戴先生及屈万里先生破斥汉易之立场，不能完全歆服。谓《易》以道阴阳，立象以尽意，若舍阴阳意象，何以见易？孔子五十知天命而后学《易》，尚且韦编三绝，易道亦必精微广大，必不如屈先生戴先生所言那么简单平易。因此我仍觉得此中大有幽玄，必须鼓勇一探。

孰知选择孔颖达《周易正义》仔细读下来，原先的想法却有了绝大的变转。

《五经正义》是唐太宗时诏命修撰的，主修者是孔子的后裔孔颖达。既代表当时经典解释的权威，又是科考的标准本。后人在五经之外，加上其他经解，才合成十三经注疏。在这部书里，解《易》的部分，孔颖达采用了著名的王弼的注，并发表了自己的看法。我选择这个权威与标准本，原以为由此探寻《易》义，最为直截。但读来读去，发现孔颖达的意见，和王弼根本就不一样。这个发现，在经学研究上实有如雷轰电闪一般，令我困愕莫名。

一般人对经学史不熟，不能了解这个发现对我的震撼，让我稍微解释一下。

《诗》《书》《礼》《易》《春秋》，在战国时期已被尊称为经。至汉魏，则对经典做了各种注解，如《易经》即有郑玄、王弼等各家之注。到了唐朝修《五经正义》，又称为义疏。义疏是根据著注的解释，对经文做更详细的解说，注文中有需要补充说明之处，也予以疏释，所以叫做疏。若经文看不懂，可以参考注；注还是读不懂，即可看疏。经、注、疏之关系如此，故经学史上向来有句话说："注不驳经、疏不破注。"替经典和注文做解释的人，当然不可能故意和经文注文唱反调。

这是几千年来中国读经书的人之基本认识，对唐人义疏之看法，尤其如是。所以皮锡瑞《经学历史》说有许多人批评孔疏，谓其盲从注文，而皮氏替它辩护道："著书之例，注不驳经，疏不驳注，不取异义，专宗一家。曲徇注文，未足为病。"

千余年来，读书人谁不读《五经正义》？谁不觉得它是根据著王注而发挥经义？为什么我竟处处见得孔疏与王注的不同？不但明显驳王，其理路思绪亦有根本性的差别。这不是太奇怪了吗？还有更奇怪的事：孔颖达既不同意王注，为什么又要顺着王弼（辅嗣）的注来讲经典，说“义理可诠，先以辅嗣为本”？

循此而考之，我乃发现历来对经、注、疏的关系，根本就全弄错了。疏既不为解注而作，亦不可能不驳注。其次，孔颖达在疏释《易经》时，应是以南方之学为基础，来调和南北朝学风，而开一代之新格局。因此其中颇有用到汉儒言十二月消息卦、卦气、乾坤当十二月、大衍之数、初上无位等说法，形成一种“观象论易”“观易取数”的形态。此即其所以异于王弼也。三，孔颖达之所以如此论《易》，据我研究，与其特殊的时代有关。唐初南北朝已经一统，南北学术亦正需要新的综合，《五经正义》即为应合时代需要而编。且当时儒道释三教之间，讲论辩难之风气正殷，孔疏在解《易》时会较偏于有玄理性格的王弼注，并在序文中强调：“《易》理难穷，虽复玄之又玄，若论住内住外之空，就能就所之说，斯乃义涉于释氏，非为教于孔门。”正显示了他结合玄儒以对抗佛家的立场。

理解至此，我想推原道始，究窥易理的希望便也破灭了。因为就像解经者各有体例，或称注、或称章句、或称义疏那样，各个时代不同的解经人往往也有他们自己及时代关心的问题。他们读经典解释经典，其实是透过经典在表达自己对这些问题的看法。因此魏晋时的王弼，不同于汉朝的京房虞翻郑玄，唐朝的孔颖达也不同于王弼。我们读王弼孔颖达，所读的，其实不再是《易经》的道理，而只是王弼孔颖达的见解。历代解经者这么多，我们都以为通过诠释，经典的原义本旨即会被充分揭示解明出来，摊示在我们眼前，可是谁又晓得这其实只是历史长流中一段段根据着同一“文本”而各自发声之不同话语呢？

经学研究的路向，于是转而成为思想史式的。所谓经学，是以经典为真理之源，听受者虽亦有理解程度上的差异，但意义既来源于经典，也回归于经典。解经者跋涉过各种对经典的理解之后，仍希望最终能回到经典上头，找到最安心的意义，让真理之源继续发光。我本来即是如此奢想的、原先即是以此自我期许的。可是，现在我发生了意义的大转向。

我发现意义有源，也有流。发于源头者，在时间的流衍中，自会推移变化，扩大或减缩。旁流之水，间亦入注。地貌又各殊趣，晴雨云雾，相与配合者也颇不同。是以或潴为渊、或激为湍、或悬为瀑、或淤为洲、或广为川、或竭为涧，此即真理之流，而亦古今之变也。观澜者固当索源，为学则宜原始而表末。且河源难溯，本意难知，意义对人之所以重要，或许不在源的部分，而更在意义的扩散、胀大、减缩、曲折与变化。

我的为学宗旨，乃即于此转而朝向探究文化变迁。硕士论文《孔颖达周易正义研究》则是我转向之后的第一步探索。

大学时期写《古学微论》，考较周秦学术，推原于古道术，对于春秋战国之变局，不但没有讨论，且用心所在，在于因其已变而观其传承于古者，在于原九流之始。现在既欲观化论变，允宜由此再做推敲。但我觉得周秦之学术，夙曾究心，可以不必复习，径从汉代讲下来即可。因此，我这本书虽谈唐初，其实是从汉代讲起的。先谈汉至魏晋南北朝的学术文化变迁，再谈孔颖达这本书所代表的由南北朝至隋唐的文化变迁，再其次，才谈由孔疏所能观察到的从唐代到宋明理学的学术变迁。

在讨论这些时，我的立场，是“观变而知常”。不但要说明历史之变，更应找出历史非断裂性的承递因素。因此我不只在研究孔颖达的部分，独力开山；在解释其前之魏晋南北朝一段、解说其后之宋明一段，亦均须提出与前贤不同的诠释体系。

过去谈魏晋，都是断裂性的讲法。谓魏晋为两汉之反动，两汉以儒学经学为主，魏晋乃变而为玄学老庄、反名教贵自然。经此变动之后，南北分裂，北朝尚衍经学之绪，南朝则玄言盛行。我反对类此说法，一一摧破之。过去讲宋明理学，也都是断裂性的。道统之传，自孟子之后即直接至北宋濂溪伊川。理学之起，与汉唐经学亦无关联。我又反对，反复陈明从孔颖达到宋明理学，中间实有一连结之线索。孔疏气化宇宙论的义理结构，在宋明理学，如张载、伊川、朱熹、船山处，都不能说毫无关联。

如是云云，在当日俱为异端妖言，故我恣肆笔锋，夹叙夹辩，眉目有些不清爽。后来我未将此书正式出版，即是这个缘故。但此类洞见，一点也不错。

例如友人唐翼明在一九九二年出版的《魏晋清谈论》中，最主要的发现就是：历来认为汉末清议，本议政治社会问题，后乃转而谈抽象玄理，成为清谈；唐先生则发现不是的。因为汉魏晋时所谓清谈，只指一种方式。谈的内容，则包括经义、时事、玄理等等。而此清谈讲论辩难的作风，可能是由汉代经学之论难都讲等发展来的。历来研究清谈者，都把谈的方式和内容混为一谈，所以越讲越糊涂。

他的讲法很对，我当年也就是这么说的。时尝云："论清谈及汉魏学术者，不自谈论本身之考核始，而专意于玄言与否，汩其先后，畸零无归矣。"却谁知要十几年后才有同志。但我的写作方式太精约了，他用一本书才讲清楚的问题，我只用了几百字在讲答案，读者当然要摸不着头绪了。

又如我认为孔颖达这本书有气化宇宙论的义理性格。气化宇宙论这个词，我已记不得是否系我之杜撰；但如此论孔疏，其实是为了反对牟宗三先生的讲法。牟先生谓我国人性论有两路，一顺气言性，是材质主义的，属于古典唯物论；一逆气显理，孔子言仁即是如此。后者才被视为正宗。我不认为如此，不但主张汉宋言气性者，多是即气即理，故非所谓材质主义所能概括；且顺气言性才是中国经学哲学一般的讲法，牟氏所谓逆气显理，在中国传统中其实反而是极特殊、居少数的讲法。

我以孔疏为例，上连汉学、下贯宋学，来宣扬我这种看法，新儒家他们都很不以为然，说其中许多地方值得一辩。但至今哲学界除了讲道德主体性、心即理之外，也开始重视气的地位与价值了，也开始召开气的研讨会了。对此风气之变，我未必有什么功劳，但很高兴当年早曾注意及此。

呀，关于硕士论文，不能谈太多，否则又会再写一册了。在写论文时，黄锦鋐老师适在日本访问，我写完即付印，没敢拿给他看。怕他要我修改，延迟了我想两年毕业的打算（当时所中规定必须读三年）。故骗他曾寄去日本，说可能邮路遗失了。黄老师知我妄诞，一笑置之，仍让我提交口考。

由于论文写好后没请老师替我斧削裁正，我送去文史哲出版社请彭正雄老板刊印时，他便发现我的格式体例并不符合现代学术论文的规范，才指导我修改调整。当时我很觉得不好意思，也很感激他。且知市井多高手，各出版社老板其实都不简单，我们学院中人不能自以为是，时时虚心向各行各业人士讨教，是很重要的。

在安排口试时，校外委员请了胡自逢先生。考前据说所里习惯于要考生在考毕请考试委员去用餐，以表谢悃。学生们对此或以为理所应然，或以为不堪负荷，很有争议。我也很紧张，不是紧张要口试，而是不知吃饭要花多少钱。只好带上所有的钱，又向同学借了一笔，带着准备应付。

但考试出奇顺利。老师们觉得论文写得太好了，文字赡丽，析理明锐，易义精熟，可以给最高分。考毕，黄老师说要请客，谢谢胡老师；胡老师说要请客，恭喜黄老师收了好学生。李爽秋师说不用争了，我来请，鹏程你一道来。于是一同驱车去罗斯福路吃了一顿。我第一次吃到什么肠旺、牛尾汤。土包子开眼界，印象深刻，难以忘怀。当然最高兴的，是不用我花钱。

我沉溺在此等漫画式的满足中，并没有充分意识到此时我已走上了一个新的岭脊，正要步向一段新的旅程。但事实上，《春夏秋冬》是我第一本出版的著作，架构了我的文学理论；《孔颖达周易正义研究》是我在学院里获得学位的第一本论文，开启了我的思想文化路向。二者虽分别以完全不同的语言（一白话、通俗、感性，一文言、典雅、理性）体例，诉诸不同的听众，讨论的也分别是诗和经学义理，但都在进行理论化的工作，试图将知识体系化。达致其体系化理论化的工具，则是我本身对方法论的思考。

我会考虑到中国传统诗歌的诠释解析，应以何种方法为之；西方现代文学理论，作为方法，而非作为一种理论，用来解释中国文学时，其优劣得失究竟各如何；我看诗，其理解如此，我之观析角度与方法则又何在。经此思维，才试图从所谓“生命情境”的角度来谈，说明生命落在具体之春夏秋冬诸境中，有何情境关系生发其间。把传统的抒情理论和情景理论，做一新的综合与推衍。

此种思考形态，和我思考孔颖达《周易正义》之问题时并无不同。在讨论孔疏时，我会涉及诠释史的问题，所论亦为孔颖达对《周易》的诠释。而在写《春夏秋冬》时，我只在提出自己的诠释。可是我对诗之诠释依然建立在消化与批评他人之诠释上。故对于经典文本进行诠释脉络的疏理与还原，已成为我方法论思考中之重要部分。

前文曾云此时主知用智，已逐渐偏于解析，有知识化方法化之倾向。又云此时诗之生命亦渐融会于思之一端。即指此而言。这就学术研究来说，诚然越趋于精密，越能契合于现代性学术研究的需要，但是越来越客观化了。就像我从前读《庄子》、读李义山诗，虽亦博知各家注解，但通过这些注解，犹如过了桥，我是要走向庄周李义山的世界，去领略那逍遥于广漠之野的滋味，或体会一下春蚕丝尽蜡炬灰干的痛楚。所谓“多识前言往行，以畜其德，以润其身也”。一切知识与情感之增多积厚，是作用在生命上的。现在，我看庄周李商隐，则知某甲如何说、某乙何所见，其所以见与所以蔽者各如何。

从前王僧虔曾教训他的儿子说：“见诸玄，志为之逸、肠为之抽。专一书，转通数十家注。自少至老，手不释卷，尚未敢轻言。汝开《老子》卷头五尺许，未知辅嗣何所道、平叔何所说，马融郑玄何所异，指例何所明。而便盛于麈尾，自呼谈士，此最险事。”我之所为，即符合王僧虔的要求，亦即符合作为一名谈学问的人的资格。可是这仅是能谈学问罢了，并不是自己有学问。知道王何马郑怎么说，而不知其所说与我之生命究竟各有何等关系；知道这些等事，亦与畜德润身无大关系。

此所谓知骛于外，而用志愈分也。庄子曰：“用志不分，乃凝于神。”凝神故能技进于道。我则混沌破凿，开始下坠凡尘，准备历劫应世了。

卷三

事

困　境

考得硕士后，我立刻准备着考博士班，并没依父母的要求去找份工作。事实上我也不知该去何处找职业，我只懂得读书，所以尽可能再继续读书。

我拟了一份研究计划，以晚清诗人为研究对象。这当然是取巧，因为这样的研究我老早做过了，相关材料及内涵重点，我颇为熟悉，故洋洋洒洒，写了万把字。当时考博士尚不时兴这种办法，论文计划之写作亦未形成风气，大部分考生根本不会做计划。所以我这份计划后来在所里很流传了一阵，拟考博士班的学弟妹以此为参考蓝本，越写越详密周备，风气乃为之一变。

转变，实亦时代为之。在我之前，本不甚需要研究计划。考试或沦于形式，大权或秉诸一二人之手，既不用笔试，也不必审查计划或大纲；老师没叫你来考，赴试多半也不会上，故应试者并不太多。到了我们这几届，情况有了些变化，考生人数增加，客观性的呼声逐渐被提出。考生自己准备论文计划以争取获选，其实就代表了对传统挑战的意义。后来才渐有笔试等等客观化的制度设计，但那是在我博士班毕业“大闹天宫”以后的事了。

考试时，也并未针对计划问些什么。考试委员是林尹、高明、华仲麐、臺静农、李爽秋等老师。考试一共问了三题。臺公问我硕士论文的封面是否是自己题的，我答：“是。”他颔首表示嘉许。华师即云：龚鹏程颇有才华，书也读得不坏，但“虽有周公之才之美，使骄且吝，其余不足观也已”。林景伊师随后倒过来说：此子虽狂，然诗文不错，尚堪造就。我听得大呼了一口气，知道我被录取了。

既然考上了，自然就准备结婚啦。我妻高宝琳，乃我大学隔壁班同学，亦为影响我最大之友人，但相爱相折磨，所以准备结婚。可是要结婚，结婚后要维持家用，仍不能不面对工作的问题。张之淦师要我去看成惕轩老师，问问他找工作的事。

成老师系湖北人，担任考试委员数十年，名哲学家成中英即其哲嗣。玉尺抡才，久著盛誉，其《楚望楼骈文》时称第一，诗亦格老功深，与眉叔师交谊邃密。故我虽未亲承教诲，也执弟子礼，常去他木栅考试院宿舍拜谒。

成师知我考上博士班，十分高兴，要我好好读书，期许甚挚。临告别时，他要我等一下，入内取了信封，封了几千块钱给我。说他老耄了，无法替我介绍工作，特以此祝贺，让我去买书。我几乎呆住了，至感厚意，讷讷而退。

成老师是循笃君子。有一年，诸弟子拟为作寿，群议集稿编论文集以祝嘏，由文史哲出版社印行。我也写了一篇《读荀子札记》表达我真诚的敬意。不料惕老见到论文集后，觉得不敢当，竟要求全数收回，不必发行。其谦挹之风可见一斑。他早年在“总统府”负责文役，后与张默君等任考试委员，求才若渴，嘉话甚多，而自奉实极俭朴，操守又极严正，从他那里得到济助与鼓励，在我，认为是很高的荣誉。

后来王甦老师知我已获硕士，便找我回校教书。他当时接手系主任不久，对我原本不甚熟悉，但很放心地把“读书指导”“论孟”两门必修课给我上，对我之奖掖，可见一斑。他大概也曾询问过学生，觉得我教得还好，所以一直未调动我的课，后更逐渐增加了“历代文选”等课程。对我显然意在栽培。

其实我根本没有教书的经验，年纪又轻，班上学生和我一般大，上起课来，仿佛风干了的南京板鸭，挂在讲台上，手脚不知该怎么放。准备了一大堆，不过十几分钟就全讲光了，又急得不知如何是好。而且，我要讲的课都极枯涩，《论语》《孟子》与国学导读，不知该如何发挥。现代的许多学生，啥也不懂，却个个瞧不起传统，打从心底厌斥传统；说起国学常识、经文典籍，学生则又十九茫然，害我连举例都无法举。因此，与其说我在教什么，不如说我在讲台上发窘、生闷气，或借着独白来打发时间。

我很懊恼，找上了这种职业，实在无聊。在家里把自己早已知道而根本无记忆与抄录之必要的一些材料，耗时间抄写在讲稿及笔记本上，再花几小时搭车去淡水，抄到黑板上；同时讲一些仿佛很有学问而实极稀松极平常之常识。还要故作诚恳状，故作神圣状，故作有学问状。喊个几节下来，言语乏味，面目可憎，嗓子倒是全哑了。只好每堂课泡一盅彭大海，一边润喉一边嘶喊。感觉与我小时候在夜市里看那吹牛卖膏药的走江湖艺人也没啥子不同。人家是“黑猫三姊妹，流浪走天涯”，我则是龙困杏坛，度日如年。

我的经济状况，并不容许我辞职不干。我已成家，三妹那年刚好又烫伤了腿，医疗要钱，后来读大学也要钱。我是长子，似乎也该负点养家的责任，所以只好继续嘶喊下去。

那时我住桃园龟山，有时去淡水上第一堂课，出门赶车时，但见满天星斗，或残月半妆，感觉倍添凄凉。披星戴月，赶至淡水山上，升座准备开讲，才发现学生有的高卧未醒，根本爬不起来上课；有的睡眼惺忪，不断抱怨课程安排得太早；有的须待第二堂已过中场，才盥洗初毕，姗姗入座。课中则或继续去周公爷爷家玩，或嚼面包喝牛奶，如逛游乐园中。每见此等景致，都令我有不如归去之感，直觉得那一帮公子少爷大小姐们的父母亲都有活该糟蹋的冤枉钱，所以才养出这批小王八蛋来教我们伺候。

终究苟延残喘下去，是因为即使我如此努力，每月亦只有三千元收入，而我的房租就需三千元。为免流落街头，吞刀吐火卖艺，只好继续委屈卖嗓子。

当时我家门口有一菜贩，我每日去买两块钱豆腐。回来蒸豆腐、煮豆腐、炒豆腐、卤豆腐、汤豆腐、煎豆腐。老板有天实在忍不住了，问我："你先生豆腐吃不腻啊？"哦，当然，不敢腻。我不吃豆腐，难道吃得起鸡鸭牛羊吗？

申庆璧老师素来晓得我的情况，所以有天忽然找我去，说："鹏程弟，我在张校长秘书室需要个助手，你来帮忙好不？"我当然立刻就答应了。

申老师在秘书处办公，我大学时曾去拜访过。台北金华街城区部一小间房子，秘书们挤在一块。中有一大木桌，据说还是由居正老先生家中搬来的。淡江是居正、于右老等人创办，校中这类古物甚多，例如教室、休息室、图书室墙上随便挂的，就不乏戴传贤、邹鲁等党国元老之墨宝。这样的历史与文物，自然衬得有些黝然古穆，气氛显得较为凝肃。可是我去上班时，办公室已迁移到楼上了，窗明几净，新式办公家具。办公室之气氛为之丕变，年轻人也添用了不少。

但除了工友及一两位职员外，我还是最年幼的。且职位本系申老师替我额外争取来，故亦无编制。我名义上担任他的助理，其实类似工读生，拨用工读生之经费给我。凡我之福利，皆老师亲笔为我与条陈、亲自为我奔走。所以我资历最浅，职级最低，竟也分得一张秘书办公桌，正式上班"办公"了。

我的办公桌后闲空着一张桌子，那是前任机要秘书杨芝的座位，他因操劳成疾而逝，故这张桌子许久都无人坐。主任秘书时为曹文超先生，与申老师同为"国大"代表。豁爽健谈，常执一折扇在办公室开讲。机要秘书为周新民先生，与我同为江西人，很照顾我。另有秘书数人。

申老师负责张建邦先生的文稿，白惇仁老师则负担应酬文书。白师之文牍极为典雅，书法极为浑穆，乃白香山后裔，故属文往往自署“香山后人”。但书学颜鲁公，大字略觉拘谨，八行书行楷草稿则秀丽端庄，不可方物。他与申师时就文字商略得失，斟酌用字轻重，辞气之间，揣摩进退、拿捏尺度，我随侍听之，真觉受用无穷。他们偶尔也要我参与意见，但大部分时间是没什么具体工作分派的。好像只是叫我坐在那儿，听他们讨论、观摩他们写文章而已。我可以随兴读书、养气。有时他们命我执笔试作一两篇，大抵也不能用，要害申老师再替我修润一遍，或干脆重作。即使如此，他也从未责备我，或令我难堪。他们总是让我觉得很受欣赏、很受栽培。仿佛如古人之养士，养着待我成长，徐待大用。

因此，我在秘书处虽每天必须上班，得像植物一样，栽种在我的座位上，可是感觉很自由。在办公室看书写稿，累了就溜到楼上图书馆去找书读，或听曹公等人摆龙门阵。后来混得熟了，渐渐跑去别的办公室聊天。又渐渐去校外的咖啡馆泡时光。

有一阵子，王樾来编《淡江周刊》，后又接我之工作，我们和编《明日世界》的陈瑞贵，文章都拿到咖啡店去写。办公室有事，才挂电话到咖啡馆来找人。其中有一家店名“海鸥”，老板换了若干人，而我们去喝咖啡如故，号称海鸥之恋。又有一家“忘尘轩”茶馆，吾等与之厮混亦极熟稔，日日坐其间烧茶、做陶、写字、聊天，与老板成了好友，我也在其处办过几次个人书法展览。

这是上什么班呢？

这还不打紧，后来我主编《国文天地》月刊时，秘书处的工作并未辞去，同时两边跑，老师们也不以为怪。

从行政管理的角度说，或许会有人要觉得如此管理实在太松散了，简直不成体统。可是我们也没有误过事。张建邦先生当时用人的原则，是相信某人，就指派任务由他去做，只要能达成目标，怎么做并不过问。所以做事的人空间弹性很大。只要对自己的工作结果负责，也没什么人要来管你。我喜欢这种可以恣情、可以挥洒的气氛，也认同这种行政运作方式，它对我后来办行政工作时的行事风格，影响至巨。到现在，我仍然讨厌别人管我，我也不喜欢管别人。

除了享受生活、学会办行政以及增进为文知识之外，秘书处的工作对我还有更难言诠的巨大助益。

我在大学时代，是传统形态的文人，是个国学家，古貌古心。入研究所后，渐渐接上西方现代思潮，但仍只局限在文学及思想领域。对于社会固无接触也无了解，政法社会之学亦颇陌生。精神翱翔于真、善、美的境界里，热衷形上的探索与心灵内容的研究。思想之资源，则主要来自中国传统诗文。经史诸子之学，虽亦不乏政治社会的思考，可是传统中文系在这方面的训练不够，我也未曾就此用心。直到进秘书处以后，情形才有了改变。

张建邦先生时任淡江校长，但他同时在北市议会做议员十数年，接着做副议长、议长。社会关系复杂，兼了兰阳同乡会、警察之友会、兰花协会等民间团体的职务达五十几个。这里找他开会、那里邀他致词，一下须发表什么谈话，一下又要替这本那本书题词作序。市议会之例行文稿虽另有人处理，但涉及市政理念及都市发展的理论问题，仍须由学校这边来执笔。他又是大学校长，校内举办各式会议，少不了要表示一下态度、参与一点意见；办学之理念，亦应广为宣扬。因此有关大学教育行政之规划、高等教育的问题、世界高教趋势之类文章，也是不可少的。

张先生是有理想的人，原本学农，后来回台接办淡江，一心想使淡江和国际高教之发展接轨，所以译介了不少教育理论的书，又在学校成立了教育研究中心。这是师范院校之外仅有的，每年做了许多教育研究，配合张先生自己的理念，向外推广。后来张先生五十多岁了，还去美国伊利诺大学攻读博士学位，研究教育行政。故他对教育，可说是位有心人。

此外，张先生对“未来学”也情有独钟。创办《明日世界》，设立未来学讲座，讨论未来社会发展之趋势，成为淡江的特色，许多东西都是由此延伸来的。

例如淡江的资讯学科办得最好，技术先进，每年台湾所办大学联招的电脑作业，多由淡江电算中心负责；办公室自动化、图书馆自动化也发展得最早。这都是因为未来学中有“第三波”之说，谓人类社会在农业社会、工业社会之后，即将迈入资讯社会，如何因应并发展之，便为一大课题，故张先生于此三复斯旨。

依我大学及硕士班阶段的训练，我哪里弄得清楚什么资讯社会第三波？我只懂历史，活在过去。市政建设、教育问题、社会各行业之发展与困境，一概茫然。平时大家都说我会写文章，可是碰上这类东西，我实在是搔耳挠腮，痛苦万状，不知如何是好。至此始知作文章非辞藻之工夫，工夫全在对所欲谈事情的了解上。

我初入秘书处时所写文稿多不合用，就是这个缘故。幸得申老师之优容与指导，才渐渐摸着门路，也晓得怎么样去找书来看。图书馆在楼上，《明日世界》月刊社在楼下，都很方便去找书找人咨询。以致平时主要的工作，就是读书或与人闲扯。碰上张先生要一篇稿子，则穷搜博采，找资料来看，苦钻死啃，在最短的时间内勉强消化、综合，然后想法子诌出一点新意来。文章是千奇百怪的，一下谈兰花、一下谈银行、一下谈保险、一下又要谈化学，限期交卷，字数还有规定，该多少字就得多少字。这有多难呀！故在秘书处，看起来很惬意，每天坐着看书喝茶，或溜出去泡茶馆喝咖啡，其实压力很大，常感沮丧窘迫。索稿犹如逼债，在我典当净尽也挤不出一点脑汁来涂鸦时，内心的苦闷，诚不足为外人道。

张先生是积极的人，并不只是被动地应付外界索稿，他会主动想译书、想介绍新思潮新观念、想将其政治及教育理念推广出去。其思路，在申老师的长期经营下，也显露出一种结合中国传统文化、三民主义学说及西方未来学等新学科的三位一体特色。我必须揣摩此一思路，掌握其特色，并追蹑张先生积极创新的精神，自亦为一大负担。

我最怕每次假期结束，张先生从美国回来。他一回来，必有一大堆新点子、新书、新观念交代我们处理。届此，便需恶补一番，才能了然其所说。

我即是在这种情况下，囫囵吞枣地 K 了不少法政经济社会学科的东西，对西方非人文传统所发展出来的一些思潮，也略有接触。具体撰写这些与市民、医生、农夫、警察等群体对话的文章，对时局社政，自有一种间接而又直接的体认。

这些理解和训练，实在太珍贵了。我能从一位传统式的文人，逐渐转型，具有对现代社会的认识，多亏得这一段可贵的经验。不至于像我一些文人朋友，虽甚不满于时局社会，但谈起时务，议论往往迂拙可笑。

其次，我在秘书处工作七八年，工作使我渐渐懂得如何与人相处。我本孤僻，又乏涉世之历练。倘或于毕业之后骤然进入社会工作，必因桀亢莽撞而偾事，或必因疏于处理人际关系而自陷孤孑。幸而是进了母校的秘书处，在自己的师长们翼护下做事。鲁莽灭裂的行事方式，因为是面对自己的老师，往往会自我调节克制；纵使真有不妥，老师也会替我担待；即或教诲开导一番，语亦温润，令我不能不敛服。这对我性气之调理，实是大有裨益。

秘书处又是个最复杂的地方，是董事会及校务运作最核心之处。各种利益之冲突、协调、交换，都在此进行。时而在此中大吵大闹，攘臂相向；时而在此酬酢谑嬉。理想与现实，在此交错。人与人，在此申展他们的温情与刀斧。我在此，冷眼观之，平情默识，去一一体察每一件争执的来龙去脉与是非高下，去一一辨识行事风格及办事方法之利钝得失。人情之冷暖、行政之机窍，领悟于不经意之中。

且先后几任主秘，如曹公、许智伟先生等，待我都很好。申公温厚、白老师疏憨、周新民兄则甚直鲠，他们经常讨论行政事务该怎么办才较圆满，我有不懂之处，则一一为我开释。因此，既有得诸默会者，亦有来自教益者。渐使我熟于人际运作，并晓得怎么办理行政事务。

后来我离开了秘书处、主持中文系务、开办研究所、任职文学院长，做书店总编辑、报社总主笔，办国际佛学研究中心，办道教学院，又入政府机关，现在再回教育界办学，十几年来，一直在做着文化教育行政的工作。行政风格虽然颇引起争论，但每一个岗位都还能办得像个样子，都是这段时期磨炼学习来的。

而且，因为太熟了，怎么在行政体制及行政运作中，不斫损自己的个性与理想，我也早有认识。这也使我从事文化教育行政工作虽久，却能无风尘俗吏之态，更不至于像那些一向疏隔此道而又遽操权柄者，对行政权力反而有攫持不忍释手之感。我知道行政工作就是这么回事，既不神圣，也不卑琐；既能束缚性气与理想，也可实践它。如何因机行权，以尽其理，需要智慧，亦需经验。（唯我在此间，不免卖弄，或故示拙稚，或趁隙用巧行险，在行政工作的呆板中，觅些乐趣，以致贻人口实。有些人认为我少年老成，有的人则怀疑我缺乏行政手腕。这是性格使然，倒不是来自秘书处诸位师长的教育。）

事实上，秘书处的工作，除了知识的扩展与行政能力的培养外，影响更深的是我人格的成长。

我孤傲横桀，一向自以为是。大学时读古书，又抗志希古，卑视尘寰。性气乖张，尤常以异端自喜。可是在秘书处工作，却使我不能不敛才就范。因为从知识上说，我深深体会到所知实甚有限，且文笔蹇涩，不堪荷负。从办事处人方面看，我也日益了解其中之曲折艰难，不敢小觑。办公室里，每个人都各有一套，非我所能及，亦都值得我观摩学习。而申老师等人之办事精神，更把我经常荒嬉颓坠的性格往上提举起来。

老实说，我只对做学问有兴趣，做其他事都不经意，吊儿郎当，大而化之，漫然轻率对之。可是秘书处里其他人可不这样。张先生对文稿很有要求，有时他交付之文件要斟酌再四，想随便诌诌也难。周新民兄忠诚敬业，每日几乎都在办公室忙到夜晚。申老师，诚笃执著，每天也不断进修，有诗文，都取以示我，要我提供意见。白老师亦然，他除了草拟文书之外，当时正在做诗经音乐的研究，已成书，仍不断补苴修缮。其他著作亦积稿盈箧。我坐在白老师旁边，申老师坐我后面。每天我面对他们，都必须提摄起精神，肃励起气志，不敢荒忽。

在我进入秘书处后不久，即有一件特殊的文稿要处理。原来张先生要修族谱。初稿系唐羽先生手笔，复转回交我们续改。我们接手后，因原先均无修谱经验，所以可说是边修边学，找了一大堆相关资料，商量体例，斟酌笔法，考订去取之际，殊费周章。待《宜兰张氏族谱》修罢，我们都成了小小的专家。陈捷先先生主持联合报国学文献馆时开始举办亚洲族谱学会议，便常邀申、白两师和我发表论文。我写博士论文《江西诗社宗派研究》以及后来写的《唐宋族谱之变迁》《宋代族谱与理学》《族谱与政治》等文，也可说是拜此工作经验之赐。

但申白两位老师的敬事精神就在这儿可以看出来了。申老师觉得有关族谱这门工作既然做了，那就不如把它做彻底，而且应关联着方志来做。所以他发函给各地方政府、议会、乡民代表会、基金会、文献会，征集地方文献与耆旧资料。征集的情形很好，资料几乎把我们在图书馆里的一处研究间塞破，所以决定另外成立一个专门的方志谱系研究室。白老师还不满意，自费去了一趟美国，在普林斯顿大学搜集了些资料，又一趟则去联系拜访了犹他州的族谱协会。回来以后，我们接下了《淡水镇志》《花莲县志》的编撰工作。我跟他们一道，但基本上是申老师白老师在做。

这些工作，都是在秘书处常态业务之外的。当时他们只是觉得该做，便花大气力投入去做了。根本不像后来我在政府机关所看到的，行政人员往往推拖，不归他职掌的事，宁愿在公文上打笔仗、踢皮球，也生怕多办了一件。其实两位老师本有的工作就极烦极忙，增加这些事，对老人家之精力实为严苛之考验。我见此景，自亦不能毫无所感。虽说尚无力尽祛荒忽颓唐之习气，但起码对着两位老先生时，不能不稍自戢饬，打点起精神来。

后来编《花莲县志》，进展并不顺利。申老师领我们去了花莲几趟，白老师也率我去过。当时白师负责写《语言志》的部分，为了增加了解，还特地自费在当地请了一位教师，教他阿美族语，他乘飞机去上课。时白师已病，不久即检查出是患了癌症，住台大医院治疗。我去看他，犹谆谆以县志为念。又不久则辞世矣。遗言把藏书送给我。我悲其事，且觉得在丧期间也不便去捆载图书，重增家属之哀伤，故终未要。白师卒后，申老师主持修志工作，其力益孤，我又在校外事情越来越忙，根本无暇辅佐，反而拖下了不少进度。看着申老师发益苍白、精力益减，实有说不出之悯痛，也有难以言宣的敬意。

我好嬉弄，凡事不在乎。若不是有这些师长向我示范做人做事的榜样，则我学问越好、知识越多以后，顺性而流，真不知会闹到什么地步、搞出什么乱子。在秘书处这些年，收摄我的性志，让我对办事有点起码的章法与责任感，不致太不守绳墨；也让我学会了对人的尊重，渐渐懂得如何与人相处，获益实在匪浅。

影响我的，还有另一个特殊的方面。

我硕士班刚毕业就出来做事、办行政。当时仍在读博士课程，又要教书，除了淡江，并在成大、高师各地兼课，还要写各种学术论文、做研究。初极不习惯，觉得时间被割裂了，办公室的事又和所学无甚关系，不知如何调理。有时要赶一篇论文，资料无法搬到办公室来，坐在办公室里，电话声、交涉协调声、谈天嘻哗声、论事析理声，吵成一团，也不知如何下笔。回到家中，时间既极有限，办公室的情绪亦不免影响研究工作。左右交冲，困顿不堪。始知许多学者学优而仕，既仕之后，便学问日退，不旋踵而成一废人，实在也是情有可原的。

这种办事和为学之间的矛盾，我花了许多气力，才终于将之调和。其秘诀无他，在于办事时敬慎其事，并把这种事当一门学问来对待。我称此为：“因境为学、即事穷理。”

所谓办事时敬慎其事，是说我们在接到一个行政工作职务时，要知道这是在办事，不是去当什么职务的官。其次，既是办事，则行政工作便不是技术操作与手腕卖弄的问题，对所欲办之事应有一通盘之了解，方能衡估利弊，不为人情及立场所困。换言之，做此事时，应即此事而穷其理，据其理方能断其事。

我本不曾研究过教育问题，但既在学校工作，且担责讨论教育之发展，那我便不能搪塞了事。与其怨天尤人，觉得浪费了时间，何不借工作之便，因顺情境，进行学习？我本没办过刊物。既当了总编辑，只好边做边学。本没参与报业，既然做了总主笔，只能赶紧去研究。每一个工作，对我来说，都不只是工作而已，我均可因其情境、顺其处况，借着做这件事的机会，去体验、去磨炼，深入了解它。

但此与老于公务者纯秉经验法则不同，我会借此以究其理趣、观其理据，把它提举到一个学术的层次，以做学术研究的态度去对待它。而且，更进一步，我会把它和我原有的研究工作结合起来。如修张氏族谱，即与我的宋诗研究、宋代理学研究、唐宋文化变迁研究产生了复杂且出人意表的结合关系。

如此，既能满足我学术的兴趣，使工作和治学合而为一，又能让我对我所从事的工作，有一学术上的了解，清楚地知道我在干什么、又该怎么办。而且，这样做，我的职务更换越多，学问的积累就越富厚，不会因为干行政，而耗损了学术的工力。固然人之时间精力有限，行政事务占用了许多时间，使我之研究无法尽时尽力为之。但它瓜分的只是有形的时间，对我论事析理之识见与知识资源，却大有增益。事上磨炼与理上探求，合而为一，相即相融，更非寻常书斋中之学问所能及。

但无论如何因境为学、即事穷理，我做学问之主要重心，仍然在于探讨中国文化问题。讨论这些问题时，大半仍与现实之工作职掌无直接关联，仍不免是分裂的。既要做事，又要穷古冥索、要写论文做研究，两者仍不免于矛盾。我要活下去，即必须培养出新的做学问写文章方式。

我有不少书，但整天在办公室里，事实上并不能充分使用我的书房。公务羁绊，亦不可能如一般研究人员那样，经常钻进“中央图书馆”、“中研院”、政大社资中心去查资料、看文件。最初，我是利用淡江城区部的藏书，并在家中搜检相关资料，背到办公室来，配合着写论文。但淡江城区部是商学院，我要用的文史资料并不多，背书也实在辛苦。临时写至某处，无书可用，便只能废然枯坐，仰天长叹。调整了很久，才慢慢锻炼出在办公里找时间写学术论文的本事。

我的论文，向以引证丰赡见长，东引一书，西引一说，且不乏罕僻资料。可是我在写这些文章时，桌面上常是没有书或只有一两册书的。如此写论文，且是写需要引证、带点考据，而非纯理思辨的论文，我自信天下无双。

从前吴梅村赞叹黄道周注解《尚书·洪范》时:“在空几上成书，而杂引经史百氏之言，原原本本。……殆神人也!”(谈迁《北游录·纪文·黄石斋先生遗事》引)我当然不能到此境界，因我并非真以博闻强记为之，只是懂得取巧。是我在不得已的环境下，逐渐揣摩练习而来的。后渐纯熟，只要找到一点点空档，我不但在办公室可以写，在开会无聊时可以写，乘车坐飞机也可以写。要在批公文、草条陈之际，随时搁下来就能写论文，才使我的研究不再受到行政工作的时空切割，而得以延续下去。

此事说来不过几句话，当初熬过去可真是谈何容易!我没有一般学人的幸运，可以坐拥书城，从容落笔。我的研究，迄今成书四五十种，近千万言，都写于时间的夹隙、公务的繁琐、心情的促乱中，无论我如何弥缝，总显得潦草，我甚哀之。但我也有寻常人所无的幸运，偶因机缘，得到秘书处那样陶育成材的机会，使我因顺情境，即事穷理，而获有难得的磨炼与体验。故对此，我不仅不以为悔，且深觉庆幸。

执　教

常人之患，在于好为人师。我无此癖好，故无此患。我的痛苦，是相反的，在于不能不为人师。

做人老师是极困难的事，不说古代之所谓人师，境界尚在经师之上。就勉强要当一名经师，也不甚容易。我曾获益于许多师长、见识过许多经师人师之典范，故深知我的学问与修养，均不足以为人师表，不够资格教导后进，更不懂得如何教。因此，担任教师，内心不时充满了惊惧、犹疑、羞惭和罪恶之感。这种感觉，自己很难启齿，外人亦不易觉察。

且我虽倔强跋扈，但面对公众，实甚羞怯，无表演欲，也无表演之才能。性颇孤凉，喜孤芳自赏，而讨厌走入群众。久而久之，竟有点怕面对他人。直到现在，每次我要上讲台，或将轮到发言时，都还会不由自主地浑身发热，血液逆冲，心脏剧烈跳动，呼吸困难。要仔细调息一阵，才能控制，使听众不太听得出我的声音在颤抖。说话，已经如此艰难，对于说话的本领，我更是缺乏信心。每次都觉得没讲好，语无伦次，条理不清，该讲的没讲而浪费许多唇舌在不要紧的地方，声调语音也不理想。如此不擅长表达之人，要教书，事实上也是桩苦差事。

因此，我终于以教书为职业，实是不得已的。平生除能吃饭，只会读书。老师们垂怜，说：那你就去教教别人怎么读书吧。于是竟以讲授“读书指导”开启了我教书的生涯。

但我能教吗？老实说，我甚为怀疑。幸而我一向很佩服朋友们的表达能力，每次开会，他们上台发言，我都坐在台下仔细观摩，渐渐学得不少技巧。有次我向张梦机师赞叹李瑞腾的口才，梦机师安慰我说：“其实你也不差。”让我增加了不少信心。

可是真正登讲坛、说经论，仍不是容易的事，我在开始讲“读书指导”时，同时也讲《论语》，看着孔子师弟之间熙和悦乐之状，追蹑无从，实是感慨至深。

当时我先讲为何要读书、宜读何书、须如何读之。针对中文系学生说，读书自然与其他科系学生之目的宗旨不同。非只是知一些技术、晓一些所谓专业，以备将来职业市场之需；乃是求其能知类通达，强立不返，能为大人之学。故读书者，宜先立其大。日日诵数服古，亦宜问问：读圣贤书，所学何事。学生对此，惊其河汉，骇然莫可适从，觉其汗漫高远如隔云端，不食人间烟火。虽若可以开浚耳目，高大其心志，然提控乏力，四绝倚傍，不免望洋兴叹，废然而返。

其中亦有愿意循我南针，一问学海涯涘者。则我开列四部，示以百家，以张之洞《书目答问》为底本，纲举目张，恢恢若布天网，都是应该读的书。可怜这些学生，尚是十八九岁少年，刚从无聊的中学教育中升上来，受的是“小猫叫，小狗跳”“排排坐，吃果果”之类训练，骤然见此，简直惊怖莫名。不是骇恐入海灭顶，就是鸭子听雷，瞪着一双双失神的眼睛，悲苦地望着他们即将要读的这些有字天书，不知所措。

我甚悯之。又教以如何读书，利涉大川之法，取舟楫、架浮梁，不遗余力。但莘莘学子，俱为呦呦鹿鸣之鹿，只能在岸上叫着，对这些舟楫桥梁，既不了解也无信心，更不知为何治学之法会有这么多。既可刳木为舟、可扎竹为筏，亦可鼓气为囊、绳皮为艇；既可操楫、可摇橹，亦可以张帆、可以生火。目迷五色，歧路亡羊，遂致徒呼负负，越上读书指导，便越来越糊涂，越来越不晓得该怎么读书。

而我见其如此，当然越来越着急，越来越想告诉他们读书之道甚为广大深邃，所以越讲也越繁复。何况，我初教书，不能让人觉得我太年轻，可能没啥学问，而对此课程生了轻藐之心，也必须把它讲得深刻复杂些。且也唯有讲得深入庞杂，才能显得我学问确实博大，显得我确实是想要倾囊相授。是以讲来讲去，这门课越来越烟波浩淼，迷离万状。学生上课，仿佛周穆王西征，驾八骏、逐落日，精神周流乎上下四方，渐渐不知所云，入于虚无缥缈之域。

其他的课也好不到哪去。《论孟》义理本极深奥，一旦深入理境，学生便觉得是在谈玄。放松下来，讲讲历代释解诠注，则学生一本也未读过。不幸圣人言语，又极平易，学生在高中时，都读过《文化基本教材》，所以均自以为已经懂得，不耐烦细心体会咀嚼。又受五四运动以来一种浮薄风气之影响，打心眼底视孔孟之道为迂为拙为传统老古董。告诉他们此中有真意，他们都向我投以怀疑之眼光，仿佛我准备骗他钱，弄得我只好欲辨已忘言。

后来，系里又安排我教《昭明文选》。此亦大书，古来已形成一种“选学”。以从前于大成老师的学问，尚且自号理选楼，拟于五十以后，如孔子读易一般，致力于此书，以“精熟《文选》理”。可见其中大可深究，非同小可。但学生对此，亦只以为是一般的文章选读，漫然轻率处之。为之讲释义例、开明章句，均不以为意。骈四俪六，胎息气韵之奥妙，更是讲也不能讲，如水泼石，完全进不去脑袋里。

如此教书，心情自然至为困顿，毫无成就感可言。虽然学生们很捧场，有些课竟亦有趴在窗外或立在门口听讲的，但每次面对空气，把声音从喉咙里喊出来，都觉得生命正在浪费，气力正在吐掉。一口口喝着彭大海、含着喉片，也压不住嗓子撕裂的痛苦，故边说边咳。咳咳，咳嗽声成了我独白的伴奏，成了我的自怜自叹。

我知道我不会教书，但教学效果并不全是教师的责任，学生们未必没有可检讨之处。例如许多人总是借口推脱，不肯用功。或云古人所读较为单一，现在则要学的东西太多；而且从前自小培养，如今入了大学才能真正读书，时间已迟；况又时代越晚经籍越多，今人所读什倍于古，其不如古人，不仅必然，更是情有可原了。殊不知古人读书何等困难，焉能有今日得书之方便、受教育之普及？我亦老大始知用功，何尝太迟？读书者不晓得不管迟不迟，读一日即有一日之益；不管书多不多，读一册即有一册之功。老去跟古人挈短较长，自己不用功、不去好好读，却找一大堆理由来搪塞、来自我安慰，到底有什么用？

又有些人说：“呀，中国书那么多，怎么读得完？”感到惶恐沮丧、没希望。这更是怪。譬如有一人，走进糖果店中，看见糖果那么多，会说：“呀，糖果那么多，吃也吃不完，所以我们不要吃了”吗？又会说：“呀，糖那么多，从何处吃起呀？我好困惑啊”吗？吃糖时不会如此，为何一要他们读书，就老来问这些无聊问题，老在那里喊：“书该从哪儿读起？”

还有些学生，书不肯念，好高骛远，一心以为鸿鹄之将至，或以为读书之道，真有秘窍口诀。这里谈谈、那里看看，东听听、西问问。某师云读书该如何、某人云又该如何、某云何书须读、某又云某书甚为切要，知道得很多，也经常来问你对此类说法又有何说法，可就是自己一本也未真正读过。如饮冰水，自己不肯去喝，听人谈冰倒听得不少，而又自以为可以语冰。某书境界高、某说层次好、某说甚精巧、某某读书有所见，聒语之不休，然实与目不识丁人无异。

又有一种可怜人，受中小学教育之毒，成了根本不能读书之人，脑子早废了。虽有我灌之以琼浆、药之以灵丹，终不能起废疾而痊膏肓。怎么说呢？试以中小学国文课为例，其课本提供之知识，颇多错误，暂不说了；整个课本的编辑就毫无理则，东一课《原道》、西一课《归去来辞》，前面可能是《刘姥姥游大观园》，下一课忽然又是《祭十二郎文》。既无知识上的连贯性，又无语文使用上的整体性，更不能令受教育者获得中国文学历史的连续性认知，支离破碎，不见大体。实际教起这些课文来，又受考试引导教学之影响，支离益甚，背字辞、背语译、背解释、饾饤格磔，毫无统体。学生日受此等教诲，自是全身经脉错谬、骨节寸裂，焉能再练上乘武功？

借口推脱者可厌，而好骛高远者可恶。我很厌恶此等学习态度，所以凡见学生如此，便难得给什么好脸色，往往挫折摧辱之，欲令其幡然改悟。对于那些可怜人，则我觉得他们毫无希望，故虽伤悯之，而实有不屑之意。这些学生有的苦欲上进，仍来问道，我亦勉力接引。然言辞之间，终不免有下愚不移之慨叹，使他们觉得我好像就是在说他们是下愚。

其实并不是我故意羞辱他们，我也不想傲妄，可是这种态度，许多学生确实受不了。巽柔者，自觉真正浅薄无知，猪狗不如；狂桀者，则激而相亢，以认为我也没啥了不起，来保卫他们的自尊。因此，我和学生的关系，暗中一直有些紧张。而也因此紧张关系，构成了我特殊的风格。

我的很多话语，例如我会说："要用功啊！人生能读书，且读书而能有成之时，皆在二十岁左右。待三十岁尚无所树立，便再也没有希望了。如康有为章太炎，学问皆成于三十岁以前，三十岁以后，大抵活着等死而已。"学生们听此，立刻会感到我这话有超乎字面的含义：含有一点感伤，慨叹少年时光即将飞逝，我自己的学问亦行将大成；又含有一点自负，因为我似乎有与康圣人章疯子一较短长之雄心，且暗示能超过他们；但又有点轻藐，好像我是在说学生们已二十多岁了，还稀里糊涂，什么也不懂，看起来将来也只能活着等死；然而，其中仿佛也有期许与鼓励，希望大家莫辜负了年光。以至于听闻者既受鼓舞又不服气。

我之“博学”，对学生亦为一大压力。本来教师们就比学生们知道得多，这是自然之理，但因我与学生们年龄差距太小，学问的距离因此便显得大。我又刻意彰显此点，以为可以激励后学，却不知更形成了鸿沟。我又无教学经验，往往为学生之无知所惊。在课堂上引书举例，学生们不知道，其实是很正常的，因为他不懂，所以需要我们教。但我有时真没料到一些我以为是基本常识的东西，学生们也瞪目茫然。我因此会流露出惊讶、无奈、难以置信的神情，让学生们心理上觉得也受了伤。

从学生们的角度看，这时我学问之好，当然无可置疑；所教之内容，则博驳深杂，难以理解。对学生，因年龄较为接近，故仿佛不难亲近，可以玩在一块；但知识上却冷厉孤峭，大干天和。有一年，我看考卷时失了耐性，一举死当三分之二，然后第二年停开该课，让学生连重修的机会都没有。又有一次，一位学生来问我问题，我看着她，她竟噎住了，讲不下去，继而放声号啕痛哭。这都可以看出此时我之峻厉。风格盖如刀也。名刀虽可欣赏宝玩，刀光森寒，也让人惧畏。

曾有同事劝我对学生勿太刻厉，不能以自己的标准来要求别人，更要“疼爱无知者”。我亦知此乃教育家伟大的襟怀，可是我做不到。我对无知有天生的憎嫌感。

教师本如医师，须能爱病患，故才能不避病菌，到病患群中去施药用术。倘他憎嫌病人，则虽其术如神，又复何用？然我能伤悯病者无知者，却不能忍受无知。我不是对人的嫌厌，而是对无知本身的厌恶。亦正是因为要使人脱离无知，所以我才愿意教书、愿意写文章讨论问题。但一旦面对无知者的无知，我又有说不出的厌烦。以致进退维谷，陷入绝境。

当年气盛，处此绝谷，欲以大力摧破之，拟以大海潮音，作狮子吼，振聋发聩，破彼无知，豁彼无明。故精爽飞飒，气魄亦甚动人，居然也很鼓扇了一些学生。可是整体说来，此乃幻景光波，非究竟实相。破弃无知之姿韵越美，弃绝无知者越甚。无知者终将自弃于无知。纵能体会、也能欣赏此破斥之气力，却不能自使其有知。我挥洒气力于虚空中，久之而亦自厌，懒得再说什么。

因为人若知其无知，即非无知。唯其不自知其无知，故你若好意教诲之，他反要恼怒起来，谓你才是无知者，那便不能不辩。而有知者笨到去和无知者辩论，则他与无知者相去亦不甚远矣。在我渐渐觉得我越来越像个无知笨蛋时，我就不再多费气力了。示以正理，蕲其自悟而已。倘终不悟，而起疑情、发怨怼、强辩饰、欲自安于无知，我也乐得轻松，汝安则为之，汝是则是之，吾不屑教诲之，是亦教诲也。

古笑话书上曾载一故事云：某甲与某乙谈，读太行山为太行（xíng）山。某乙纠正他。某甲坚持。某乙乃说：“那么我们找一人评判好了，错的人输十块钱。”于是便找了某丙来问。某丙说：“呀，当然是太行（xíng）山。”某甲很得意，向某乙索了十元，扬长而去。某乙十分不快，抱怨某丙弄错了。某丙乃跟他说：“你不过花了十块钱，却要他一生不识太行山哩！”后来我碰上喜谈太行山的朋友，也总是让他们一生不识太行山。

这样的教师，集古怪、促狭、激切、峭冷于一身。既欲度人金针，又仿佛崖岸自高，或故示歧途。既鼓舞向道之热情，又大泼冷水。既矜恤愚瞽，又颇斥鄙其愚妄。错综矛盾，不可捉摸，想必令我可怜的学生们大感困苦，不知该如何面对此年轻之老怪物。

然我亦因此而拥有特殊之风格与魅力，在学生间有一些传说。有一年《民生报》选拔全台名师时，居然上榜，说我颇受欢迎，照片刊在头版上。学校里排给我的课也越来越多。先开专家诗，教李商隐、李白、杜甫。接着讲诗选。傅试中老师又把词曲选的课交给我。白惇仁老师出国，我也替他教《战国策》。另如韩柳文、荀子、汉唐诸子学、中国文化史、文心雕龙、国学导读、文学概论等。一名兼任讲师，一周竟然有时会有十几个钟点，同时开设六七门专门课程，可说是异数了。

这当然是老师们的爱护与栽培，系主任王甦师及后来的韩耀隆师，都以为我真能教、真受欢迎，放心把系里的专门课程都交给我去瞎整。其实那时许多专任老资格的教师都还没课可排，尚徘徊于外系教大一国文哩。我也逞强，每年还要开新课；同一门课，例如词曲选，教两班，还故意一班教词、一班讲曲，以示博雅。讲书时，如讲《昭明文选》，也可以不用带课本上讲台，随口举证，令人莫测。实则讲前早有准备，已然宿构，但听者被愚，不免愈惊浩博。

时唐亦男先生接掌成大中文系，北上邀张梦机师南下授课，张老师推荐我去。我便又每两周去台南一趟。每周日晚上，我妻送我至桃园火车站乘车。到台南，摸黑抵礼贤楼，打门唤工友，来领我上楼。楼甚古，漆黑幽穆，老榕荫蔽，洋楼的落地长窗，罩上大灰布窗帘，夜风吹来，便森然有魅影幢幢、古屋惊魂之感。有时去，都无人在，房间里一床床白被单，如睡在殡仪馆中。待天明，来喝工友一家在礼贤楼前熬的豆浆，才去上课。上午三堂，下午三堂，上毕再乘车赶回桃园。

我很喜欢这样的经验。我的校园经验太狭隘了，只在淡江。

师大的校园太小，实无校园生活可说。校园，须是可以居、可以游，生命可在其中自由生长的地方。我虽只每次在成大住一晚，但住一夜，早晨起来，走过湖边露气湿润、水石清美的草地，穿着湿漉漉的布鞋去上课，生命仿佛就添了些重量。中午小睡过后，缓缓穿过西式洋楼的长廊，看着榕树伞荫底下绿草如茵，草地上有人着西洋骑士服在击剑。我的脚步，则与午后熏风一齐飘过廊庑，一点也不惊动正在廊下台阶拥抱接吻的年轻男女。这是多么美好的感觉！校园中的古炮、旧城门、石藓、苍苔、老榕树，以及老教师们，也都令我兴发了不少幽情。于兹怀古，诗当然就教得特别好。

唐先生希望我能留下来专任。对一名私立学校的兼任小讲师来说，荷蒙赏识，且能在公立大学专任，自是喜出望外。但古老的黉宇，在岁月中凝然矗立，是否真适于年轻人施展拳脚？唐先生戮力改革，一举聘了好几位青年，调整课程，重订架构，系里便隐隐然风雷欲动。我无力介入，自然只能远离，是以逊谢了唐先生的盛意，连兼任也一并辞掉了。第二年，果然起了些风波，唐先生亦解职矣。

等到我博士班毕业后，我才再度赴南部任教。时曾昭旭老师在高雄师范学院负责国文研究所，为了提倡研究风气，加强南部学生的对外沟通，找我去兼一门课。他又开办系所学术研讨会，自己提一篇论文，命我去“讲评”。这都是创举，颇动一时观听。曾老师与高雄文艺界很熟，我们每次去，都跑去茶馆子喝茶聊天。故与其说是去教书，不如说是去游玩。

这都可以看到当时我成长的气氛。淡江的老师们纵容我、爱护我也就罢了；唐先生根本不认识我，一见即遽委以重任，又要聘我为专任。曾老师自己担任所长，办研讨会，为了树立典范，竟要我一个后辈去严格评论其文章，其胸襟气量都不是现在一般人所能及的。

他们并不是从私人情谊上来做这些事，而是从“公”的角度来考虑。例如唐先生不只重用我，她还亲自跑去听颜昆阳的课呢！曾老师在系所师生面前，故意让我来痛批，也不是为了提高我的声望，而是为了使僻居南部的学人学子了解学术客观化的意义。当时我仍依习惯，称他为曾老师。他则说如此不够客观，在台上就应称“曾先生”。可见其用心所在。

这是很容易的事吗？我在十年后，主办过一次美学研讨会，请林朝成去讲评刘文潭先生之论文。因担心讲评二字有人不能接受，改为“特约讨论”。林朝成又一直尊称刘先生为刘老师，其实他并未被刘先生教过。但刘先生仍然大怒，说：“我以为主办单位会请一位名望较高的前辈来讲评，谁晓得找了一位这样的年轻朋友……”几乎要拂袖而去。足证迄今学界中辈分与身段，仍是无法轻易摆下的。至于门派阀阅，更是众所周知之事，谁能放心起用不相熟的人？

那时中文学界有此气氛，正是中文学界能在人文学术领域中扮演改革者角色的主要原因。在中文学界内部也是如此。淡江在韩耀隆老师主持时期，起用李正治、曹淑娟等非淡江出身者。台大师大在当时声势最大，却因不吸收其他学校的人才，本身所培养之优秀人才又未必能留校任教，以致几年后，气势便被淡江比下去了。故知学术之公，乃学术消长的关键；人才之栽育，则须有眼光识器，不能拘泥于伦理关系与人脉门户。

我在教书期间，养成了这类看法，当然也就使我刻意不让我之教学形成一个派别或门户。读书治学，我以“我用我法”自诩，也希望学生自用其法。这与教学的逻辑有时是相违背的。学生在我这里，学不到一种比较明确、稳定、可以掌握的方法。我从不主持研究计划，带着学生做；也不指导学生怎么研究。顶多是待他们自己磕头碰脑，鼻青脸肿地弄一个东西出来以后，才指摘批评一番，算是“指导”了。如此指导，其实就是要其痛改前非，放弃了重来的意思。学生们对我之批评，或许尚能接受，对我何以有此见解、为何如此说、如何得此结论，则大半茫然。我又经常改变，在觉得已形成一种模套时，即会故意改换，以使学生无从捉摸。或英雄欺人，故晦其迹，令学之者误入歧途，达到“效我者拙，学我者死”的效果。

是以我在教学上，可能有点横霸之气，有仿佛教主的口吻与架势；我的说话方式及教学内容，也多半是在指导别人该如何看书看问题。可是从客观条件上，我已瓦解了因此形成一个学派之可能。我的方法，似乎很明晰，但因强调“主体涉入”，故实为无法之法，非我之法，而只能是各人自己的法。我的观点，又很庞杂，一直不使之系统化，故亦无从掌握。我更跳着开课，使学生们不易明白我在某一领域完整的看法。教书则从来没有讲义、教学大纲、预定进度及指定练习作业，随兴随机而讲，流转无方。

这有点像我写文章，写前通常没有纲要，不知会写些啥。“放笔为直干”，写毕自成格局。所以事实上我亦非故弄狡狯，我实在不晓得会讲出些什么。登台后，语言流泻，自成若有若无条理之一套。所以讲课成了艺术性表演，而非知识的导引。如此教学，怎能把学生教会什么？

譬如教拳，学生来此既不见拳谱，又不让他学些套式；虽常示范，但仅为举例性质；凡筑基、搬运、调息、行气、移形、换位之法，俱缺讲授，便只能期望门下忽出龙象，天开而心悟了。我之不会教书，于此可见一斑。教了几十年，乏善可陈，所误实多，想起来是很惭愧的。

但这种教学方式，狃于性气、成于积习，又受到我做学问风格及成长经验的复杂影响，并非短时间内说改即能改。在无力自我修正调整之际，我只有尽量减少授课。自一九八五年左右，我便渐渐不太上大学部的课程，也不甚赴外校兼课，以免贻误太多，伤了阴德。就像我从来不参加大专联考的阅卷工作。这种工作，本是义务，在当年其实也是教师们清贫生活中不小的津贴。每年大学联招、夜间部、转学考、高普考之阅卷，可以消磨掉整个假期，也可以筹到足够的家养及小孩的教育费用。到我担任系主任之后，仍有同仁向我提醒：绝不能剥夺他们批阅考卷赚取外快的权利。这是现今富裕社会所不能想象的事。我却从来不去。并非我自命清高或不缺花用，而是早先伯父乾升公任“铨部”司长时，曾要我做过他的襄试委员。令我深知自己不会看卷子，分数拿捏不准，见到文笔不通者又会动气，不能持平，所以嗣后便不再参加阅卷，少造点孽。减少授课，特别是少在大学部教，也是这个意思。大学学生心性尚未稳定，忽遇此索隐行怪、阴晴不定的老师，一定不是福气。

此外，教学方式上也逐渐调整，稍归平实。例如不再讲我那一套套奇谈怪论，而老老实实带学生看点资料、读点书，或根据着我已发表的一些文章来讲，戢声华以致浑朴。

这在我，乃痛自悔抑之后的转变，谁知学生们似乎并不领情，他们有的觉得上起课来不如早年“精彩”；顺着文献资料讲，则上课也不如自己就在家里看书。有时，我欲金针度予，将自己千折百转、火烹水炼之金丹举出相赠。学生却又觉得如此小小一粒、一言半语，朴素无华，毫不起眼，不免薄吾之寒俭。让我也很疑惑：究竟书该怎么教呀？

教学之利人者如此缺乏业绩，其利己者，亦即教学相长的部分又如何呢？

教书本是心灵激荡的事业，教者以其心光映照学者，学者以生命成长的困惑来叩问，彼此共同探索，激扬以共成其美。但我之教学，未能达此境地，我只是因此抒情兴感，表达我自己的生命困惑及理解之所得，既乏接引之力，又无耐心无兴趣听受学生之心灵波动。我与学生，一直是有距离的，轻其浮、伤其浅、薄其油、而厌其无知。学生的学习，有了困难与进益，也很少找我谈，因为那只会遭到更多的挫辱。不像曾昭旭老师他们，能真正与学生有所感通。故所谓教学相长，在为学生命之成长上，我可说寡有收获。

那么，在知识上呢？我之教学，是笼罩一切式的，充满独断的气味，刚霸而少宽柔，故甚少讨论之空间，有讲贯而无商兑。什么师生互动、讨论式教学、学生报告而老师从旁指导等新式教学法，我都很欣赏，因为可以少讲些课，保护一下嗓子，但我不太做得来。也因如此，学生能在知识上启发或予我激荡者亦甚少。

不过，我开课既多，为了备课，不能不把该课所涉相关领域之知识予以通盘掌握。课越教得多，各领域之相关问题当然越熟，这对自己总是有帮助的。我上课又不喜欢介绍别人对某一书某一作者某一领域之看法，我习惯讲我对此一讲述对象之研究结论。所以，每讲一科，总会提炼出我自己对某一问题的一套看法来。这些看法，都是可以写成书的，例如我的《文学散步》，是教文学概论之副产品;《思想与文化》，是讲中国文化史的成果;《道教新论》，是教道教文献选读之产物……其中,《文学散步》还得过教育部的教材改进甲等奖。

有时，我也会惋惜咳唾随风，不免遗憾，有心力浪抛之感。当年，录音机使用尚不普遍，但已有学生把我讲课的情况录下来。我借得几套，想重听一遍，自己整理成书。可是听到那里面尚有风声、鸟鸣、雨声，一霎间勾起太多怅触，竟是怔忡不能落笔。李商隐的幽怨、荀卿的礼义、中国人流离的感伤、文化生命的庄严，在录音机里吱吱呀呀，翻来覆去，絮絮叨叨，如歌如诉。我的华年，我的心力，即沉沉消磨于其中。昔日少年，今未白发，然而沧桑之感，亦未必非待白发之后方有。

记得有一年在讲台上，随口问那班大学生：“你们是几年次的呀？”青春烂漫的少年们嘻嘻哈哈地回答了。我暗暗算了一下，什么？我们相差竟已十几年。我在上庠执教，居然已过了十年吗？流水十年，呀，十载流光，就如此消逝了吗？一阵昏眩，几乎让我掉下泪来。

现在距此感伤又欲十年，鸿飞东西，已离开淡江而去嘉义中正大学，行又将再赴宜兰。两肩一口，依然如卖艺人糊食四方。初登教坛时之青涩与豪情仍在，昔日闻法之人禽风雨则已俱杳，伤哉！

涉　世

读书做学问的人，最常接触的社会，就是出版业界。

我从大学毕业起，便因与林明峪一道编书而开始与出版业有来往。当时林明峪先是主编一《新青年》杂志，后再去联亚出版社鬻稿，旋即任职于该社，负责编书写书。我既常去找他玩，自然也与该社老板张文宗先生厮混渐熟。后来同学张智清亦在彼处工作过一段，编书、弄剧本，我偶预其议论，对出版乃略有所知。且也因此机缘，由李瑞腾和我执行，请张梦机老师主编了一套八册《中国文学精华》的诗词曲赏析。

接着又有一段时期在《爱书人》杂志上写专栏，该刊为台湾少数书评刊物，黄章明、封德屏、游淑静都执编过。李瑞腾、渡也陈启佑都在上头有专栏。瑞腾笔名李庸。所以渡也有次跟我说他准备自称陈笨。

再接着就是许长仁先生主持故乡出版社，请瑞腾策划古典四书：喜怒哀乐、青红皂白、春夏秋冬、爱恨生死。许先生原与李利国办过《仙人掌杂志》，发起乡土文学运动。这四本书推出后也很获好评，封面及内页版面之处理均有新意，加装书壳封套，亦为当时罕见之装潢。但整个出版社经营并不好，不久即由高源清先生接手。

高先生把古典四书系列扩大，编了十二册。后又配合此一路线，编了《实用成语辞典》正续编，邀颜昆阳和我主政。有一度，还准备编中小学国文教科书，要昆阳和我评估、规画。时教科书仍由国立编译馆掌理，尚未开放民间编制。但我与昆阳都判断教科书开放民营乃大势所趋，主张积极投入准备。对中小学国文课本应如何改编，也提出了一套新构想。终因投资太大，又无法准确掌握开放之时间而作罢。

高先生另行开发牛顿系列，推广科学普及事业。办了牛顿、小牛顿杂志与丛书。甚至还在全省办小牛顿教室，从幼儿安亲班、科学班、才艺班、作文班一路办上来，成为庞大的社教机构。近来更出版总编辑刘君祖的《易经》论著。初辑三册，嘱我作序，推出时还拉我去参加新书发表会，向新闻界推荐。

当时颇有人怀疑“牛顿”出这种书能销吗？因为牛顿本是做科学书的。但机缘凑巧，李登辉读到此书，甚为欣赏。时正因他屡引《圣经》、自喻摩西而广受批评。各界认为他担任台湾地区领导人，却欠缺对自己文化的认识，充满了日本味或长老教派牧师的气味，所以李先生也想进修一下，读点中国书。于是便请君祖去官邸开课。

讲了一年，君祖又出了论《易》之书第二辑三册。李登辉自愿撰序，而文武百官上行下效，亦纷纷请君祖开班。君祖甚为烦恼，恐此“帝王师”之身份，士林别有臧否，曾来找我谈因应之道。我以为无妨，说大人以正道，本是正理；李先生欲撰序以言其心得，亦甚好。若恐流派色彩太浓，同时也请他人撰序即可。后君祖果然另邀吕学海与高源清作了序。

举这些事例，是想说明出版界的特殊性。它是一种商业行当，若市场的评估稍有闪失，立刻完蛋；经营手法亦甚重要，否则暴起暴落，易手转让，甚为平常。且因出版从策划、编写、制作到印刷、上市、盘销、布点、回收，流程很复杂，时间也很长，所以规划须有较长远的眼光，与新闻事业并不相同。其经营与回收，有时也要从长时间、大局面来考虑，如《实用成语辞典》就是成功的，牛顿杂志在科普事业上也是成功的例子。预见未来，判断教科书必然开放民营且早做规擘，虽终未能实践，也不妨说是成功的。

出版又是一综合之文化事业。一个出版社，可能同时发展好几种系列的出版品，分别面对不同的文化消费群体。故乡即是如此。这些不同系列或路线，并不是完全区隔的，其间有互补互通或相辅相成之处，如牛顿又出版《易经》的书。把这种综合性扩大来看，出版社本身也往往有很大的弹性，能与其他文化事业联结起来，形成一综合文化事业，如牛顿又办了小牛顿教室之类。在社会上担负着文化教育的工作。

这些工作，并非商业活动所能完全涵盖，故出版业又同时为一文化业，与一般商业不同。出版人同时即为文化人。像张文宗先生是艺专出身，醉心美术与设计，也兼授此类课程。高源清卖帽子起家，人称高帽子，谈《易》学竟亦原原本本，不在学院学者之下。刘君祖更是如此。他毕业于台大环境工程所，却组织“夏学会”，办讨论文化之讲会，开过星宿海书店，专售文学艺术文化典籍。因为书店就在淡江城区部旁，我常去找书。店中横披胡兰成所书“星宿海”几个大字，气味古茂，甚具特色。后吕学海与王镇华来找我参加夏学会，我才认识他及其兄君灿。我主编金枫出版社经典丛刊时，邀他整理注解过《人物志》及《春秋繁露》；替幼狮书店编通识丛书时，也请他写过《中国的工程——开物成务》。其为一文化人，且为一学人，是显而易见的。

不是故乡牛顿才如此。只因故乡出版社与我结缘较早，为了叙述的方便，即举它为例而已。后来我接触的许多出版界朋友，卧虎藏龙，实是难以尽述。他们有商人的势利与机敏，有文化人的疏豪与执着，有学人的书卷与文采，更有江湖人的气魄，比学院里的人有趣多了。

在我参加古典四书之写作时，硕士班即将毕业。随后黄庆萱老师找我做件事。原来时报出版公司准备制作一大套《经典宝库》，把中国典籍用现代语言阐述一番，给青少年阅读。这是震动一时庞大的工程，投资极大，邀集参与撰稿的学者也几乎网罗了文史科系所有的专家。黄老师即被邀改写《西游记》。但他正忙于《易经》的校释工作，无法分身，便征得出版社之同意，要我和林明峪来写初稿，由他修润。

我初以为《西游记》文甚平浅，改写起来很容易，孰知动笔后才大呼吃不消。为什么呢？看人挑担不吃力，且往往还可以恣意批评挑担者姿势不好看、用力方法不对。但要知道大作家之功力，最好的方法便是与他同作一个题目、同写一篇。试试看，就知道为什么人家是伟大作家伟大作品，而我们自己写的只是狗屎。我们把《西游记》拿来，挑选了一些代表性的情节段落，照着原书的大体架构去改写，却越写越气馁。文字之转折、情节意象之变换，要到这个时候才翕然叹服，觉得原作真有鬼神不测之妙。我们勉强追蹑，犹如在地上追着天空苍鹰的影子在跑，步法散乱，气喘吁吁。好不容易才写完，觉得受益匪浅，功力大进。

稿子写好后送去。主持时报出版公司的是高信疆柯元馨夫妇，高并主编时报人间副刊。两人才华震耀，正是文艺界的旗手。后来詹宏志曾说信疆是“纸上风云第一人”。亦曾见顾重光画一油画，有战阵冲锋之景、叠上报纸影像，再画一号角，题曰高信疆时代。可见此时他们的地位与影响力。但因信疆夫妇极忙，这套书的编务琐事则多由周安托先生分劳。

安托乃著名之诗人，右脚略有不便，然诗情侠气，肝胆照人。我送稿子去他住处，他极客气接待我。离去时，则拄拐立送。不久，他打电活给我，谓出版社对这部稿子很满意，希望我能再帮忙，把其他各册已交稿者也看一看，提供点可再修改的意见。于是我又兼职审稿，看毕提出若干修正意见，由安托去与原撰稿人沟通修改。

当时我只是一硕士，撰稿者则多为成名教授学者，高信疆周安托委我审稿，可谓胆大，其识人之眼光亦不可及。事实上这也确实需要，因为这些教授们有些地方弄错了，有些则因疏于此类表达方式而文笔欠达，多了点商榷，总会好一些。此书推出后，佳评如潮，即与制作之严谨有关。

我之受惠亦极大。因经常跑出版社，元馨大姐及安托兄时与闲聊，开益甚多。出版社本身即多高手，又在时报之体系中，高大鹏、詹宏志、张大春、陈雨航……俱在其间。得见当代文彦，又间接对时报之业务及运作有所体会，皆由此机缘。后来我《少年游》散文集即由时报出版。信疆夫妇离开时报后，我仍与该社有不少往来，主编过一套《国史镜原》，也出过一本《文化文学与美学》。与时报系一些朋友认识，都在那个时候。

那时我仍是非常稚嫩的，没见过什么世面。记得有次“江南书生”谢文孙刚出版《剑侠李白》不久，返国。高信疆夫妇及安托宴之于财神酒店，要我去随同采访，写篇报道。我第一次走进大饭店，吃大餐，有侍者来服务，不免踌躇不安。谢先生谈他新的研究，即清末珠江三角洲“丝与枪”的发展，我也不太懂。回去后勉强诌出一篇采访稿，根本不能用。信疆只得另找詹宏志写了一篇。

十五年后，我接到联合报苏伟贞转来的一封信，是谢先生寄给她的，说：“航空掷寄《读书人》版两期，今日收到。谢谢。该刊每周新书金榜，偶见龚先生评介黄仁宇著《中国大历史》，颇为钦佩评者的见解。尤其叹服书评的文笔，在极短的篇幅里，竟包含了那么多的评断与分析。真好！真好！这是遥居海外、素昧平生的一名读书人的直接反应。刚刚读完，要对贵刊的成绩热烈鼓掌。也盼望龚君笔健，多写书评，嘉惠许多读书人。”我毫无心理准备，忽然得此谬赏，不由得又想起当年那顿晚餐。谢先生一定不曾想到他与我并非素昧平生，也不可能想到今日被他评为健笔者，昔年有多么稚嫩。想到前辈的掖助与自己的成长，怎能不感慨系之？

这时我与报社的关系已逐渐展开了。除了时报之外，民众日报那时也正在提携新人。副刊主编钟肇政先生用了我一些稿，却引来一大堆批评我的文章，论点集中在有关白先勇《台北人》的评价上。我觉得来批评的人都思路混乱、文笔不通，所以后来的答辩多只谈逻辑与语意问题，而未意识到这已是台湾文学界批判现代主义、揭举本土精神的号角。更没想到直到今天，谈台湾本土文化及文学者仍然一样思路混乱、文笔不通。

但钟老提挈后进，不遗余力，对我甚为优容，不仅仍刊我文章，还让我辟了几个专栏。小说家吴锦发及评论家高天生也常来我处聊天。大抵当时所谓“台湾结”与“中国结”之纠结及畛域尚不明显，大家也还没有替自己找到一定的阵营与立场，所以文学人文化人并未因此而形成壁垒。较明显的界域，反而不是意识形态上的，而是刊物版图上的。每一刊物，都有较常骋驰于其上之作者。相对于较不能跃马涉足于该刊之写稿人而言，那就是个明显的封疆了。

然而刊物之版图与人民并不稳定，因为编者会去其他阵营中拉稿，也会开发新的写作群，否则刊物即无竞争力。当时诗人章益新（梅新）主编台湾时报副刊，便急着想找这样一些生力军来扩大军容。谋诸黄庆萱老师，黄老师乃推荐我去。

梅新先生策划了一系列访谈，第一位是古龙，要我去做记录。我仿古龙文体整理了当日之访谈内容。黄老师与梅新先生很满意，古龙更满意，还派人来取了一份。不久之后，古龙即因酗酒而死，该文成了古龙晚年最重要的谈话。也是在十五年后。早期出版古龙成名作《大旗英雄传》《楚留香》等书的真善美出版社少东宋德令先生，由美返国，重新投入武侠小说出版事业，找到我为这一系列作品重写导论，并制作电脑游戏版楚留香。即是这段因缘的后续发展。

访了古龙之后，接着访李敖胡茵梦、高阳、牛哥、颜元叔，谈历史小说、侦探小说、文学批评、漫画、治学、爱、性等等。稿子后来都辑入汉光出版社《历史中的一盏灯》。只有古龙一篇，因汉光老板宋定西不喜欢古龙而未收入。宋先生是张梦机老师的“兄弟”，依辈分，我应喊他师伯。硕健朗锐、亦理平头，但蓄须，有威仪，曾是拳击国手，亦为江湖好汉。有次乘计程车，与司机发生争执，司机邀他下车单挑，他一拳就把对方打晕了。聘张老师为其公司顾问，张师中风后，赈济恤赡，尤见古侠士风，我甚景仰之。他对我很赏识，屡邀我去主持其公司编务，我都不能应命。如此豪侠，却对古龙不欣赏，也是趣事。

这些访问，郑明娳曾推许为是她所见过最精彩的访问稿。其实不全是我的功劳。访问时主要当然是我，但不只有我发问，梅新大多参加，也邀一些艺文及学术界朋友莅场，许多有深度的问题是他们提的。我只是费了一些气力予以整理罢了。

唯整理亦非易事，当时我尚无力购买录音机，借别人的机器与带子录好，带回龟山去整理，翻来、复去，拼起、删掉，组织成文。于整理中体会受访者之思路、欣赏其语言运用、回忆谈话时之气氛，而以文字追踪之，是非常难得的经验。所访问的这几位，也都是罕见的人物，我从他们身上学到了许多东西。

其中最特殊的是高阳先生。他原本是准备招徒的，曾由汪中老师介绍了王文进，二人不契，他又另行物色。梅新要我访问他，本亦有意撮成此事。但访问过后，他一直喊我鹏程兄，常邀我去吃海鲜、谈清史、论红学。一杯在手，语惊四座。我顺其谈锋，随处贡疑献证，他便越谈越起劲。有时来函论学，亦累累数页。在联合报写《曹雪芹别传》时，更指定要我写篇访谈，以当前言。后他又发现靖应鹍藏脂批本可能是赝品，我也附和写了一篇《靖本脂评石头记辨伪录》，刊在成大学报中。当时他很欣赏邱世亮先生在《红楼梦解》中认为该书系影射雍正夺位之见解，由我找到邱先生，三人谈了一次，准备合作写个东西。后虽亦不果，然我之红学知识，实由先生启之。其他所谈，当然亦不限于红学。

他每次打电话来，都是："鹏程兄！高阳！哈哈哈。"约见面，纵酒倾谈。高睨雄文，固一世之豪也。然时愈久，饮酒愈多，先生之体力乃愈衰，终于一九九二年六月因心肺功能衰竭而逝。那天我去看他，适巧其女公子刚刚走开返校，医生电击心脏抢救无效，先生唇角鲜血溢出，未及与我交谈便去了。我大哭，通知了联合报、"中国时报"与"中央日报"，回去赶了几篇追悼文字，纪此缘会，并志感怆。

这也是访谈的续曲。在访谈以外，我并帮副刊写些稿子。例如钱钟书《管锥编》新出，我读后有些意见，写了书评。卜少夫（无名氏）适来台，见之，大为欣赏。常对人说：大陆上捧钱捧上了天，龚鹏程一篇书评就将他打倒了。其实我没那么大本事，只是学界有人哄抬"钱学"闹过了头，易惹人厌而已。

又如我为了研究汪荣宝，曾去拜访其哲嗣汪公纪先生，获赠其《思玄堂诗》《金薤琳琅斋文集》及清史著作，回来草成《汪荣宝的历史形象与地位》。待一九九四年，又是十五年后，汪先生忽赐一函，谓"久仪清望，无缘识荆，怅恨，怅恨"。且云当年我那篇文章在报上刊登时，他只剪存了上半篇，希望我能再将下半篇寄奉。我很惶恐，忙将文章寄去，并回函说其实他见过我的，我就是当年去麻烦他的那个年轻学生。汪先生又回信说："家大人思想，蒙代为仔细剖析，使其伟大处完全明了，裨益后人，使得留名千古，胥拜先生之赐矣。公纪不学，先人所遗诸书不能尽识，况今已届耄耋之年，又患中风。而今能遇先生，使其略能领会先人之伟大，真万幸。”我还没来得及逊辞，他就抱病枉驾亲来致谢。使我非常惭愧。其实童子何知？汪公纪先生曾任驻日代表团公使副团长，学贯中西，而对后辈如此，正与高阳俯与我等后生交友，或卜少夫先生不吝奖饰末学一样，都是老成仪型，足堪式范。我以文字因缘得此殊遇，颇感荣宠。

后来梅新先生离开台时，副刊由周浩正先生接手，我也写了一阵。待梅新转至正中书局时，他便来邀我办《国文天地》月刊。

办此刊物，是他的理想。构想的来源，是从前开明书店的《国文月刊》。他认为这类刊物既能做学校师生修习国文之参考，又可提供社会语文知识，而适为台湾所无，故积极游说正中书局办。先与师大谈合作，未谈成。一九八五年他又拿了计划给当时国民党秘书长宋楚瑜先生看。因正中是党营事业，宋先生支持这个计划，拨了半年一百二十万经费，所以就开办起来了。

正中总经理是蒋廉儒先生，他很支持这个刊物，但其他人则未必。梅新时任正中编务，兼任社长，我是总编辑，另聘原在“救国团”的杨俊先生为总经理。总共就这么三个人，没有兵，唯有一兼职美工，是联副的陈泰裕。办公室，则把正中四楼会议室隔了一小间给我们用。人员与经费不属于正中编制，只提供一些桌椅设备。所有编务、印务、业务，都得靠自己，但整体方向及运作，却须受正中之节制。

这是多么奇怪的体制？正中是党营事业，有其特殊之文化，副总经理陶佩瑚先生有次举了首打油诗告诉我这种文化乃是：“一枝铅笔五颗章，等因奉此无事忙，只见桥梁不见水，没有子弹空有枪。”公司员工一百多，出版量大约与后来我任职之学生书局相埒，但学生书局总共不过十二人。这么多人，出了些堆在仓库找也找不着之书，而门市、业务、编辑各自为政，日子倒也过得不错。我从私立学校来，处此真是大开眼界，极端不习惯。幸而月刊社与正中关系暧昧，在半独立状态中，稍事忍隐，尚可相安，但精神上是痛苦的。

编务也不容易对付。我此前在出版社编过东西，也担任过采访工作，但编杂志是另一套，我毫无经验。从策划内容、安排段落大要、约稿、设计封面、催稿、改稿、发排、校对、配图、计算栏位、补白、贴版、清样、晒蓝，到印刷、上光、转送书报社，一步步都要学过。我号称总编辑，其实是校长兼撞钟，全得自己动手。

我不怕动手，只是不懂，不知如何动手。陈泰裕这时帮了我最大的忙。我其实是在跟着他学，然后找市面上其他的杂志来研究，到底杂志该怎么编。真不懂，也只能旁敲侧击地问，否则总编辑不知如何编刊物，说出来不唯笑死人，也影响士气。

这真是打落门牙和血吞，强忍硬撑着做。那年端午节我就没回家，睡在编辑桌上。当时正中因属党营，门禁与公家衙门类似。夜里来加班，会发现电梯锁了，或铁门关了。有时要从二楼一西餐厅的厨房钻上去。有时加完班下来，准备回家，会出不去，只好在办公室窝一晚。

刊物第一期于一九八五年六月推出，以小鸡即将啄破蛋壳出来为封面图案，标榜“知识的、实用的、全民的”。因为国文是一切人文知识的基础，运用于一切生活之中，并非研习国文之老师学生才需要补充此类知识，每个人都必须注意语文能力的提升。《国文天地》之宗旨即在于此，偏向社会语文学的路线。故除了介绍传统的历史语文学知识外，更要结合社会，讨论语文环境如何改善、语文现象如何了解、语文能力如何加强等。因此刊物一出来，大家耳目一新，觉得仿佛与一般讲国文教育的老夫子面貌有别。创刊号一版印了一万册，迅即售罄，一周后即再版，共卖了一万六千册。半年以后，又获得了新闻局的优良杂志奖。

《国文天地》在创刊时，有人预估不会卖超过四百本，谁能料到居然还能再版？熟悉台湾杂志，特别是人文刊物市场者都晓得那是多么困难的事。但要维持业绩也很困难。刊物的划拨、业务、广告，在条件不足的情况下勉强发展，其实也非常吃力，这些我并不能不管。因编辑部后来陆续有王美琴、黄秋芳、林慧峰、蔡素芬君加入，分担了许多工作，所以我便又策划开办“文化讲座”。邀王邦雄、曾昭旭、康来新、蔡信发、颜昆阳、蒋勋等人来讲《庄子》《红楼梦》《史记》等，学员须交费，以此挹注刊物收入，且扩大宣传与影响。试办效果甚佳，场地不够用。正中便把二楼西餐厅收回，改装成社址兼教室。当时此亦为创举，后来曾老师他们也在《鹅湖月刊》开办，也很成功，渐渐乃广为各界所采用。

针对校园内部的国文教学，我又找了萧丽华、陈贤俊等一批年轻朋友编了一套《国文教学动动脑》，强调教育的创造性、思考性，并提供较丰富的参考资料。这就又使《国文天地》开始出版丛书了。不但杂志已刊之文章可再结集重编为书籍，亦可另行策划，与杂志相互搭配。例如我就找了几位漫画家，编了四本《画说成语》。

杂志乃因此而亦成为一文化综合体，有杂志、有丛书、办文化讲座，结合国文教育界与各文化团体之力量，共同探讨国文知识，多角经营，好不热闹。

当时我已贾祸，抨击过中文学界的各种弊端。执编上述刊物时，许多人认为中文学界应该会抵制我；此刊物之风格又带有现代感，恐不易获得支持。刚开始时或许是，但办出气势来了。中文学界的人力反而被我调动起来，没有了支不支持我的问题与权力。而我也恰好有此机会，把刊物办得热热闹闹，表示我不是光会张口批评的人，也能办点实事，具有实践性。正中之态度，也逐渐好转，蒋先生升任董事长、黄肇珩先生来接任总经理，书局经营形态有所调整，对杂志愈趋于积极。

这时我仍在淡江校长秘书处上班，但张先生因已任北市议长，不能再兼校长，遂改任董事长。申庆璧师乃趁隙退休，又向张建邦先生建议让我回到系里去，较能发挥。因我在淡江一直是以行政职员兼教钟点的方式聘用，并未因我已获博士学位而返系专任。经申老师争取，张先生问了我的意愿之后，同意我回中文系专任，改任教师，不再兼行政工作。董事长秘书一职，则把已离开学校，去了铭传大学的王樾找回来做。

此时系主任由傅锡壬老师担任，我觉得在系里亦未必能发挥。曾昭旭老师已接掌"中央大学"中文系，颜昆阳准备离开淡江去"中央"，我便与他一道参加"中央"的甄选，获得通过，正要返校办手续。新任校长陈雅鸿先生找我，要我负责接手系务。事出突然，情不可却，只好硬着头皮接受派令，并回《国文天地》去向黄肇珩先生辞职。

黄先生希望我仍能留下来，并说正中总编辑也正好悬缺，属意我担任。正中总编辑，是有历史荣誉性的位置，历来都是有名望的学者才有资格担任的。我有些心动。但仔细衡酌之后，仍然决意返回校园。

我像鸟，在外面飞翔之后，总还想回到巢里。学校是我习惯了的巢穴。学术研究是我的志业或生活方式，教育则是我的理想。原本只是因在体制内部推动不了，故以社会教育的方式来带动体制的革新，达成教育的功能。现在既有机会返回校园、实践一些想法，当然还是回去了。

总计我在《国文天地》编了二十六期。把这个冷门的刊物办到有口碑，也有实利，自认为是颇不容易的；替国文教学打开了一条新路向，更是国文教育史上不可漠视的一页。当时联合报社长刘洁先生常在刊物上写稿，后来怂恿联合报系也办了一个《历史月刊》，亦可算我有间接催生之功。我曾见李瑞腾有一文，把这两个刊物合起来讨论，其中评价《国文天地》说：

“两年多来确实做了不少事，其中还包括举办六期文化讲座。在刊物上写稿的，可说是中文人力空前的大结合，让我们看到原来被视为僵硬、枯燥的国文，更有它活泼的生命力。”瑞腾与我，是中文学界唯二提倡杂志编辑学的人，后来他办《台湾文学观察杂志》还写过一篇文章谈：“什么是文学杂志学？”故他的评价应该是公允的。

不过，在我卸任后，刊物几经转折，由傅武光、林庆彰先生等先后接办，因与正中发生龃龉，终至决裂，退出自组董事会。这本是可大展鸿图、更上层楼的机会。但文史学人办刊物，不知杂志编辑学另是一门功夫。把刊物宗旨改为“发扬中国文化，普及文史知识，辅助国文教学”，又广用大陆文稿、办图书公司卖大陆书。我则以为如此恐怕会越走越窄。在我离职时，刊物尚有盈余百万元，现在则或堪虑。唯我既不主事，自应默尔。天下事无经久不变者，绩业未必能够长保，此等遗憾，但能还诸天地。

回学校办学不久，有天蒋廉儒先生忽邀我于福华饭店见面，说其友人刘恒修先生在高雄办有《中国晨报》，要扩编，增加北部版。并邀蒋先生出面，组织主笔群，强化言论阵容。蒋先生自己不便出面，嘱我担任。我在正中期间，先后两任总经理蒋先生及黄肇珩先生都对我十分器重、十分礼遇，蒋先生既要我做，我自然不能推辞。况且我已涉足出版、杂志业，报业倒还没真正参与，有此机会，也很难得，于是竟完全未考虑到我对报业的无知，便贸然接下了总主笔的工作。

中国晨报总社在高雄，台北仅一办事处，传真机又不普遍。要由我在台北集稿之后，专人来取，或寄发，联系颇为费时。主笔群则包括曾祥铎、陈瑞贵、傅栋成、潘锡堂、徐定心等。每天注意时事，追踪新闻，与编杂志又甚不同。《中国晨报》言论倾向较为关注南部社会需求，多社会面之探讨，而较少针对“中央政府”政策法规之针砭，在两岸关系上，则属于赞成统一的。风格非常特殊。

可是，该报刚开始在北部发行，体系尚未建立完成，我买不到报纸，必须等第二天才能收到寄来之旧闻。如此怎能掌握言论导向？又无专属之办公室及设备，集稿或与主笔们讨论均甚为困难。再加上言论部门与业务部门，方向上颇有差异，更觉得苦恼。原因是晨报在高雄起家，业务与广告必然受限于南台湾之社会及商业特性，故色情业、六合彩之消息不少。报纸为了促销，也影射明牌，刺激六合彩赌徒之买气。此与言论部门的端言谠论，殊不协调。几经讨论，无法改善，我只好写了封信给刘先生谨辞总主笔一职。

虽然如此，这仍是个有趣的经验。遽操笔政，讥弹时局，慨然有澄清天下之志。但言论代表报社，落笔自多斟酌，需从多方面审衡，相关法例、政策、组织及社会脉络也要熟悉。且由此而对报业经营有了一些了解，收获实多于投入。后来我又担任过《民生报》《中时晚报》《联合报》的主笔，也可说是这项工作的延续。

这时我与出版及杂志业之关系也没有断。周安托离开时报出版公司后替业强出版社编书，出了我《文学与美学》《思想与文化》两书。接着他自办金枫出版社，又嘱我企划一套《经典丛刊》。选择经典，予以标校注释，加上导读，连出了几十种。我自己写了十来篇导论，其余请师友帮忙。书的开本很特殊，初出时配合一套“四九五系列”，每册只卖台币四九元五角，超低价袖珍本，在各书店制作特殊旋转架陈列，很有特色。

时方怡正在汉声电台主持“爱书人”节目，便邀我上电台谈“经典与现代生活”。我每周去录音，随兴谈讲。节目做完后，她把所有录音带送了我一套。我偶然听说有些人还挺喜欢这个节目，甚至逐次录音。便找了几位学生把它整理出来，由新未来出版社印行，以利有兴趣者参考。

新未来出版社是洪俊贤先生办的，由杨树清、郑松维主持，编杂志与丛书，我是顾问。郑兄是我在联亚的旧识、杨兄则早在他任职《书评书目》时期即开始合作。他有“佞龚”之癖，常替我剪存收集文章，也替我编过几本文集。所以这个出版社我介入颇深。每期杂志都参与编务，也出版了《大侠》《经典与现代生活》等书。待一九八八年两岸开放，我与郑松维即赴大陆，和中国社会科学院外文所洽谈了他们所编《外国文学》的版权。当时两岸出版尚未交流，外文所副所长吕同六特地从北京搭火车赶至上海与我商谈，决议合作同步出版，每期北京编好后，将清样以国际快递送至台北，同时出台湾版。这当然是个重大的突破，但洪先生财务忽然出了点状况，遂致延宕，最后并搁置了这项计划，使社科院外文所蒙受了些损失，我这中间人也觉得十分尴尬。

失败的经验不止此一桩。稍早吕学海负责久大图书公司，要我找人弄一套日本汉学译丛。我即请张火庆兄来帮忙，邀了些译稿，但周折甚久，亦迄未完成。出版事业充满了不稳定性，于此亦可见一斑。

学生书局此时正好刘兆祐先生辞去总编辑工作，书局即找我去帮忙。因为书局就在我家巷口，稿件都拿回家来处理，十分方便。这是家很有规模的书局，董事长丁文治先生曾任联合报总编辑，历任总编辑如吴相湘、屈万里等亦皆士林硕彦，已办了三十年，出书数千种。总经理鲍家骅待我至为温厚，副总经理黄新新目录之学天下知名。我与他们合作很愉快，也学了很多，校印过《嘉靖徐州志》《直隶河渠书》等明清史料几十种，改版《书目季刊》，策划了不少书，还编过一册《学生书局三十周年纪念集》，替出版史留点纪录。

由学校伸出脚来，涉足采访、出版、杂志、新闻事业，并非学以致用，或以学应世，而是“入世为学”。在工作与事务中学习，以逐渐明其术、知其理、达其体而能致其用。在商业利润、人情世故中打滚，在文化理想与现实条件中折磨冲撞，这不是关在象牙塔中治学者所能了解的。

反之，我从前由张建邦先生处学习到了些有关资讯社会的理论，也要到真正参与编辑出版工作，才能体会资讯传播复杂化、多样化、快速化的时代特性；也才能与工作经验相结合，去考虑资讯伦理、资讯环境、资讯社会学之类问题。

而这些，也不是一般新闻、出版从业技术人员所能理解的。现在我办佛光大学，准备开创传播学院、出版学研究所，正有得于这一段阅历，方能彻底反省国内之传播环境、结构与教育。发现出版与新闻有其不同之功能与理则，不能以新闻之角度来涵括传播问题。

出版在资讯时代，已发展至电子、音声与文字交错结合之境地，须予正视。同理，国内资讯业界与学界，只知电脑，以为资讯就是电脑。资讯研究所，不是工程就是企业管理。最近才开始开展资讯社会学的面向，并试图结合传播、图书馆与人文学研究。我办佛光大学的资讯管理研究所也即要在此贡献心力。若无这十五六年来长期泽润于此传播环境中之体验与思省，我是不可能有这些作为的。

入世为学，摸索试炼，自是诸苦备尝。涉足既深，关系绵密复杂，江湖道上恩怨纠缠，也不是很好处理。但业界回报我的，也很富厚。例如我初接手淡江系务时，颇以私立学校经费拮据为苦。周安托立刻送了我五万元，说是捐助。这对我来说，是笔大数目。因为我系办公室每年办公费只有一万元，单是请系里老师开会吃便当就吃光了，还能做什么事？得此义助，军心大振，后来政通人和，与此甚有关系。

待我受星云和尚之嘱，筹办佛光大学时，因我早年曾参与陈达弘先生环宇出版社所办《大学杂志》的编务，陈先生遂出面替我组成佛光大学图书劝募委员会。出版界朋友结集组成此类团体，替大学募书，本是不可能亦无先例的。因为大学正是出版界最主要的顾客，新成立大学之购书款更是出版界的救命金丹。现在出版界不但不向我们赚钱，更热烈捐输，且还要去拉别人来捐，天下岂有此理？但“中华民国”图书出版协会、台北市出版同业公会都出面劝募。九歌、文史哲、三民、学生、远流等书店也往往整套整套地送。如此厚谊，求诸当世，岂可多得？

同样地，我在发表批评大陆委员会主管的文章而准备离职时，出版界朋友立刻来电致意，并安排餐叙，表示感谢我在任内替业界的服务。可是，我在任内花了同样气力为之争取权益的演艺界，却等不及我离开，便立刻送来花篮，巴结尚未上任的继事者荣膺新职。人情之冷暖，两相对照，特别能感受到文化人的温暖与文化素养。义气侠情，皆见于此等处。

总之，理事相融，涉世有功，当可作为这一段经历的注脚。

试　剑

一九九五年九月，联合报刊一小文，题曰：“中文系老师混功一流”，谓中文系教师鬼混的本事：“保证你大开眼界。教室的黑板上三不五时便出现让人精神振奋的字眼，诸如‘某某老师今日病假一天’，或‘请至某教室欣赏电影’。这些招数固然了无新意，却是每个教授的最爱。另外还会发现，上课后半小时姗姗来迟根本不是学生的专利。戏剧课播录影带、小说课看电影、报导文学课欣赏纪录片、文选课便是大家轮番上台报告，老师则独自体会‘禅就在瞌睡中’的高深境界。”

看见中文系被人如此在报端公然羞辱揶揄，心中着实愧叹万分。这样的嘲讽，发生在我博士班毕业十二年后，更让我觉得我这十几年来的努力，大抵只如一场春梦，并未改变什么。

十几二十年前的中文系，在大学其他科系人眼中或一般社会人士心目中，大抵印象即与上举那篇文章没什么不同。古老、陈腐、保守，完全跟不上现代社会的节奏，而又崖岸自高；不断抱怨社会不重视自己，却又拿不出太多能让人家瞧得起的货色来。

这样的印象，当然甚为偏颇。我深入堂庑，发现其中实不乏高明深邃非世俗浮器所能企及或拟议之处。但世人之鄙视中文系，也不全是无的放矢、空穴来风。中文系的教育体制，确实显得僵化呆板；其教学，确实有待改进；各系遗世独立，狷洁自好，内乏联结，外无竞争，又为整体学术文化界的化外之民。师教传承，门风家法，亦森森然如某一江湖宗派。有创造力，或对整个社会脉动有所体会感应，对时代思潮、学术趋向有所认识者，居处于其间，便不免有些悒郁之感或充满了忧虑。

而我们是无力抗拒的。论文的压力，如泰山盖顶；生活上的柴米油盐也驱迫着我们。且既入此一巢穴，心理上亦觉得能随遇而安便好，不会有太大的冲动，非要去挖开什么、颠覆什么。因此，虽总是不太乖，却也没闯过什么乱子。

一九八三年我毕业后，有一新成立之博士学会来邀我撰写一篇检讨文学博士教育的论文。因为该会将于次年举办“科技整合研讨会”，主题即是人文社会科学博士教育之检讨，分请文学、历史、教育等各领域之博士撰文。会议在淡江举办，故希望淡江能多派些人手来分担工作。派给我这一篇，本是交由竺家宁先生与我合写的。但我们一直拖着没动，也不晓得这样的文章要如何合作。直到快开会了，逼稿甚急，我们才慌了，相约动笔。而我忽得一空档，居然就把稿子写完了，于是竺先生便不再写，即以我的名义送交大会。题目是:“中华民国”国家文学博士论文内容与方法的评析。

凡开会都不免要联络媒体，做点宣传。当时《民生报》记者王震邦先生就把我这篇文章着重报导了一番，强调我对过去这些博士的论文之批判反省部分。例如我说各学校的师承系统，已影响了学生选择论题的视野、研究内容及方法。又说研究者不断重复格套，陈陈相因，导致研究形式化、机械化，缺乏创造力。而其所以如是，则是因为研究者没有方法上的自觉、方法意识薄弱。缺乏方法意识及方法论的自觉，会令研究者无法发掘深刻的问题。在分析及思考架构的安排上，亦将趋于机械。在内容的理解上，则不易有理论性的研究与建构性的处理，对资料也不够敏感。针对此类弊病，我建议尔后应：加强系所间之交流、加强科技整合、课程设计应更求多元化、论文的指导与审核应予加强、取消一些没有太大功能的作业（例如圈点十三经之类）、加强方法及思想性的训练、调整中文研究所的伦理结构，不能再依循那种形式化了的师生伦理，应改以知识理性为依归。

在我的文章中，当然也不全是批判，例如其中便有“不论我们在前面如何批评题目的选择、方向的趋势，对于论文的内容，我们仍应给予正面的评价。数十年来，文学博士的论文，确实在我国文科教育中扮演了重要的角色、引导了研究的途径、提供了学术的成果”等语。可见我写这篇文章，动机单纯，持论平正，用语亦甚和恕，初无与中文系为难之意。稍有批评，亦皆点到即止，重点放在借机举例说明写论文的方法上面。

谁知报导较偏重于我的批判面，大部分师长在未见到我论文时，即已怒不可遏。待访得论文来一看，更是火冒七八丈，觉得我好像用几句话就要否定掉他们的辛苦以及辛苦得来的荣誉。国家文学博士，凡一四九人，大都对我极表不满。各研究所的老师们，也觉得我这小萝卜头，凭什么来教他们该怎么开课、怎么指导论文。

何况，我还直言中文学界有门户意识，要求调整师生伦理结构。看我的文章，看至此，无不拍案而起，大呼：反了！反了！龚鹏程是什么东西？我们这一百四十九篇论文，每篇数十万言，上包天文，下涉地理，综含经史子集，他都读得懂吗？都读过吗？学问不讲师承，难道还是天上掉下来的？方法，方法，他那些什么方法又有啥了不起？古代就没有方法吗？就算他学得一两门番邦洋鬼子的奇招异式新方法，咱们这些旧方法便不管用了吗？哼！这摆明了是他在博士班时，我们说了他几句后，他就心生不满，挟嫌伺机报复。他要有种，为何在学校时不说，偏偏等到毕了业才到外头去讲？数典忘祖！混蛋！红卫兵！

一些朋友及学弟妹看见老师们如此戟指痛骂、气急败坏，自极惊恐。或来抱怨为何惹出如许大之风波；或暗通消息，谓我将遭诛灭。又或来表称赞，认为大快人心，确能洞烛时弊，吾等至感欣庆敬佩，但不便公然附和，在人多的场合，请原谅我们亦将表演大义灭亲之戏码云云。也有人来示关切，希望我勿因此打击而灰心丧志、神经崩溃。有人则来殷殷探询其中是否尚有内幕可以后续登场，再娱各界看倌。

到了论文发表那天，看热闹的、想报仇雪耻的、要澄清事实的、欲为我收尸抚恤的，挤满了屋子，报纸则以头版头条刊发了这个新闻。因为经此一闹，整个学术界都震动了，都开始关心这场中文系的革命事件。

在这次争论中，我一个人面对所有中文学界，其势甚孤，但气很壮、理也很直。不仅我所批评者，皆有实据：我所揭橥“论文写作应有方法意识”之义，在中文学界亦为对症之方。指摘我的长辈们，弄不清楚方法和方法意识、方法论之间的关系，故反驳完全不切要点。说我未必能读得完且读得懂这百余本论文，亦不能使人服气。我嘻嘻哈哈硬说都读了，而也都不难懂，他们便只能吹胡子瞪眼睛。

更重要的，是我已明确认识到：在中文学界，虽有庞大的敌视我之势力，社会上却是同情或支持我的。报导这个新闻的《民生报》即曾刊文指出：“国内各大学文学院对龚鹏程批判的论点，资深教授中有不少人持相当反对的态度，而且就事论人。如果因此而导致失去中文系所自我反省及寻求改进的机会，从纯学术批评立场而言，将是一项损失及遗憾。……至少，当前中文系所的师生心态、教育目标，及对学术批判的接受程度，都有必要重新考虑调整。”显然舆论并不赞成中文系对此事件之反应，也认为我所指陈之方向大体不误。中文学界对我越打压，越显得它僵固无法通变，显得它尚未建立学术客观化的规范与风气。而像我这样的人和这样的作为，乃显得越形迫切，越形需要。

在中文学界迫切需要改革之际，舆论也遂越来越觉得我能如此大胆出来呼吁，并与整个体制对抗，是英雄性的行为。因此还期望有更多的人起来一齐改革："瞻望中文文学的未来，国内少壮派中文学者似乎已不能再瞻顾迁延，有必要挺身为自己的学术专业领域设想，谋求改革之道。"（一九八四年三月八日《民生报》）

有整个社会期望为后盾，我自是有恃无恐，气愈壮而理愈畅，锋锷不可当。但我在道理和气势上虽然胜了，与中文学界师长辈的情分毕竟伤了。毕竟师生之间，除了道理以外，还有情分。许多老师及长辈并非不同意我所说之理，然对我如此公然在报端指摘抨击，终是难以释怀，觉得为人不够厚道。我言词争锋，务在胜人，亦辄使人觉得此君刻薄寡情，但知露才扬己，不顾他人颜面，时以令人难堪为乐。后来我在中文学界活动，花了不知多少气力，才逐渐消减若干业障。而有些芥蒂，则是至今也无法消除的。这都是当日一时快意，少年气盛所造之口业。

社会上对我的观感也颇分歧。固然大多称许我具有道德理性精神，为建立学术规范立了大功。可是亢而犯上，总与中国人的社会伦理观念有些枘凿。因此或怀疑我的动机，或形成一种恶劣的印象，觉得此君乃哗众取宠之辈。

一九九五年暑间，因台大发表了《哲学系事件调查报告》，社会上很热闹了一阵。有天我有事与当年被台大解聘的王晓波先生联络，他说有情治单位之友人提供给他一份卷宗，里面载有他的资料，后面则是我的。送了我一个影本。我批阅之下，才知昔年此事，竟已惊动情治机关，有人针对事件始末，做了个报告。始而疑心我是思想有问题，所以故意来扰乱社会；继而论断我乃借此沽名。而亦幸亏如此论断，才没被追究下去，否则，后果就难说了。这份文件，黄昆辉、周应龙两先生都批阅过。后来我在陆委会服务，黄昆辉先生来做主委，一直对我很不欣赏，或许早肇其机于此。故此一事件，让我声名大噪，奠立了批判权威、主持正义、少年英锐之形象，却也种下了不少地火闷雷，增添了我人生道路上不少坎坷。是福是祸，实在难说。

不过，我以无心，得此不虞之毁誉，细细思之，亦不可只从我个人之遭遇史上来看。

因为很显然地，社会上之所以对“中文学界改革”这等现今看来纯属学院内部之小事大感兴趣，甚至产生了切身同体性的期望值，并非偶然。中文学界的犯上批判，能引起学术圈广泛关注，也不只是为了看热闹。台湾在一九七〇年代发生了澎湃的文化民族主义浪潮，比较文学要中国化、科学要中文化、社会及行为科学要中国化、现代文学也要关怀乡土，整个社会之趋向如此，可是作为各个学科趋向中文化的核心，那个中文学术界却又如何？能提供各学科以强有力之支援或作为归趋吗？在许多人看来，当时的中文学界，不唯无法达成学术火车头的任务，恐怕还背负了拖累学界之名。《民生报》的评论，谓：“要使中国传统文化成为中流砥柱，并能发扬光大，似乎（中文系）也需随时代调整步伐。……然而，中文系所学术活泼的动力，比较其他学科，要来得偏低，也是许多人共同的意见”，就是这个意思。

高度期望和现实的落差，一直无法调整，社会上对中文系所的改革脚步，便越来越不能忍受。这时候，忽有一白袍小将出来，举义旗、奋长戟，冲锋陷阵一番，自是大感快慰。

其次，我的批判，是原先各种中国化运动之进一步发展。早先的讨论，主要是争辩方向问题；我的言说，则同时指涉了体制内部的权力结构、伦理关系，和学术发展的方法与论述问题。对方法意识的强调、论文写作及学术讨论规范的重建，恰好提供了学界一个可以前进发展的论域，也为学界适时之所需。过去当然也有不少人呼吁建立学术规范，但空陈理念，未能与体制内部权力结构与伦理关系之调整结合起来，理念怎能落实？我的批评，客观符应了这种需求，也达到了颠覆既有体制与思维的整体效果，所以才显得重要。同样的文章，若放到不同的社会文化脉络中，就不会有这样的功能，不可能引发如此大的震撼。

我可没被毁与誉冲昏了头，我深刻了解到这其中一切曲折，也观察到不少在事件中表现出来的人性幽暗隐微之面相。故许多人都断言我完蛋了，今后不可能再在中文学界混了，我却一点也不曾担过心。不是因为我已毕业，已在淡江拿到了饭碗，而是我认清了这个“势”，知道我只要趁势而为，没有人能挡得住我的刀锋我的路。而根据我所了解的人性，我更知道：待我搞出点名堂来以后，现在抨击鄙斥我的许多人，又必将转过来依附阿从我。因此，我便也乐得照着媒体所赋予我的改革者形象，继续批判改革下去。

批判改革，在学院内部既然不易发声，且已有了这次经验，我自然就迅速学会了运用媒体来表达意见，针对学术环境与学术风气，不断建议兴革。刀斧铿锵，时人为之侧目。

中文系的学者，向来讲究皓首穷经，要青灯黄卷，孜孜矻矻，没什么人整天在报上说东道西，座谈演讲的。因此学界对我越来越不满。即或承认我之批评不谬，承认学界确实应该建立客观严格的学术规范及良好之学术风气，但总不免质疑：你自己又做了些什么学术研究？整天“作秀”，写些报屁股的文章，却去指责别人不做研究或研究做得很烂，真是岂有此理！

对此批评，我从两方面来回应。一是进一步强调时代社会已经变了，中文学界不仅应该自我调整体质以适应生存的问题，更应进而改造原有的学术方向及格局，对整体社会文化发展方向提供意见。也就是说，我不但不肯修正、减低我的批判性及社会参与度；更认为这样的社会参与、学术文化批判才是中文学界应该走的道路。

性格偏激的人，行事之荒谬往往如此。彼此不犯，尚可相安。若你要说我错了，我非但不会认错，且将说其实你才真正大错了，非逼得你改过来不可。你不肯改，那么，好吧，大战一场，打得你屈服认输认错为止。从前李慈铭举试出林赞虞之门，中试后，循例谒林氏，称老师，不失礼。其后某日造谒，林氏谆劝之曰："贤契学问虽佳，而字殊欹斜，恐朝殿考差，尚须努力。"李慈铭唯唯，退则大诟，遂不复通问。即是如此。

此真意气之所激也！我也知它偏宕不近情理，无奈受形势激扬而走上学术批判改革之路的我，又不能摆脱此才性生命的气质限制。意气鼓荡，自居异端，且以异端为正理，挺而与天下抗，欲以力胜之，遂展开长达十数年的争衡。

但此仅回应之一法而已。我非毫无理性反省能力之人，亦知只破不立并不能真使学术有所发展。建立学术规范、改善研究风气，还必须真有些实绩。学者运用媒体、参与社会、呼吁改革，固极重要，然其主要战场确实仍在学院里的学术表现上。如不能在学术研究上真有些成果，学界焉能服气？何况，我一再嘲侮别人不会写论文做研究，学界也很希望看看真正发自问题意识、本诸方法论思考的学术论文究竟是何模样。我若拿不出东西来，岂非自打耳光？

要在学术研究和改革批判这两方面都能有所表现，我立刻找到了一个最适当的舞台，那就是古典文学研究会。

古典文学研究会成立于一九七九年，本身就是在面临比较文学冲击及社会环境变迁后中文学界改革之压力而创立的团体。以黄永武、王熙元、张梦机、沈谦、李殿魁等中生代为主力，可说是中文学界第一次的大整合，也是中文学界学习以现代研讨会形式进行学术对话的尝试。从一九八〇年起，每年除发行会讯之外，办一次学术会议，可说是中文学界最主要的盛宴了。经几年试验，正由青涩渐趋成熟，学术论辩之风气渐开。

我即于第二届起，每年都提交论文，至今未断。以旺盛的学术活力和持续的研究热情，来回应怀疑我之学术工作者。十几年来，批评我的人很多，但天底下没有人做的研究如我之多且精，这方面的闲语剩语自然就渐渐说不出口了。

而我每年提交报告之论文，也都不是一般的研究。往往是针对一个论题或论域，进行反省与检讨，扫除旧有研究模式的盲点，提醒新路向的可能。换言之，我将批判改革与我的学术研究结合起来，从学术传统内部去进行思维与方法的革新。故几乎每篇论文都炮声隆隆，流弹四射，推倒一世之豪杰，以期开拓后学者之心胸。

我报告论文或参与会议讨论时的态度，也很特殊。不论主讲、评论或一般发言，我都热切参与。提问尖锐，悍不容情，几乎对每篇论文都有意见。以致开会成了打擂台，显得杀气腾腾，一副磨刀霍霍状。直到一九九四年我风格业已转变后，仍听见熊琬兄称我为“杀手中的杀手”。可见昔年所给予人的印象多么凶悍。许多老师宿儒，不愿在开会时横遭羞辱，便逐渐淡出舞台，让年轻人去施展身手。中文学界之新旧交替、世代转换，即成于此无声无息的竞争态势中。

而打擂台，向来又颇便于内行看门道、外行看热闹。对于鼓舞学术讨论风气，创造论题，也甚有帮助。记得有一年在高雄师院开会，最后一场时，我太累了，离开会场找了个地方打盹，结果会中居然冷场，劳动主席差人赶快去找龚某来开会。因为只有我在，才会有人提问。可见当时推动学术讨论风气有多么辛苦。学界大多数人仍不习惯在这种公开的、客观的、受发言位置及时间限制的现代化学术情境中进行学术研讨。如何在阅读一篇论文时，迅速找到其中关键且有意义的问题，提出质疑，以促进思维的跳跃，均无经验，亦无把握。故需要我不断示例表演。

如是作为，自亦有不少后遗症。论文越写越多，骂的人也就越来越夥，会议中又纵横博辩、痛下杀手。负谤贾怨，岂能避免？

这个道理，我怎能不知道？但我所要建立的，不就是这种破除情面，让客观真理在论辩中自然呈现的学风吗？既是自觉地要扮演这种角色，企图达致这样的功能，说不得，只好硬着头皮杀将下去，好在我于研讨会之外的场合，待人尚称温良谦让，不尽以芒刺向人，大家久了便也逐渐能体会我的用心，不完全把我想象成一个生毛带角的怪物。至于某些误会与嫌隙，既已形成，我亦无力化解，那就只好听任自然了。

此即历世涉事之为难处。凡有所成，必有所失，誉之所在，亦即为毁之所存。事理人情，永远无法兼顾。故与其求全，不若能舍。某些东西，要能割舍得掉，看得破、丢得开，在另一方面才能有所得。但所谓舍，也不是真要我们丢弃什么我所已拥有的。大部分时候，只是要放弃那些企图拥有的执取妄念罢了。

例如我在学术界活动，我要生存、要有发展，常得罪人当然是很不利的。可是，为什么我要在这里有所发展呢？读书做学问，都是我自己的事，跟别人肯不肯定我有啥关系？人家不让我升等、兼课，不给我奖助，又有什么呢？别人本来亦无帮你或奖助你的义务。我既不企求人怜人助，根本无此念头，则人之助我者，我视为额外之恩惠，如中彩券，本非我所应得。人若憎我、害我、妨我上升之路，我则视为当然。人生在世，本来即会有此遭遇。而其憎妨害陷，是否真就能使我困窘难堪呢？那又不。因为我本来也没有非在此领域此地盘此路径上发展不可的念头。陆象山尝云：“某虽不识一字，亦须堂堂正正做人。”我无其气魄，但我常以为某纵使不在中文系发展，甚至不在大学教书，又甚或干脆回到街上去摆面摊子卖阳春面，难道我就不是中文学术领域中第一流的高手了吗？学问在自己身上，别人既盗不走也抢不去，那又何须介意谁给不给我们舞台？此即所谓看得破。了不起我回家卖面或捡破烂，名位前途等等何有于我哉？

佛经有云：“由爱故生忧，由爱故生怖。若离于爱者，无忧亦无怖。”爱欲是生执着，执着乃起妄念。因为能舍此类执念，所以内心才能坦荡无所挣扎，不至于瞻前顾后，既想论理，又处处担忧到饭碗及未来名位禄利等问题；既想拥有声名，又怕遭到毁辱。深知誉我之虚名固不可信，谤我之浮言亦不足虑，自能掉臂独行，道法自然。

我非圣贤，故亦非立刻即能到此境界。早期遭到讥议谤辱，也曾愤愤，脑子中盘旋着反击报复的策略，睡也睡不好。获得称誉，又会飘飘然忘了自己的斤两。但毁誉交冲，如水火相煎于内，患得患失，忽喜忽怒，不多久便使我憬悟了，知我如陷于其中，必致神经错乱，心神耗竭而死。不若清清爽爽，一切回归本然。该喝彩就鼓掌，该轰击就放炮，当默而默，当语则语，行乎应行，止于所止。别人看得捏了把冷汗，而其实我是行所无事的。

也正因为如此，路反而越走越宽。古典文学研究会在黄永武、王熙元两先生之后，由张梦机老师担任，两届理事长，我任秘书长，推动一切。不仅依旧召开年会，也筹办主题性的会议。对于会议形式、进行程序的设计，更花了不少心血，影响国内学术会议的文化，我自以为不小。一九八九年张老师卸任后，大会选了我继任，请李瑞腾做秘书长。次年我去陆委会任职后，则由瑞腾接手。一九九三年我辞官后，瑞腾不想做，大会又选了我继任。对于我们的工作，除了我自己已有多篇文章述及外，瑞腾于一九九二年也有综论，说：

> 近十三年来，历经七届五任理事长（黄永武、王熙元、张梦机、龚鹏程、李瑞腾），计举行了十六次古典

> 文学会议。其中包含一次大规模的国际会议，六次主题式的研讨会：以《文心雕龙》为中心的中国文学批评研讨会、宋诗研讨会、五四文学与文化变迁学术研讨会、大陆地区古典文学的教育与研究研讨会、二十世纪中国文学研讨会、文学与传播关系研讨会。除此之外，举办两次研究生论文发表会，协助陈逢源文教基金会举办多次青年诗人联吟大会、古典诗学研修会，并远赴香港进行三次浸会文学讲座。由于所有的活动几乎都与各大学的中文系合作，会议实况并有传媒加以报导，同时大部分的论文也都结集出版，其所获致的效用与影响，不言可喻。大体来说，十几年来的中国古典文学研究会，在研究及学术论辩风气的提倡上有很好的成绩。在古典文学研究的论题上，比较有计划地去发现，并试图解决有关的问题。除此之外，在新一代研究人力的开发与培养上，它做了很多的努力。从时代的意义上来看，……过去文化复兴运动的保守性与封闭性使得传统文化机能日愈萎缩，甚至于逐渐被现实社会所遗弃。在这样的情况下，中国古典文学研究会以比较积极的做法，使古典文学不断再生，结合现代社会与生活，致力于有关古典文学的出版与研究。一九八九年，年轻的学术界新锐龚鹏程博士接掌中国古典文学研究会，以更大的视野、更弹性的方式面对传统与现代、台湾与大陆、中国与世界之间的各种文化性问题……

其实古典文学研究会还办过一些其他的活动，例如曾与《大华晚报》合作编制了一个版面，跟许多社团办过座谈等。它在校园内部培养了新生的研究人力、建立了批评的规范、导引着学术的走势，并带着中文学圈走向世界。在学院之外，则结合学院与社会、传统与现代，替中文学术打开了一个全新的格局。影响所及，亦不仅限于中文学界。

这个格局内部，也略有些演变。在黄永武王熙元先生主持时，系以结合传统与现代、推动校园内部学术研究之现代化为宗旨。张老师、我及瑞腾的时代，较偏于直接以我们得诸传统者去介入现代性的议题，如召开五四文学与文化变迁、二十世纪中国文学之研讨会，讨论文学与传播、大陆的古典文学教育等，都具有时代感及现代性。

当我们主办五四文学之讨论时，台湾现代文学界或现代史研究界，其实都还没能办出这样的会。我们研究大陆之文学教育时，台湾的“匪情研究”体系及大陆问题专家，也同样尚未能办出这样的会议。同理，瑞腾在上文所未谈到的“区域特性与文学传统”研讨会，也是台湾此类研究之嚆矢。后来瑞腾在他所主持的《文讯》月刊上办了一系列环岛研讨，调查了廿二个县市的艺文环境，发掘各区域的特性与文学传统、刺激各地文化中心投入地方文艺史料之编撰与整理，即可视为此类工作之扩大。

像古典文学研究这样一个看起来应该十分古旧的社团，由我们这样三十出头的人领导，介入当代如此之深，甚且更能引领当代文化议题，开风气之先，殊非易事。前既无所承，后当亦不可复继。这里需要有两种力量来配合，一是要以具有时代感的文化关怀，作为推动整个学会的精神状态，而不能只是学院内部学术钻研的兴趣，更不能对时代、社会、文化整体发展漠无所知、了无所感。其次则是须有另一套观点，来说明传统古典和当代不应有所睽隔。

在黄永武王熙元诸先生时，曾提出“从传统到现代”“结合传统与现代”之观点。我却认为这种讲法，都是把传统和现代视为两件事，所以说从甲到乙、要结合甲与乙。但从人的意识内容上说，人存在的本身就是历史性的。人因其生存之经验而有知，并以此知来知现在的一切事物，故其实是即传统即现在的。我们对现在的一切理解与批判，都需来自传统。因为若无传统意识，当然也就没有了现代意识。

这种新的认识论、新的方法论，才可以建立以古典传统介入现代的正当性。但这并不是防卫性的说词。顺着这个观点，我更要借此强力批判当代，说明当代“传统 / 现代”的认识论区分根本是桩虚构或误会；当代文化之发展，亦正因建立在这种断裂的传统现代观上，故完全与传统意识隔绝背离，以致乱七八糟。而这样的批判，又不是冬烘老夫子那种一切回到过去，回归传统式的“世风日下，人心不古”之云云。乃是以我们活在当代，对当代具有具体存在感受之文化关怀，来申展我们的传统意识，并对当代有所反省。

此一思想及路向，颇异时贤。世俗观听，不无感动。故除了批判当代学术风气之外，对于教育问题、社会文化的发展、文学社群之动态，我也多所着墨，刀光闪烁，四处邀战，批鳞捣穴，凌厉无前。

这些文化批判，大多收入《我们都是稻草人》《现代与反现代》《时代边缘之声》等书中。久大出版社曾把《稻草人》编为《不可一世丛书》的第一册。不可一世，是双关语，意谓写作者还年轻，是跨越两个世纪的生活者；同时，它当然也想表示一下作者那种狂傲的态度，横刀而立，冷然睥视这个世界。

我虽妄诞，何敢如是？但世既以此谬推，自亦有不少人以为我真是如此，称许与批评遂亦日夥。或谓我这样什么都瞧不顺眼，大概眼珠子长歪了。或云此君内热，故汲汲表现，以弋时名。或则仍囿于闻见，不能明白我即传统即现代的观点，疑我为复古论者。又或谓我常征引西方论述，实乃假洋鬼子等等。

我的文章，又显得尖锐刻露，令很多人不能接受，觉得骂得太凶了。其实我自己晓得我下笔有多么温厚。批评某人笨时，一定是其人已经非常笨了；指责某事很荒谬时，必然也是该事已经极为荒谬了。故旁人见我举刀乱砍，而实际上刀根本尚未出鞘。我曾在《文学家》杂志写一专栏，名称就叫“刀鞘篇”。没有人知道它命名的涵义，只是我以此自伤自警。伤流俗之易于眩惑耳目，且志我欲横刀以靖天下之志而已。因为评论文字的功能，主要在于介绍点新观念、揭举些文化理想。抨击责难，只是消极性的作用。文化评论写得好不好，本来也就不在于能否针砭时弊，而更在于能否指出向上一路。

但在指出向上一路时，我的文化认识、文化理想及我之见解，与当代经常进行社会批判的学者们也很不同。记得有次《张老师月刊》举行有关中国人性格问题的讨论会，杨国枢、文崇一诸先生邀我预席。对于他们想从中国人性格之文化根源处来批判反省中国人之心理与行为状况，我居然完全不能同意。觉得他们所进行的那一系列著名之中国国民性研究，好像都是不了解中国历史文化的洋人在做的。举此例，并不是说我才对，别人都错。而是说我在面对社会时固属异类，故颇有不满，屡屡为文发牢骚；在社会文化批判者的群体中，我仍然是个独行大盗。

但无论和他人的同与不同，我既表现得如此愤世嫉俗、好肆讥弹，许多团体便来拉我去说说讲讲，以求改善人文环境。我被拉来扯去，时间愈来愈遭分割、问题愈来处理得愈杂，东奔西跑，不遑宁处。渐渐才晓得所谓参与社会、投入当代文化之改造的运动中，不是说着好玩的，需要把整个生命搅和进去。正是，有诗叹曰：

少小僻幽独，端居自含藏；偶然惊天下，负剑走八荒。

感 兴

诗，可以兴。兴是不受理性、规律与秩序羁勒的，生命之本然亦是如此。

故或因物触物，随物象而联结，可以随情肆其联想，如《孔雀东南飞》所谓："孔雀东南飞，五里一徘徊，十三能织素，十四学裁衣"，或古乐府《鸡鸣》所云："鸡鸣高树颠，狗吠深宫中，荡子何所之，天下方太平"，皆前言可以不搭后语，随意起兴。又有因情触情者，一时兴起，千里命驾，如风水之相遭，偶尔相激，莫辨其来，不知其理。另外也有因物触情，兴感无端的，如所谓"公无渡河，公竟渡河，渡河而死，当奈公何？"或"闺中少妇不知愁，春日凝妆上翠楼，忽见陌头杨柳色，悔教夫婿觅封侯"之类。生命也就是这样的兴。忽然而兴矣，理发、文见、事生、象成，遂可以观，可以群，也可以怨。

我回淡江教书时，距大学毕业只两年。昔日同学弟妹，大多还在学校。而我在毕业读研究所那两年，其实也仍每周回淡江听张之淦老师的课。故返校教书，角色调适虽感困难，环境却极熟悉。不料生命流荡，乃竟不能安其居乐其业，游走于报社、出版社、杂志社、电台及诸社会活动间，触物兴情，生非惹事，殊觉无奈。

那时我在淡江校长室办公，想脱离行政体系，回中文系好好教书亦不可得。傅锡壬老师要贯彻张建邦校长的高学位政策，坚持我须获得博士后才能改聘为专任教师。待我取到学位后，似乎一时间也还无法改。

生活上也不顺利。我仍住在桃园龟山老眷村中。屋舍甚旧，地甚卑湿，雨过辄淹水。夜间老鼠总在屋子里跑，到我书架子上去拉屎溲尿。书架，则是我去木材厂里买了木板木条，扛回来自己钉的。虽摇摇欲坠而堆书不少。不刨光、不油漆，模样不佳却觉得非常实用。每天我坐在书架前看书写稿，过往邻人，视之或以为是蜡像。

后来我桌前添了一小台收录音机，花去三千元，几乎是全家所有的储蓄。

我写稿看书听广播之余，也会去后院瞧瞧。后院瓦砾泥堆上长满了杂草，雨滋露润，渐渐高过屋脊。我们惜其荒芜，且也实在买不起青菜吃，就辟了一小方地，种了些葱韭红菜。要吃时，即持刀剪去院子里截些来炒煮。逢着下雨，竟自以为有“夜雨剪春韭”之乐。

但此仅是苦中作乐而已。屋里没浴室，每要洗澡，都得在院子边的塑料棚子底下，用三夹板把风隔住，提一桶水，蹲着洗洗。冬天寒风从夹板的大破洞中灌进来，几乎冻杀。却也只能拿洗衣板、水桶去挡挡而已。

岳父又恰好于此时脑血栓中风，在荣总住了半年。我妻每天要在桃园、台北石牌间奔波，与我岳母等人轮流看护，精神体力，都极劳瘁。

有次我去荣总看他们，绕道三重埔先去看望我堂哥凤飞。他孤身一人在台，派报为生。有一天台北排骨大王的儿子跳楼轻生，不想跳下来竟撞到他身上，人生倒霉，莫过于是。结果那人死了，他手也被撞断了，独自住在三重一小阁楼中。我去时他不在，我即往一药房买药。出来没注意到铁卷门已拉下，一头撞上去，鼻梁裂开，倒在地上。爬起来后，裹了伤，遄赴荣总，脸上刚好用胶带贴成个似王似八的样子。看到的人哈哈大笑，我则哭笑不得。在医院窝了一夜，与妻乘车返龟山准备收拾过年。谁知劳累过甚，上车即睡着了。待到站，匆匆跳下来，才发现为应付年关而借得的三千元已遗失在车上。慌忙雇车追去，终究未能寻回。垂头丧气而返。我妻想起命运如此乖舛，不禁倒在床上痛哭不止。

此生活中之一小小事例而已。贫苦生涯，何堪殚述？而且，我们这一辈人，早年大多经历过台湾最贫困的年代，赤脚行走于山川大地之间，谁都有这些经验，因此也不需特别拿出来说。只不过，我直到当了教授，生活还是如此。至今家中客厅一套藤椅，也还是用了三十几年的旧家伙。清贫既惯，日子也就勉强可以挨得过去。

但不幸总是继踵而来。我大女儿玄之出世才十个月，忽患病，医生诊断以为是出麻疹，又以为是感冒，闹了许久，后来才知是得了罕见的川崎氏症。时此病尚新，亦不知传染途径为何，无药可治，唯三餐须服阿斯匹林。但阿斯匹林是小孩退烧的主要药物。她每天吃这种药，一旦感冒发烧，就几乎无药可使之退烧了。每次都要烧到四十度左右。为父母者，简直五内如焚。

这也就罢了。川崎氏症治愈后，可能有后遗症，会导致心脏冠状动脉扩大。玄之又不幸正是如此。每周我们要赶车抱她到台北荣总去看心电图与超音波，追踪检查。其间还做过一次心导管手术。日夕紧张，心甚惴惴。一次，她高烧不退，去桃园看，医云无碍。夜中忽觉心脏跳动如击鼓，立刻抱起喊车冲到荣总。医生一触诊，断定是肝脾肿大，立即住院治疗。又一次，检查说是白血球越来越少。又一次……

我也不晓得她为何如此苦命。自省罪愆，以为是老天之薄惩，但又不知为何要累她受罪。大家都说我替她取的名字取坏了。我自负星卜历算杂于巫祝之间，怎么会连个名字都取得如此凶险？自己也想不透，无奈，只好面对现实，跑去户政事务所替她改名为“元之”。后来老二出世，本拟取名又玄，也不敢再玄了。

可是她的歹运并未完结。我们发现她的腿上肌肉渐渐松弛，大腿处出现凹陷，越陷越深，弯曲已感困难。我们惶急无计，只知是治病时打针伤及肌肉与神经而造成萎缩，医石罔效，仅能每天热敷以尽人事。好不容易打听到嘉义医院院长陈活源先生发明了新的治法，可改善青蛙腿之类症状，乃每周由龟山去桃园，转赴嘉义。看毕，当天再赶回来。

每出门时，天色迷蒙，用毯子裹住孩子，去追逐希望。在医院里，看陈医师用针扎入她腿里，借着挑激与药物注射，来复活腿部的肌肉生机，孩子则辗转号呼于手术台上，则是又心痛又欣喜。然后再带着孩子尿在身上的尿水、在车上喂食时打翻或溢露的乳汁，欢悦又疲惫地回来，继续赶写我的博士论文。这样奔波了一年多。叨天怜见，也感谢陈大夫之神技，终于恢复了她的健康。

我妹妹及妹夫又去求了神符，要我煮水给孩子喝。我也不敢再坚持知识分子理性的骄矜。人穷呼天，命遇不可测，非吾智之所能知，但求尽我们为人父母之情与义而已，所以也立刻煮了给她喝。

凡此周折，不能一一缕述。且谈这些家庭琐事有啥意思呢？我的用意是两方面的。一是我“偶然惊天下，负剑走八荒”，三十岁升教授，然后当系主任、所长、文学院院长，主持古典文学研究会等等，一般人总觉得我是遭逢时会，暴得大名，一帆风顺，少年得志。尤其是与我同辈的朋友，颇因此而有点心理不平衡，老觉得我也没什么了不起，运气好罢了。我当然没什么了不得，但我又何尝顺利了？事业不遂、生活窘困、亲人痛苦，都压挤着我的灵魂，要花气力去面对，让自己在命运遭际的磨盘上去慢慢地磨呀磨。

就连最简单的上下班来说。每天从龟山搭公车到台北，再转车去淡江城区部上班或赴淡水教书，真是长路迢迢。由台北返龟山更惨。站在火车站前候车，在机油废气及吵死人的车声里，往往要鹄立一两小时。车来了，又须冲锋肉搏一番方能抢上去。抢上去又未必有座位。车经三重、新庄，一路摇摇晃晃堵回去，仿佛是要开赴月球。

有次在台北桥头，适逢三重大拜拜，等一红灯准备转弯，竟停了五十五分钟。枯坐在车上体会生命的流失、感受离死亡越来越近的忧惧，为每天必须耗费这么多时间使我不能读任何书、写任何文章、想任何问题而烦躁郁闷不已，随时有发疯的冲动。后来终于没疯，实可谓邀天之幸。此等小事尚且如此，其他各种生活上更大的困顿与磨难，当然是更难说得清了。

可是这又有什么呢？谁没有或大或小的磨难？因此我要说第二点，那就是“兴”。人生遭际，正如风水相触，毫不相干或毫无逻辑之事，触情、起相、生感、成兴。兴不是命。命一般总被认为是外在的，属于生命的限制，或降临到我们身上而影响决定我们存在的那个力量。兴，则是说这个遭遇，正如“关关雎鸠，在河之洲”，接上了“窈窕淑女，君子好逑”，偶尔相遭，若有理若无理，若有意若无情，而一切即兴发生成于此间。本非意造，然亦不尽出于意外。兴成而可观，则又未必纯属被决定被限制的。

只有从兴上说，生命才能有气力、有姿采、有可以兴高而采烈之处。鸡鸣狗吠，不妨接之以天下太平。所遭遇的，固然是风雨泥涂，我之触情感物而兴事成业，却未必不能继之以朗月丽阳。这不是面对逆境的动心忍性，承担苦难；也不是要硬与境抗，奋斗不挠；更不是去大力转境，企图转劣境而生菩提。只此是兴。如此兴，如此感，而遂如此十三能织素、十四学裁衣。没有嗟怨，也不必夸耀什么战胜逆境、迎向光明、志趣远大、勇往直前之类。不受命、不认命、不顺命，也不造命，自兴自发，随吾遭命而兴作运动之。

当时我已兼差极多，博士论文写了三十万字，不想再写，故积极准备毕业。所里不同意，因为在此之前从来没有人博士班只读四年的。中文硕士一般要三年，博士则八九十年不等。我找着教育部的规定，认为四年即可提论文口试，希望所方能够接受。黄锦鋐老师是所长，他同意了，帮我安排口试委员。

就在这个时候，考试制度却又变了。

说来有趣，我求学阶段每隔一级的考试，都会碰上制度的变动。小学考初中时，居然加考体育，要我们翻筋斗、爬竹竿、跳绳、走平衡木，大大折腾了一番，使我差点没有考上学校。第二年却不仅体育考试取消，连笔试也不用了，免试升学，初中改制为国中。我们初中最后一届的学生，不但没获得免试升学的优惠，初中还不能留级或落榜，因为课本全改了，再重读就得重新来过。好不容易挣扎入了高中后，乃又碰上大学联考改以电脑阅卷。欲哭无泪，只能无语问苍天。现在博士终于要毕业了，竟又遇到“国家”博士制度要废除，学校本身口试完毕即可授予学位。第一位新制度的受用者就是我。

只考一次，不必再由“教育部”组织考试，当然是简化了。但旧制已废，新法却尚未能制订。我毕业的事就被悬搁在那儿。我三月间已提交论文，满拟可以成为最后的“国家”文学博士。岂知五月废旧制，直拖到七月才举行口试。

原本黄老师已请得劳干（贞一）先生来担任我的校外口试委员。我去“中研院”拜望他。他对我能作点旧诗，表示欣赏；论文也还未污法眼，颇获嘉奖。但考试日期一直不能确定，劳先生终于去了美国，论文必须另找人考。黄老师又替我改请了陈捷先、管传垛两先生。亦幸而两位怜我写作辛苦，匆匆答应来指导。我十分感激他们，否则大概还得再拖上一年。

但此时不耽误，另些时候自然就会有些耽误。天理如此，人没有永远幸运或不幸的。后来我升教授，硬是因行政作业的缘故，晚一年送审论文。我感天理之昭赫，故亦不敢有所怨怼。

事实上我也无资格抱怨什么。我小学跳了级。大学毕业，因近视太深不必当兵，因祸得福，向“国家”赊得了两年，又减少了学问退步的危险。硕士班博士班又特别顺利，在最短的年限中毕业。与时间竞走，抢得了这么些年，还能说不够幸运？我的几位朋友，有些人为了学位，耗了十年。蔡英俊到现在还在与学位纠缠。周志文、林安梧仍以尚未升等教授为憾。更不用说周纯一、陈信元这些现在还负笈海外，为一学位而折腰的朋友了。他们的学力未必在我之下，但世海沉浮，随缘流转，在学院的资历与规格上，却仍处在不能不受限制、不能真正翱翔的境地。

未必他们真在乎这个劳什子学位或教授名衔，但活在我们这个社会，名衔虚声，却有着实际的作用。有博士招牌、教授头衔者，不仅薪资待遇好得多，办起事来也方便得多。社会上认人只看招牌，也就罢了，横竖他们不知学术知识为何物，故以为职级高的学问也一定更好，官越大知识也越大。岂知学院中此风更是炽烈得紧。

以台湾教育部门对大学的评鉴来说，教师中博士占若干，便是一项标准。逼得各校或发给博士薪贴以广招徕，或干脆规定非博士不聘。此非荒谬为何？名校出身、博士、教授，与学问真有必然且直接之关系吗？纵或有之，烂学校出身、没学位的市井豪杰、奇才异能之士，其实亦所在多有。我从民间来，深深明白这个道理。何况我正有许多朋友仍在这些名衔虚位的压迫之下，为了学位或升等而挣扎。因此，对学院里这些虚矫的气息、号称学术的环境，殊不能认同。

所以我便去向眉叔师抱怨，说不想留在学校里了，希望能转到一个研究单位去，关起门来，沉潜做点学问。

张老师很欣赏我的决定。他老早不满意我在文化界东摸摸西搞搞了；对于我在学院间厮杀冲撞，也不以为然。觉得我还能读点书，该趁早退出江湖，乖乖沉潜于学业。因此立刻与其老友黄彰健先生商量。黄老师是“中研院院士”，精研经今古学、《明实录》及康有为等，对我颇有了解，即邀得陈槃庵先生联名推荐，进入“中研院”历史语言研究所。

依黄先生想，两位院士推荐，在美国的劳干先生也可附署，当然不会有什么问题。不料，案子根本尚未送审讨论就被搓掉了。所方以龚某性喜惹是生非、禀赋偏激等等去游说陈槃庵先生，让陈先生觉得他可能错荐非人，愿意撤案观察。弄得黄老师十分不快。去“中研院”的事，乃作罢论。

待我送交教授升等论文而未能提报的那一年，伯父乾升公又希望我转行去做官。我对此毫无兴趣，但讲不过他。他总是举乡先贤欧阳修做例子，说欧公之学术文章，炳耀千古，做官又妨碍什么治学了？且吉安庐陵自欧公及文天祥之后，学术文章即罕有继声者，要我勉效古人。

他在“考试院”当铨叙部司长，常于下班时邀我去小魏川菜馆吃红烧鱼及荷叶排骨，徐徐开导。有时也要我陪他去替人看风水。他与六十三代天师张恩溥先生谊契金兰，地理绝学，尤胜于天师。各界经常来邀他去看阴宅阳宅。他看我写过《易经》的研究，易理象数，尚不陌生，故命我陪他去，路上也好谈谈，解其岑寂。否则跟那些人讲也讲不通，岂不乏味？我看他打罗盘、定峦头、点穴位，觉得非常有趣。认为这也可以作为一种职业，平日读书写作，暇时应各方敦请出来游山玩水，观地理之机窍，定吉凶之化权，实在也很不错。

伯父见我很愿学习，自然甚表欣慰，但他仍主张我要去参加甲等特考，以备入仕。

甲考本不轻易开科，应试者多半是已占现缺而尚无公务员资格的所谓“黑官”，须考上才能正式真除。故一般都视为黑官漂白的特殊途径。且此科考上后，可直接担任简任十职等以上的职务。公务员最高不过十四等。从普考及格的委任、荐任科员干起，干到简任十职等，运气好的，约需十五至二十年。故甲考又被视为直上青云，一步登天之路。考试资格亦较特殊，例如曾任县长之后，尚需另有工作历练及著作，方能应考。唯为鼓励学者从政，具副教授三年以上年资，亦可入试。因此伯父要我掌握机会。

我对此毫无兴趣，看伯父交给我的报名表，也看不出我能考什么。直到报名截止当天，他问我情况，我推说尚未体检，赶不及了。他大不悦，亲自来“押解”我去木栅“考试院”报名。体检未做，也由他向承办人交涉，随后补件。我还记得交了报名表后，伯侄俩坐在“考试院”长廊下聊天，谈风水地理及艺文掌故的事。而伯父现在已归道山，思之至为缅念。

他在大陆时曾任乡长，诗书俱佳。来台后，在凤山中学教过一段书，现任中兴大学文学院院长胡楚生先生就是他在那时教过的学生。后来由高考入仕，洊升至铨叙部司长退休。我对宗族谱系及道教之知识，多是他的启发，诗歌也常经他指点。不幸他致仕后，忽病中风，缠绵数载而逝。善窥天机者，天实妒之，此其例也。

我拗不过伯父，报考了史料编纂与整理类，那是我唯一可以考的类目。但报名表交了，却并没做任何准备。直到考试那天，才随手带了一册《中国史学史》去读读。坐在“考试院”前大树下读了一些，也不太读得下去。适巧邻座有人问我在看什么，我便随手又送给她看了。自己端坐“体无”一番，心中一片空明。

考卷发下来，有论浙东史学、档案史料编纂整理之法等题，我既毫无准备，又不抱任何希望，自然乐得大放厥词，谓世上本无所谓浙东史学，出于章实斋之杜撰云云。纵笔疾书，率先交卷，一身轻畅，扬长而去。

榜发，居然笔试第一，舆论大惊。因该科久未举行，本科开试，考试之结果，会立刻改变政坛的人事布局，是以众所瞩目。与试者又多名流，如“总统府”第一局副局长马英九、焦仁和，文化界的汉宝德、赵淑敏，学界的台大外文系教授蔡源煌、中兴大学文学院院长余玉照、正担任北市美术馆馆长而闹了许多风波的苏瑞屏等等。焦、汉、苏诸位都没获隽，更引起了许多话题。论者或质疑甲考乃特为黑官漂白而设，另外一些人则认为连苏先生等人都未考上，可见此科水准特高，也特别公正。故随后之口试亦格外受重视。

我考的史料编纂与整理类，应试者都是史学界的先进，其中大概原有“国史馆”准备来此“漂白”之官。结果竟是由我这个史学界的局外人搏了头彩，文史界均极感意外。文学界的朋友很奇怪我为何会去考这个试，史学界则普遍不服气。我嘻嘻哈哈，说因为博士毕业后曾去函台大史研所，请教能否与试入学，未蒙允可，所以现在来考着玩，以偿钻研史学之夙愿。听者知我胡扯，本不相信，认定我是官瘾犯了。

口试，由成惕轩、高仲华、陈槃庵三位老师主持。奖饰逾恒，教示甚多。所以最后竟以第一名特优等录取。后来我去拜望成老师，他告诉我这不但是本科所有考生中最高的，也是历来最高的，郑重勉我应存心为国为民，将来才不辜负他们几位老人家对我的期许。我汗流浃背，惶悚不安。而今惕轩师亦归道山矣，仰止风德，无任思之！

榜出后，我被分发至“国史馆”，余玉照去新闻局任处长，蔡源煌也在新闻局做顾问。我想起唐人所说平生大愿，在于“娶五姓女、入史馆”的故事，觉得能去“国史馆”，预修“国史”，真是件荣耀的事，所以就去报到了。

可是我搭车从台北往新店，一直开上北宜公路，山路盘纡，九转八弯，绕了半天才找到“国史馆”。原来馆在山中，四山环之，路在其上。路旁全是冥纸。因道路甚险，车祸甚多，开车过路的，都是一边开车一边撒纸钱。风纸飞扬，气象萧森。

循石级而下，入馆往谒馆长朱汇森先生。朱先生时正卸“教育部”长任，来此供职。承其介绍馆况，并做参观，我即决定打退堂鼓了。为什么呢？“国史馆”虽有处长缺，但似已有预拟人选，如今遭我这个局外人横刀夺了位子，馆中人如何想？我将来又如何自处？“国史馆”，隶属“总统府”，但位尊而禄薄，地又僻远，现实上说，实在也不及在淡江教书。何况馆局执事，多为长者，气度凝重，未必可以容我小子来此撒野。盖衙门本不畏冷，然须坐冷椅而可以做热活，否则即不见得非要在此贡献精力不可。

离开“国史馆”后，我离开校园、找研究单位做研究的希望也没了，只好再乖乖返校执教。

但在校园里，也看不出有什么发展性。王邦雄老师率先离开淡江去“中央大学”了，接着颜昆阳也准备走。游说我，谓曾昭旭师主持“中央”中文系，若转赴彼处，或许可以更有作为。我遂亦起兴动念，同意离开淡江。

时“政府”为了推动校园民主化，规定聘人均须举行公开甄选仪式，除了送交著作资料，尚需举行口试投票。我们为表示尊重体制，选了一个上午，同去中坜接受测试。反应良好，获得通过。下午我便匆匆赶回淡江上课。

不料刚进系办公室，助教即告知陈雅鸿校长找我，要我立刻过去。我不明就里，到校长室进谒。陈校长才说：“傅锡壬先生已任期届满，我们要考虑继任人选。你在学校服务多年，又是校友，能不能接手？”我说：“我还没向校长报告，我正准备辞职，已拟就‘中央大学’聘了。”他很诧异，说：“决定去‘中央’了吗？如果还可以转圜，请你考虑！”我知道不能不识抬举，乃即应命了。回去跟昆阳说不能同他一道去“中央”啦。昆阳嘿嘿冷笑，说我毕竟还是想做官，所以一有官做就走不动。我也懒得跟他辩解，去正中书局把《国文天地》的编务也一并辞了，打理起精神，好好应付这个新运命。

淡江是台湾最老的私立大学，规模也大，有学生几万人。当时号称是全台最大的大学，连大陆也无人数如此多之学府。但私校本不比公立学校，一切资源均极缺乏，学生素质、教师条件、图书设备也都比不上公立大学，其财务，更是拮据。我中文系日夜间部，有学生千人，等于半个中山大学，每学期仅有办公费用万元。系上教师八十余人，开两次系务会议吃盒饭就吃光了，还能做些什么事？昆阳只知干系主任是做官，却不知当家之难，巧妇需能为无米之炊。

我先去向周安托商量，他义助了我五万元。我成立了一个六朝文学研究室，开始办小型研讨会，把教师间的讨论风气炒热起来。接着扩大办全系教师的“茶与学术”聚会，既沟通情谊、游山玩水，又谈点学问。然后定出重点发展方向，开始举办全台湾学术研讨会，以“文学与美学”“社会与文化”为两大范畴，再搭配以其他类型的研讨会。同时向“教育部”申请成立研究所。

如此一来，全系教师立刻凝聚起来了，以学术为主导，带动教学。同僚相处，也可以有些学术性的议题可以谈谈。借着这些议题，又可以联结或沟通外校的同行，整合学界之资源与力量。整个系就因此而显得有活力、也具有号召学界同道的气势了。

但这并没有任何勉强或争霸的意味，仍然是兴。一切都显得兴冲冲、兴头头的，充满了感兴、兴发之趣味。例如我们第一次办社会与文化研讨会，以“晚明思潮与社会变动”为主题。

没钱，恰好郑志明正在帮一个讲五教合一的教派弘化院办些讲座，学生高大威又在那儿主持出版事务，所以论文集得到弘化院的赞助，会便顺利开了。开到中午，吃了饭后，我一时兴起，提议上山去玩玩。于是呼啸了陈万益、林玫仪等，几辆车冲上七星山去。谁知山路难行，大伙儿又贪看风景，尚未抵达于右任墓园，下午开会时间已到。陈廖安来问我：“要不要回程？”我说：“游兴未尽，岂可半道而废？不管它，再上去逛逛吧。”结果山下开会者面面相觑，不知发生了什么事。主讲者、讲评者各有一人不在场，亦不知会议要如何进行。后来才晓得主办人发神经，一票人跑去山上玩了。接着又一票人一齐嘻嘻哈哈冲回会场，继续谈学问。

如此疯疯癫癫，而学术却也并不因此便荒忽了。这就是我们办事的风格。每次办会议时，都是玩。有时在茶馆、有时去同事家，情谊既洽，又益多闻。十年后，曾偶尔向张子良先生提及某次在他新店燕子湖畔旧居聚会的事，他也还甚为怀念，彼此兴感，怅触不已。同样的，开系务会议也是玩，有时在新北投禅园、有时坐淡水河边、有时去外双溪山中。有次在溪边跳石块，我还把脚扭伤了，开起会来有些龇牙咧嘴。

平时我们也总是三三两两邀了去吃饭或喝咖啡，聊着聊着，便聊出了一些新构想。或开些新课、或修改一些制度、或调整一下做法。谈的人高兴，我做事的人也做得很快乐。

因此，那几年，是整个中文学界变革最多的年代，淡江中文系扮演了几乎所有新典范、新思维的角色。风云飙涌，气象万千，隐隐然被视为一大学派。

在系里，我们每年办师生书画艺术联展，别的学校当然也可能会如此办，可是我们可以把作品义卖了作为奖学金。我们每年办主题性中文周、文学周，别的学校或亦有类似之法。然我们策划“情色文学展”，把大门扮成阴道口形状，展出各种情色书刊及相关资料，配合举办座谈、电影及文学作品讨论，别的学校办得到吗？若干年后，友人杜洁祥印出高罗佩的线装本《秘戏图考》，却被查禁。周安托到一九九四年编译《世界性文学大系》，也仍遭禁。我还以古典文学研究会理事长的名义，为他去法院接受询问，作证表示此类书刊应可流通哩。十几年后的社会尚且如此，当年我们在戒严时代办这些活动，在中文学界能说不激进吗？此外，我们也办过道教文物展，请我堂哥龚群提供三十六道天师符，请道教会张柽副秘书长提供道教法器，配合做了解说与演讲，这也是大学院校中首见的。……

学生活动方面，我们开始举办大学生论文发表会，其形式渐为其他各校所采用。后又创办台湾文化研习营，也影响深远，为后来各地此类研习营之先声。

所开课程，我会先找瑞腾等人商量，据其意见，斟酌情境而推动之。中文系学生向乏思考训练，我找夏学会友人陈明福等来开“思想方法”。将“中国思想史”改成两年。“中国文学史”也改为两年，“小说选”等则移往大一，以培养学生兴趣。在这种新课程架构下，又开设了“文章写作”“文学社会学”“台湾文学”等新课。这些课，无一不是前所未有的，连我们也只能试着开。例如文学社会学，由我和施淑女、何金兰合作试讲；台湾文学，由李瑞腾和施淑女分讲。台湾之能有这两门学术领域，我们其实都是奠基者。筚路蓝缕，今则居然显学矣。

后来创办中文研究所，开设的新课自然就更多了。词汇学、文艺行政、美学……陆续推出。格局闳阔、创意不断。又配合新课程而举办“三〇年代文学研讨会”等，以创新的精神，向禁忌领域或遭遗忘的国度挑战。

这个阶段，真可谓风生水起、浪涌波兴，气象万千。我在一本学生所编的论文集《问学集》的序文中曾自夸道：“在过去两年里，我们办过许多次学术研讨会，规划了许多新课程，对于研究方法之更新、中文研究未来发展性的开拓，自信在整个中文学界，包括台湾和大陆，是没有其他机构能相比拟的。”但是，这一切，都不是勉强冲撞，如一般人所理解的那种苦心经营所得。只是遭逢时命，遂尔兴发，正如鸡鸣树颠而吾荡子兴之以天下太平。

这不是玄理，更非妄谈。在面对人生的命运时，我们既不能挑选，也无从回避，与其嗟叹“古来才命两相妨”，或努力做“君子居易以俟命”的工夫，终不如顺情、因境、承命而起兴。贞下起元，否则有泰，情往如答，兴来似赠。生命乃于此生姿采、动观听，而也因此才有了趣味。所谓兴趣，趣即生于兴之中。魏晋时有悦邻女者，每对之啰嗦；邻女不胜其扰，把织布的梭子丢过来，打断了他的门牙。此公居然不羞、不怒，仍复怡然，曰：“犹不废我啸歌！”这就是兴！对生命有点幽默、有点潇洒、也有点无赖，所以才显得出魏晋人之有趣，所以生命才能有些诗意，不像“打落门牙和血吞”的人生那样悲壮呆郁。天命固然森严可畏，对我如此赖皮，恐怕也会有些莫可奈何罢。

而且，从我的经验来看，凡我自己想去谋什么差事，如想提早毕业、想回淡江中文系、想到“中研院”，或去“中央大学”之类，总是不顺利的。我没想要的吉凶，却又常常不虞而至。而所谓吉，如担任什么世俗人艳羡的职位之类，其实也都是苦役。要以极有限的资源、在极艰困的处境中，办成一点事。不仅须为无米之炊，还得炊得好。办《国文天地》时如此，办淡江中文系所时如此，后来供职陆委会文教处、现在办佛光大学也是如此。但吾既承此命，当此境遇，若不能继之以兴，岂能开物成务、触处成趣？因此，这是生命磨难中得来的体验，对之足以兴感的。

卷四

史

困 知

涉世行权，因境为学，我俯仰兴感之生命，其底里实在是蕴涵不少悲哀的。

为什么？

首先，这个“境”本身就很可哀。在我们这个生存的情境里，甚少涉目成趣的佳境，多的，则是丑陋荒唐愚昧之境。

例如什么呢？例如后来在一九九五年，大陆因李登辉访美而对台湾近海试射飞弹时，李为缓和两岸气氛，表示两岸领导人可以见面谈谈。隔天，“新闻局”胡志强局长便修正谓：两岸领导人见面只宜在国际场合。又没几天，江泽民也表示他既愿来台看看，也愿邀李登辉去大陆。陆委会则随即回应：我方一向只主张在国际场合会面。我既是个因境为学的人，自须关心我们存在的处境，不像一般学者可以不问世事，埋首于书堆。所以我就写了一文讨论此事，举出证据说：其实李登辉早在数年前就一再表示希望大陆领导人来台湾看看了。“新闻局”与陆委会不可继续欺瞒民众，说我们只主张两岸领导人应于国际场合见面。且两岸领导人之所以需要见面商谈，乃是基于处境的需要，从政者不可以死要面子，而忽略了实质的问题。

从此行政机关为之语塞，不敢再申谈两岸领导人只宜在国际场合见面之说。但我旋即接到一封信，其妙文曰："你喜欢中共你可到大陆长住，为何在此批评别人？你是白痴是吗？比如共方要三通，不是为大陆人民三通，而是为共军三通，为了得到我方情报而要。共方说过：他是代表中华人民共和国，飞机带旗可来台湾，可是我方飞机不可有国旗。记得一九九七年六月十四日李'总统'提两岸领导人互访共方说他是代表中国合法中国领导人访中国台湾省领导人见面意见是把我们李'总统'变成省长你知道吗？你妈个老屁！'共匪'飞弹不可怕，最怕是你们这帮狗贼贱人。我问你'共匪'有好多飞弹，如果'共匪'真的把飞弹打过来，台湾伤亡很少，房屋损失也不多，但是'共匪'又失败了，'共匪'再失败是要'共匪'的命，飞弹不敢轻易发射，'共匪'除飞弹外，共军不会飞，他没有那么多飞机和船运输过来有什么好怕吗？……"

这类信，自然不会署名。执笔人并未针对我批评政府对两岸领导人见面之事的政策游移之论点进行辩难，却联想起兴，哗哗啦啦大骂了我一通。想来此君写这封信时，必然甚为快意酣畅。据他的逻辑，共方实应立刻对台湾进行飞弹轰炸，或干脆开战。因为炸台湾或进攻台湾一定会失败，失败了就会要它的命。所以李登辉根本不应讲什么两岸领导人互访，应该呼吁中共赶快来打台湾。不是吗？如此愚人，居然敢来骂我是白痴，且口出秽言，显示了什么呢？

其实这还不是最笨的一个例子。我在江湖行走，因机涉境，多有是非。经常接到这类黑函，也有些是署名叫阵的；或朋友反目，来肆诟辱。这些恶嗥粗口，早年我都会保留下来，扔进一个牛皮纸袋中，题为《是非集》。准备将来写传记时，好好用它来谈谈文坛学林之掌故。不料积久渐多，收不胜收，乃知天下妄人之无穷也。

妄人不自以为妄，反而常像这封信的作者，动辄说别人是白痴。这就是我所涉之世与所处之境。遥想孔子当年，虽也曾碰到桓魋这样的人想杀掉他，但终究不过锯了一截树而已。且纵使是桓魋，恐怕也不敢自以为聪明，骂孔子是白痴。我们这个时代，却是个大颠倒大虚妄之世。昔黄钟毁弃、瓦釜雷鸣，三闾大夫尚且为之痛愤不已。现在则是以瓦釜为钟鼎，以钟彝为瓦砾。吾人居此，能无感乎？

我主要生存的学术文化界，情形当然不尽如上文那封信所显示的。无论如何，它仍是整个社会中最具理性的地方。但是，其理性化毕竟也还是很有限的。学术文化界的朋友，争闲气、抢位子、摆身段、装门面，非但常与世俗无异，且或更有胜之。原始昏昧的欲望，混杂着学术文化的装饰与姿态，乃益显其狰狞、诡谲或可怖。而所谓学术地位、著作水准、论文体例、引证资料、发表处所等等。规格、仪则、形式，与创造力往往也无甚关系。号称研究，半属垃圾。

这里面当然也有好的。但综括我所见之人物，固有才情飙举者，则丰姿虽美，学力多苦不充；若有学问巧密可观者，则虽可以嗟赏欣羡，而其智亦非不可及。

此语颇为伤人。但我纵横三教，奔走南北，迩来足迹且遍神州，所会高手，何可胜数？然仅见似我者，未见胜我者。或有一二独门精到之处，足堪敬慕，终不能令人畏叹。一般名家，不客气地说，无论其为人文抑社会学科，倘给我三个月时间，与之同撰一题，讨论彼所精擅之领域的学问，我不以为会逊于当今任何人。许多人在我面前，摆出一副学问了不得状，我实暗暗哂之。不知其一孔之见、一得之愚，为何竟就使得他自我膨胀到这个地步。也有不少人批评我，认为我的学问有这样那样的问题，文章有这样那样的漏洞。看他们自以为逮着了我的毛病、自以为能了解我武功之底蕴，自以为能超越我，又实不免窃窃笑之。我虽不才，亦曾博涉四部、兼通三教、平章古今，欲衡吾之是非，岂容易哉？是以有时也只好故示愚拙，露些空门与破绽，以娱论者。

呀！不要责怪我这些近于用智傲人以玩世的话语和举措吧！我之用智傲人以玩世，不正是受此等无智之情事与反智之处境所激吗？与世激扬，以致不得乎中行，思之益觉可伤。

在世俗层面上，我要跟学术文化界的朋友们在所谓学术的规格仪俗中播弄要舞，竞其后先，当然没什么困难。可是真要做点学问，这样是不行的。而可悲的，就是我之才智又不够真正做些学问。我读古人书，见王弼注《老》注《易》、陆机撰《文赋》、鸠摩罗什弘开大乘，都在弱冠少年。其超悟智解，实非我所能梦见。每思及此，辄为气沮。

忆昔曾在故宫博物院见董其昌墨迹，看得“啊！”一声，胸口如遭棍击，一霎时万念俱灰。这才懂得虬髯客见到李世民时，“见之心死”，是什么意思。董其昌的字，傅青主很瞧它不起，谓其俗媚。可是以我的本事，要到此俗媚之境，这辈子是没指望了。

这种绝望感，常裹住我，拉着沉沉跌入没有光的深渊里，彻底明白人生无奈的命限，也让我谦卑逊愧不已。从前郑板桥亦曾被时人目为狂者，属于扬州八怪之一，然其骄妄之气，在面对真正的艺术、真正的才情、真正的学问时，即仿佛面对狂风，一切吹走、刮去，剩下来的，只有震愕、只有慑服、只有深自畏叹，顶礼膜拜。所以他面对徐渭，就甘愿自称“青藤门下走狗”。我之才情智力，实又不及郑板桥。诵读古人之书，随其上下议论，而渐渐追蹑无从，似乎从纸上眼睁睁地望着他们绝尘奔轶而去。扬起的灰尘，卷起衣角、扑上脸颊，心中不由涌起一片怅惘落寞荒寂。此君子之所以畏天命、畏大人之言也。小人不知，所以不畏。

若说不管如何，不以古人之高标准自许，只求尽其在我，勉强穷极思力，自造一小小局面小小境界，以无忝所生。那么，以我奔走尘俗、流转困顿于人事的情况来看，我又岂能专静纯一，以积久用功，补天资之不足，徐待义理熟练、系统圆密乎？

真要做点学问，不是简单的。举凡诵读、解义、构说，除了要有才智悟解，还得有岁月的烹炼。要弄到真积力久，义理纯熟，足以自辟门庭，真是谈何容易？我的许多著作，都只是头绪初明，未遑引申；或据理悬断，尚乏诠解。欲如古人之始终条理、备体明宗，既无时间，又受我涉世因境之为学形态所限，而无法办到。因为这种学问形态，本来就需“应机”“当境”，随顺情境，因其所体验者而思虑之，故亦不甚可能闭关断缘，专寻理境以造论。人生的无奈，就在这个地方。人都有其有限性，循一道则于另一道便不能不有所遗也有所憾，思之自伤，而亦无可如何。

一般治学者，盖如聚水，盈科而后进，积久渐多，遂渟蓄为湖、为渊。我则如大禹行水，导之入于川渠、散于田畴。又如风扬水气，亦可以有所积，但积而为云、凝而成雪、降为霜霰、飞为雨露，因机挥洒之后，仿佛便自无所有了。学界对学者学问的评断，要看的，是固定可以客观评断的东西，如湖泊渊薮之形状、面积、水质、深浅、色泽、物产等等，而不是我这样面貌不明确、宗旨不清晰、体系组织又看不太出来，东踢一脚西打一拳的模样。

这个道理，我当然明白。我也很羡慕那些能沉潜专致的人。每游名山大泽，我都会兴起“结庐于此，闭门读书”的念头。特别是开放赴大陆那几年，走了许多地方，曾发愿辞去淡江教职，准备通读所有大陆各图书馆的藏书。乃天不从人愿，旋入陆委会供职，依然奔走于世务。凡发愿，多如此。劳禄已成性命，焉能再效太平闲人，从容于学问？此所以每观他人之宏文巨著，辄深叹惋。

如是种种，也就罢了。最可哀的，还不是这些。

我是读孔孟之书的人，幼受仁义之教，长而欲以圣贤人格为依归。可是，老实说，涉世行权，往往以才情气魄掺和拟议运通变化之，距圣人之中道，恐怕甚为邈远。而处世对境，亦不能无私欲爱憎行乎其间。且嗜欲冗杂，诸多邪妄过恶，不胜痛悔。可是虽痛悔而又无力湔祓，无明惑业，纠缠不已，辗转乘除，随时会不期然而然地迸发出来。以致因循牵延，沉湎于昏习惰气之中，无法升拔，更遑论什么圣贤境界了。清夜扪心，诸多惭疚。深觉愧对祖师，负我宗传。

平常学者只管读书，不涉世务，虽闭塞，却也省却了不少危险，正如王龙溪所谓“欲根潜藏，非对境则不易发”。既不对境，无明嗜欲便常隐伏不起作用。不见可欲则心不乱也。因机对境者反是。嗜欲全部被鼓弄摇荡出来，在身心内部翻腾搅和不已，带着我们跑。一点灵明，有时尚能辨识其为邪妄谬行，有时则根本也遭遮蔽了，情识炽然，欲火焚身，自己则束手无策。

读传统书的人，个个谈“践履”，其实践履多么困难！平时说要脱屣富贵，讲得潇洒，仿佛容易。富贵傥来，心中悬悬，忐忑徘徊，瞻前顾后，萦萦扰荡一番，至少要有几天不能宁定。平常骂别人拥权怙势，那是因为自己没有权势可以滥行非为，一旦有了可以挥霍力量的时候，头面嘴脸，又往往不同。走江湖涉红尘的人，事实上就日日处在这类必须进行道德践履的考验中，神魔交侵，水火激迸于体内。

我乏内圣工夫，考验殊不合格。有时发人隐过，有时扬人隐行。有时行不测之权，有时走非法的门路。常自以为得好恶之正，而不免于安排做作。又有时落入格套，有时则妄动意气。有时口中说得十分明白，纸上写得十分详尽，实际只是播弄语文，非真有境界。人情嗜好，亦不能免俗。浮嚣戾气，颇见于言行。如此之人，乃竟亦妄称为孔孟学徒，妄自尊大，妄登坛坫，妄为人师，惭惶愧悚，曷何胜言？

从好的方面说，我亦可如陆象山一般，自称："吾于践履未能纯一，然一念警策，便与天地相似。"但我非象山，亦不能及象山，虽常一念未泯，却往往只是一念。忽尔践仁知天以后，多未能继之而善。所以终成凡夫，迷情荒欲，流遁不已。可见此事不能只说一念、只说良知，须做工夫。

工夫，若依刘蕺山《人谱》所说，则在于"懔闲居以体独、卜动念以知几、谨威仪以定命、敦大伦以凝道、备百行以考旋、迁善改过以作圣"。不能做此等工夫者，刘氏谓其为"祟、妖、戾、兽、贼"。我大概就属于这些妖兽之类。

人而为兽为妖为祟，刘氏认为根本之病在于妄："妄无面目，只一点浮气所中，如履霜之象，微乎微乎！妄根所中曰惑，为利、为名、为生死，其粗者为酒色财气。"我大约也就是如此妄，如此浮，且如此而生惑，如此而与无明惑业、多生罪愆一时俱发，不可收拾。

有些时候，自己也很痛恨。感觉像溺了水，沉下去，既起不来了，就任它再沉下去些罢。又似乎人就在情欲爱憎中肢解寸裂了。一寸寸、一段段，松开，断去，通体透明，渐至于无，全被欲嗜所浸润、所销解。此中实有魔业，有孽障，有无穷吸引力，拉着我，让我耽溺陷落进去、进去，玄冥森黑之中，大神秘大恐怖大美感召唤着我。而此似亦涵蕴着大解放大自由。情欲吞噬了我，我也化为情欲，横流肆恣，纵任所之。

唉，此处写得实在太潦草太凌乱了。或许大多数人看不懂我在说什么吧。有天我看见电视报道前"财政部长"某先生，谓某先生十年前遭"十信"弊案牵连丢官后，甚善于自处，故访问某先生，请教安心之方。某先生云：当时黯然离职，极为凄凉。无官可做，幸有友借予一办公室，得以每日去办公。孤寂一桌，下俯北市红尘，感触万端："还要自己倒茶。若有朋友打电话来，还得自己接。要记电话号码，也要自己抄在笔记本上……”某先生如此说。语气之间，认为此真人生至凄黯悲凉之境矣。呀，像这样的人，就不能懂我在说什么了，就连我之虚妄浮惑亦不能及了。

既已去职，即为平民。既已无公可办，尚需一空办公桌干吗？古人有笑话，说某大宰退休后，犹每日命老妻送菜单来批。昔以为过分夸张，今乃见诸实事！至于说饮茶尚需自斟，我亦以为乃大苦事。但人生尚有一苦事：饭还得我们自己吃哩！为宦宰者，役使人仆，视为固然，偶然失人服侍，便引以为奇耻大辱。其嗜欲之迷乱，何尝自有体察？

世俗人之昏昧，往往如是。但如此却也有愚昧者的快乐，因为不知，所以不觉。我的痛苦，便在于与世俗人一样沉湎流遁于嗜欲中，无法自拔；又总有一念惺惺，能知其为妄谬、觉其为邪僻。

可是，我不能如古圣贤大德一般，良知发用，立地成佛，立刻转生灭为真如，顿然斩尽虚情妄念。也不能存天理去人欲，克己以复礼。因为这个“己”或“人欲”，对我而言，也就是生命本身，抛不掉的。生命的存续，本于食色诸欲；生命之活动，根于血气知见；生命与世界遭遇，不能无情欲之感；情欲发涌，生命也才有丰姿之美可言；才情气力，更是我之所以为我的要素。何况，实际生活中，嗜欲拉扯，诱惑至多，何敢奢言顿去人欲？勉力克己，尚不免时伤沦堕，且亦丧失了我之所以为我的特色，故总也不能持久。我又非闭关断缘的学者，可以隔绝欲望之牵引，静专以持养。我流落人事，历涉诸方，权机生发于心，利私鼓荡于中，良知灵明，倏兴倏灭，夜气尚存，然平旦常不能守之。如此之人，要想克己复礼，实极困难。

寻常人又往往依世俗生活，世俗社会的制度教化以及生活中形成的规矩，就成了人所依循的轨途。真正越轨畔乱、豁决无度者，毕竟属于少数。也就是说，一般人的嗜欲，在社会性轨范约束中，已得到了适当的节制与调理。我却是个逆俗激矫的人，少拂师友之教，长而亢对世俗仪轨，任性用情，蔑视此等制度教化及规矩轨范，以自显其独。这样的个性，实在害惨了我。使我徘徊于叛世弃礼之边缘，理智上或许知道礼度仪俗亦有其客观意义、或许质疑其价值，已有不少内在的挣扎与矛盾；情感上则又总无法安居于礼式规矩中，老是会随情佚荡，不由自主。

歌星王菲有首歌曲，唱道：“我愿意为你，被放逐天际，失去世界也不可惜，什么都愿意。”这个你，就是情，以及由情而生之欲想、由欲想所变现而成之对象。情一旦有所触动，有所感发，真是烈焰焚身，一切在所不惜。一般人虽亦沉湎于情欲嗜利之中，但束于礼度规范，尚不大流荡。世俗社会所形成的名位等等，其实亦诡谲地构成了对人性此种幽暗嗜欲的一些牵制，例如为了保住声名和地位，许多人就不敢太放纵。可是，放纵，对我而言，是有美感的。生命之好奇与善于用情，即在此显出作用。一旦任情顺情起来，什么都不顾了。

但这种“不顾”，不是决裂式的，而是“不暇思虑”或“虽存思而仍然继续用情”的形态。这即是我的悲哀。不能遂去为恶，又不能导情归仁、克己复礼。以致依违流走于两者之间，享受着人天破裂、神魔同在的痛楚。礼，对我而言，其实也是真实的，也是有美感的。对于这些习俗规矩的传统性格，我亦深存敬畏，亦能深刻理解其意蕴。夜仰苍穹，见星斗布列于天，胸中便涌起一片庄和肃穆之感，天地悠悠，枢机主之，此即礼也。天地人文，无此秩序，不成世界。吾居世界，乃又辄欲抛弃世界或被世界抛弃。呜呼！此天刑我也、天刑我也！尝作诗曰：“智与情仇最可哀，自怜自憎自惊猜，我生定有幽忧疾，野水春潦日暮来。”又曰：“苦证无生为有身，辄怜风雨酿春深，春深亦有顽痴恨，寂历江湖惘惘吟。”徘徊往复，束手无策，往往如是。

故曰：我有疾，我有忧，一力证道，而顽痴如故，缠因不解。飘飘江湖，踽踽行路，仰诸天神佛、历代往哲，观吾生之进退，念风雨而生悲，大道茫茫，不知终将安归。

如此之人，其所以成学者甚谬，所成之学，盖亦为一极特殊之形态。

友人袁保新曾写过几篇文章讨论新儒家对孟子学的理解。他认为以牟宗三先生为代表的解释路向，把孟子“尽心—知性—知天”云云，朝道德实践的内在主体性方向去诠说，恐不尽合于孟子原旨。他引用海德格的基本存有论（Fundamental ontology），谓存有不能再从本质上说，而应从“存有在此，且显示于此”说。依此一在世存有（Bring-in-the-World）之看法，自我并非一独立自存、不食人间烟火的先验主体，它总是存在于世界中，并通过世界来达成对自身的领会与诠释。在与世界诸般事物交接过程中、在与各式各样其他“此有”的互动中，此有会受到诱引、牵连，变得盲目从众，以他人（they）为自我。这时，就需要此有有所醒觉与扭转，例如通过忧惧、对死亡的预期、良心的召唤，以及决断，来体现人“本真的存在”。

海德格这一讲法，凸显了人只有通过情境世界（Situation-world）才能让自己成为在世存有的事实，而且把存有论带进“存有亦即存有的历史”之路向。在西方形而上学发展中有重大意义，而用其说以论孟子，则袁保新发现：只说心性是人在进行道德实践时的主宰，是不够的。所谓“明于庶物，察于人伦，由仁义行，非行仁义”，可见人必须在生活世界中明之察之，方能成就人之所以为人。所谓仁，应是指我们关联世界时，可以起现其明察作用的“感通原则”；义，则是指具体性的“情境化原则”。至于天，一方面可说是一切存有物的意义基础，一方面也可具体化为和人休戚与共的历史。

对此说法，我并不甚理解。例如海德格所谓“本真的存在”究竟何指？人的本质吗？如不能确指人之本真为何，人又若皆以在世存有之方式存在，其本真者何在？良心的召唤，又如何在在世存有中起现，并发生作用？人于在世存有中变成非本真的存在，真的只出于外物之诱引吗？存有自身之性质，如其才情禀赋等等，于此不生作用吗？知之荡者、欲之狠戾者，未必是以他人为自我，乃是在与物相劘之中，其某种自我便槎枒撑长而成了恶兽。故于海德格之说，吾尚存疑。但用之以松解孟子学的解释空间，则是我所欢迎的。

我自幼熟诵《孟子》，仁义之教根于心，几乎是习与性成的。但对孟老夫子所说，一直不能完全契合。他论性不论情，强调人只要扩充其大体，尽心知性，即可践仁知天。这点我能了解，也有真切之体验。然而荀子云：人若顺其情，必至于邪僻放轶恶乱，也是真实的。

何况，论性不能仅从超越面说，仅讲超越的本心本性，更要顾及才性的问题；养气，不能只谈浩然之气，要更注意血气的部分。人秉其血气才情而动，纵为圣人，不能断其情，亦不能转其天生之才质。故伊尹之任、柳下惠之和，同属圣人，而才性不同，境界互异。孔子云“上智与下愚不移”，此即天生之才性也。荀子云人若不以礼法教化之，必至于恶滥，即是就情之感物而动说。天命之谓性，则指此天生包含气性才情的生命，既有良知良能，也有才情。在这个基底上，才能讲继之者善、成之者教。

这是我综合孟子、荀子、告子而成的人性论立场。由这一立场，我自然能同意人是“在世存有”的，因为存有必须活动，活动即为情，即须与物相感，即须在明于人伦、察于庶物时斟酌合宜，随顺情境而得其义。我自己的学问形态就是如此。非默识存察、逆觉体证、验诸本心、良知发用的路子，而是顺气言性、感而应物，用情因境。在情境中，不断面对自己是什么、将会成为什么之问题，经由自我领会、自我诠释，而让自己呈现为这个样子。我，就是我以及我所做的。

我的才情性气，即是我这个生命的“本真”“属己”部分（这是我与海德格见解和体会不同之处）。依此我，我才能有所作为。但只依此本真，我并不能成为合理合宜的存在，往往会在情境之中堕入“饮食之人”的领域。因此我必须再借助于一种类似天台宗所说“性虽本尔，借智起修，由修照性，由性发修”的方法来提住自己。

此乃天台荆溪《法华支义释签》所谓“修性不二门”之说。当然我借之为喻，并不完全采用佛家义。我只是说我嗜欲太深、才情太偏，良知照察之功甚少，较不易由良心的召唤来觉醒灵明。故须透过借智起修的工夫，以圣贤法语及思智之辨析识解，逐渐照明，熏起良知，再彼此印发。在这其中，师友护惜、教导成善，自然有重要之功效，否则焉能“童蒙以养正”？

从这一面说，我重学、重师、重礼乐教化，都近于荀卿而较远于孟子。注重存有的历史，更与宋明理学家式的孔孟学说，有根本的差异。历史，正如袁保新所诠释的天、命，既是一切存有物的意义基础，生命也即在历史之中，具有历史性。

这不能简单称之为历史主义，亦与复古不复古无关。我的工作、职业、著作、言谈，无一不透显这种历史性。天命在躬，论诗，则言诗史；论小说，则谈天命观在小说中之体现；拟入史馆、癖于考史、在历史系教书；述史、论史、证史，而亦自己作史，前溯诸古，上究乎天。历史即在我之本性中，所以与一般史学研究者不同，也与宋明理学家或当代新儒家之缺乏历史性不同。

但人既必须通过当前的情境世界，才能让自己成为“存有在此”（The “there” of being），这个情境世界却是个世俗界。在世俗界中依违流转之日常生活其实多是无聊的、嗜欲流荡的，故海德格也说“非本真的存在”是日常生活的常态。人在随顺情境之际，怎么能超越世俗、摆脱欲私呢？

这也就是我的问题。但若仅从理上说，则我可以再借用天台宗的讲法来做点解释。

天台宗所讲的心，是一念无明法性心；所说的断烦恼等，是“不断断”，而非断烦恼以证菩提。因此彼所修之止观，是从阴界入境的，称为止观十境。一、阴界入境，人在行坐住卧饮食言语见闻嗅尝知觉中。二、烦恼境，由阴界入，往往牵动烦恼，生起贪、嗔、痴等。三、病患境，三毒烦恼即是心病，往往冲击脉脏，致生身病。四、业境，善恶诸业搅动。五、魔境，诸魔留难以坏其道。六、禅定境，修习禅定，以超魔业诸境者，往往陷于耽着，被它缚着。七、能见境，若成就禅定，必于观支生起邪慧，于诸法推度计较。八、增上慢境，若能识得诸见邪非，辄以为已证涅槃，即成增上慢。九、二乘境，诸境若息，仍着于空，堕于二乘。十、菩萨境，不着于空，不堕二乘，乃能善权巧方便而为菩萨道。十境其实都是障，即于此观之，便是工夫。所谓：“行于非道，通达佛道”“于蔽修观”。

这是诡谲的讲法，用我自己的术语来说，即是“不离世而超脱”。超越者，不能脱离世俗而得，就是“不断断”。业、报、烦恼诸障，阴、死、天诸魔，固然障塞菩提道，但离开烦恼，断离阴界，也无所谓菩提。人活在尘俗中，行住坐卧视听言动及各种对应的情境，增添了我们的罪业，令我们陷入烦恼汩乱里，淫怒疾蔽，与世沉浮。但舍此世，去除此与世相感之情，也不成其为人。只能即此止观，在事上磨炼、在理上观境，因顺情境而得超越世情俗境。

此顺俗而逆俗之路，理上说说，大抵如此。可是实践工夫，真是难上加难。我病庸弱，实难跻及。然而，若仔细看看我面对这个世界的方式，或许也还能看出一点这套学问的端倪来。

例如我之反世俗，并不采取一般反世俗的方式。逊世避居、杜门谢客、寡交游、屏世务、厌酬酢、不达人情、不综庶物、不任职事等均为我所不取。我积极奔走，广交游、好揽事、善用资本主义现代社会之特性，也努力推动各种传统事务的现代化。但我厌恶世俗，不能认同这个资本主义社会消费化庸俗化的逻辑。什么民主、自由、科学，一切现世价值，我都是质疑的。现代化，更被我视为中国文化的灾难。这难道不与我顺世因境之作为相矛盾吗？我实耽僻静、性甚孤凉，却四处交际，仿佛热衷名利之场。不少人来拉我去参加竞选，或暗嘲我意在鼎爵。不也显示了同样的矛盾吗？幸而这些在我都是不矛盾的，顺世因境，即是逆世转俗。我之批判世俗，不是逆行的，乃是即世俗而反世俗的。

在一篇《中华文化/大众社会》的文章中，我曾写道："大众文化中庸俗化、世俗化的文化走势，的确令人诟病。不过问题的解决之道，不该是逆反大众化，走少数人精英路线。而可能应该是利用大众社会形成的基本工具：大众教育体系与传播，积极将旧日精英分子所拥有之物，更予大众化。亦即以更进一步的大众化，来反大众社会。……"这就是即世俗而反世俗的一个例子。类似的例子，可以说通贯在我的所有论述及行动中。天生才性上的逆俗者，现在，从理论及实践上，用情、因境、顺世而逆俗了。

故又有诗叹曰："小楼独坐夜苍苍，思人玄冥雨亦凉。岂有人间悲往事？渐惊神韵近沧桑。诗书未补情为累，时世何妨巧作妆。喜与春寒同寂寞，平生迂怪即寻常。"

得　法

在世存有的生命，不自量力地想要转俗逆世，这种形态，大约在我博士班毕业后才逐渐确定。

早先我只能算是个天生的反叛者，以背离世界自矜自喜。好古独寻，虽说是冥契于道真，其中却不免有些玩世的成分；或虽悼世感伤，亦杂有若干自炫博古多闻的心理，以能读古书治古学骄人。采摭虽广，自得之境界其实甚为浅薄。那时我所读的，当然集中于我国古代典籍，但此种心情与治学方式，大概和现今学界一般人吸收西洋新知，稗贩知闻，以描绘西方极乐世界，没什么大不同。

但我不是学究型的人，很早我就想确定我自己的一套想法。我能玄思，也有点建构力，可惜就像个蹩脚的作曲家，创调之才尚少，故只能依着前人的论述，予以编织串组，集腋成裘，百衲成衣，勉强建构成个体系。大学时注《庄子》、写《古学微论》等，大抵即是如此。此等组织与体系，自然颇为可笑，但仅仅如此，便已确定我与一般学者要走上不同的道路了。

可是我对这个路向并无所知，也并非自始即确定要这样走。我乃是依气性之流荡，以及理性思维的逐渐开展，来逐步凝定此一路向。仿佛自然而然，又仿佛若有理则、若为刻意塑造追求而致。

从大学到研究所，混沌渐凿，向之冥契于古、汲摭于人者，渐次厘析分判，序列位置，才形成“始条理之”的境地。而形成这些秩序的，则是渐萌渐滋的方法意识。

大学时期，我即注意到民初常熟一带孙德谦、张尔田等人所讲的方法学。这套讲法，大抵是发展章学诚的目录校雠之学，以“辨章学术、考镜源流”，下接俞樾《古书句读释例》那种仔细重读文献的方法，予以综合，而谈太史公书之“义法”等等。我颇得力于此，故与寻常堆资料、考字句者不同，逐渐养成了观察思想脉络、学术发展的习惯和能力。

盖章学诚之所谓目录校雠学，并不是拿甲乙丙丁各本互相校对，或图书馆学式的目录学，而是企图延续刘歆《七略》《汉书·艺文志》的做法，针对每一人每一书，我们如何确定其宗旨、分辨它的思想传承、安立其学术谱系与地位。我写《古学微论》时，分别原儒、明道、诠法……事实上做的也就是类似的工作。

但不论是刘歆、班固、章学诚或孙德谦，其论方法，均是“鸳鸯绣出从教看”的形式，纵或巧度金针，亦只属于指点性质。学者如何能如他们那样，一见某人某书，即能判断它是法家是儒家，源流又是如何如何，毕竟讲不清、说不透。故如俞樾之论古书疑义，孙德谦之论古书读法，皆只成为他们的一种“说法”，而未能提举为方法论意义的一种“方法”。犹如教人掷铁饼者，他们大多只是示范投掷。碰到某某问题，他们这样处理，遇上某某问题，他们又那样处理。吾人观之，亦能学习而模拟其伸腿、转身、出手。可是他们所举之例、所归纳之“条例”，出诸经验，不免琐碎。为何能于此等处产生“疑义”？既为有疑义之处，各家释解及处理方式必多分歧，盘根错节，纠缪必甚，如何比较估衡彼此释解处理方法之是非？如何知某法不适用于此而必用另类方法处理此一问题，某类问题则又为何需用某些方法？

为何读书时，有人能读书得间，看到疑点，大多数人则否？这是“问题意识”的问题。为何用此法不用彼法，此法与彼法又如何比较权衡，是方法意识和方法论的问题。从古代的条例、读书法、释例，到含有问题及方法意识之方法论意义的方法之建立，其实还有一段距离。以我的学力与悟解，并不能立刻跨越这个距离，所以还需要时间来逐渐烹酿。做学问没有捷径，这是没办法的。

考上研究所后，我和简松兴共同赁屋住在师大分部旁，见他读逻辑和语意学，觉得十分好奇，遂随着他一道读。又与他及陈正荣等策划撰写了一个谈读书方法的专栏。逻辑和语法语意学本身是门独立的学门，但当时我们只将之视为方法来吸收。此亦彼时之风气使然，以逻辑等为“思想解析术”也。

自殷海光先生提倡逻辑实证论以谈思想方法而降，论此思想解析术者颇不乏人。我循诵其书，揣摸其法门，觉得受益无穷。因为一般讲这些学问的人，皆只能就其逻辑语意等等而言之，最终亦仅能依傍英美分析哲学之门户而已。我则脑子中充满了中国传统的经学条例、诗文格法以及前述清末民初人所说的方法等物，与相激糅，参会辜衡之，大有启悟。

因为这不但让我逐渐开启比较方法学的探索，也越来越能清楚自己的问题意识及方法运作。恰好我那时正在吸收西方文学理论以从事文学批评，故这样的训练，使我更能从开阔的视野上思考“人应如何观看问题、探索世界”的问题。且依逻辑实证论者的想法，文学语言是没有认知意义的。但文学显然对人生有其重大意义，那么这种意义究竟为何？其语言之状态又为何？这个问题，我当时并无能力处理，须待后来的《文学散步》一书才能探论。然而我从日本人早川的《语言与人生》找到线索，上探到卡西勒的《人论》及其符号理论。此亦影响我极深，十几年后写

《文化符号学》，即滥觞于此。至于中西方法之方法论比较，更成为我在这十数年间思维的主要线索。

例如我在硕士班时写《春夏秋冬》，运用了傅莱的神话原型批评方法，但一方面将此方法和《文心雕龙·物色篇》结合起来，一方面反省此一方法之局限，而以中国材料、中国理论修葺增改之。虽只为解析诗歌之小书，而实欲借此提供一观看中国诗歌及中国人思维方式之角度也。

其后我又花了不少时间谈《传统天命思想在中国小说里的运用》《唐传奇的性情与结构》《以哪吒为定位看封神演义的天命世界》等，后来与张火庆兄的作品合编成《中国小说史论丛》。在这本论丛的序文中，我吹牛道："目前的小说研究，也还没有人能超过它。"这真是初生之犊的狂言啊！但我说得也没错，因为它和其他研究小说者站在完全不同的层次。我所想讨论的，是我们应如何研究中国小说的问题。与西方小说及悲剧传统相对照，在中国，被称为"小说"的东西，其实颇与西方小说戏剧之悲剧意识及叙述结构不同。对这样的东西，我们该怎样辨识其结构原则和意义取向呢？我一直在讨论这个方法问题，并建议从"天命"这个观念来切入。

西方文学，在悲剧之外另一大传统即是史诗，我也由辨析史诗与中国诗史观念之不同，而扩大探讨了诗、史、史诗、诗史的问题，后来发展成《诗史、本色与妙悟》一书，作为教授升等论文。

在其中，我一面厘析中西诗歌性质之异同，一面讨论中国历代"诗史"之观念的衍变，展开文学批评观念史的架构，一方面则企图建立"重建中国文论的方法"。因为我发现台湾的学术界，事实上已经不能使用中国的语言与方法思考问题了。哲学暂且不说，于文学领域，谈起来总是古典、抒情、浪漫、写实、悲剧英雄、情节、唯美云云，把中国文学，讲成一套套有系统的偏见，触处皆误。因此必须重建，从废墟上重新搭鹰架、盖房子。

这种工作，就如我论小说一样，指摘从前所有的讨论和诠释都是可悲的浪费，“触处皆误”：唯有荡抉尽净，方能谈到重建的问题。故笔锋刈伐斩杀，如怪手轧轧乱响，逐一破凿各种权威诠释。大楼因而轰塌，瓦砾横飞。不免令观者愕然震骇，纷纷责难我胡作非为。而具体冒犯了前辈，亦使我背了不少谤名。例如论小说，得罪乐蘅军先生；论史诗得罪齐邦媛先生，均令我在学界行走增添了许多荆棘。而荡抉一切，更会使人觉得莫可适从，茫然若有所失，不知我在搞什么鬼。

然此非破弃所有而已。破坏，为的是重建。但所谓重建，并不是说用西方的或现代的语言与方法既不能真正处理中国的材料与观念，那就干脆回到从前，仍用“气韵”“沉郁顿挫”等语言及观念来表述。而是要“一方面使用现代的观念和语言去解说古代文学批评，一方面又能避开典范错置的危机”，不至于以西方文学为典范，胡乱解释中国物事。

这个诠释与重建之方法的提出，就是顺俗而逆俗的。顺俗，是说我仍然须用现代经过西方理论方法及意识浸润过的语言，甚至也要使用西方的论述形式。逆俗，是说我透过顺俗的方式而想要推介并说明的，却是一套与现代或西方不同的价值意义，及依此意义所开启之人文世界。

此一格局，比提出“天命”来和西方悲剧精神相对观，又进了一步。因为这种“重建”不代表回归旧世界，它不只可以恢复中国的视域，对中国的传统，达到方法性的理解、语言性的理解与本体性的理解，更是有发展性的。不只是说：“你们都搞错了，中国文化不是那样解释的。”更是说：我如此解释中国文化，其解析方法本身就有价值，而所解释之中国文化与此方法，在现代也有开展性。

因此，在《诗史、本色与妙悟》中，我说：面对历史，不仅须做资料的文献分析，亦应进行处境分析，了解一位文学批评家“提出一个理论、一个观念、一个术语，为的是要解决什么样的难题。他们遭遇到什么文化的、历史的、抑或是美学的、创作经验的困难？想要如何面对它、处理它？为何如此处理？有什么特殊的好处，使得他们采用了这样的观点或理论？”将此处境分析，运用于历史，即是扩大了“考镜源流”的路向，而发展出对文化变迁的观察。对文化变迁的理解与时代文化处境的分析，运用于理解研究者自身的处境，则亦可以发展出对自己时代的反省与批判，了解自身所处时代在文化变迁中的价值和定位。

于是，方法论乃通向文化论，历史研究乃联结于时代之感受与批评。后来我之所以写《文化、文学与美学》《传统、现代、未来：五四后文化的反省》《现代与反现代》等书，皆由此导出。

当然，开展是后来的事，在当时，我只是先从“寻绎中国文学批评语言的发展与衍变，以洞察文学批评的观念内涵，达成语言诠释学的理解”做起，最后企图说明中国文学批评的意义和价值。

除了讨论诗史、本色、妙悟几个关键词之外，我曾拟与蔡英俊、颜昆阳、黄景进等人合编《中国文学批评术语辞典》。后来书终究没写成，原因是逐渐体认到学力实在不够，每个人能真正掌握得住的术语不过几条，所以仅在李瑞腾主持的《文讯月刊》上辟了一个专栏，大家轮流执笔。我写过“家”“夺胎换骨”“句眼”“活法”“正宗”“文笔”“正变”“性灵”“句法”等，把久遭现代人漠视误解且横加贬抑的批评语词，重新说清楚。这些术语，其实都是可以和我们沿用自现代西方的一些术语，一样运用于当代之文学评论的。这个道理，当年没几个人弄得懂，现在经后现代、后东方主义、后殖民论述之冲击，海峡两岸的论者才开始大谈文化话语与语境的问题，反省西方主流论述的支配性。但意拟建立自己的文化话语之论者，依然只能借助于人家的理论、视域和术语来发声，真有本事建立自己的论述者，又有几人?

因此，当年我所开的这一径路，确是蹊径独辟，足以自负的。然此路向之所蕴，又殊不仅止于是。

在方法论部分，我同时还要做几件事，因为对传统的语言性、方法性、本体性了解，既是要达成语言诠释学、方法诠释学及本体诠释学的理解，则对诠释学本身便须再有些方法学的说明。我的诠析，与其他（历代及当世）各种诠解之差异与优劣，亦须透过方法学的检查与说明，方能呈现出来。而且，我的诠释，又是由中国传统诠释方法中发展出来的，当然更应整理历代之诠释，阐明其诠析路向、理念与方法，再由其中籀绎衍申之。

在这方面，我综合了早期注《庄》的经验以及读李商隐诗的体会，糅汇经学笺注条例之学，写了许多文章。积功发覆，甘苦自知。有些人以为我是受了诠释学的影响，其实当时诠释学著作大多尚无译本，亦未流行，我的理论也与诠释学颇有歧异。只不过诠释学系由《圣经》解释学发展而来，我也恰好从《五经正义》及《公羊传》等经学笺注传统中发展出来罢了。但诠释学后期较偏于哲学解释学，具体之诠释，发明无多。我则穿穴寝馈，创获不少。在经学部分，我主要集中于《易》与《春秋》；诸子部分，做得较多的是《论语》《荀子》与《庄子》，后来也处理过一些道教典籍的诠释问题，例如《太平经》《阴符经》之类。诗歌部分，主要探索历代对“唐”“宋”诗歌形态之理解及价值抉择，并具体检讨李白、李商隐诗歌之诠释史。小说部分，则以讨论《红楼梦》《西游记》的解释史较多。

这些都不是轻易弄得出成绩的。须知经典多奥义，各家释注亦非偶然而作，各有理则，难以鉴别。如《阴符经》仅三百字，而释者或以之言兵、或以言神仙、或以论丹法；义山诗“一篇锦瑟解人难”，而注者纷纷，千差万异，何由质正？辨章学术，考镜源流，正须于此盘根错节之处，寻其腮理，施吾斤斧，以使之恰然理顺，于茫然纷如中见其条理脉络焉。这里，需要极其缜密的工夫，一一比勘，详为推考。又需有超越其上的识见及后设的方法论思索，方能不迷堕于其中。把历代释解理出个头绪，判为几种诠释路向之后，观者视之以为当然，以为容易。反而常说我只是通论大势，未深入研究。不知此与司马谈论六家、刘歆论九流，或庄周论天下学术同工。非真积力久，且具大眼光大识解，曷能臻之？吾于此实殚心力，未可为不知者道也。

何况，我的气力所诣，并不只在于条理这些诠释方法与路向，乃更要寻检其诠释间的矛盾、裂罅与空缺之处，找到超越突破既有诠解，回答疑难、近逼本真的道路和方法。本真如道，即之难穷，叩之愈远；其是否为“真”、究竟有无此“一”，亦不可知。然凡我论过的书、谈过的人，探讨过的时代，我可以很有自信地说，很少人比我知道更准确、理解得更深刻；而且我之理解并不只是提供“另一种说法”，往往是超越性的。

超越的方法与形态不一，较常见的，是在两种主要诠释类型间，取两用中，不舍两边而又不落两边。由其不舍，可说亦是顺俗的；因其不住，则可说是逆众的。此理并不容易简单介绍，在我写这部稿子之初，原本就想先说说这个道理，以论清初之颜习斋为例。不料竟写成另一篇东西，改辑入《晚明思潮》一书。在那篇文章里，我提到：

以上之论述其实并不是以菲薄古贤时贤为宗旨的，我其实只是举了个例子，用来说明我惯常处理问题的方式。例如：我似乎常像此处论颜元这样，针对一本书或一位作家，指出历来习见之盲点所在，并区分历来评述兹人兹书之主要观点为几大诠释脉络，然后提出超越的辩证之道，以解决历来之诠释困难。因为重点在于诠释方法的辨析，故很少追究该人该书本身究竟是什么，而喜欢讨论历来观察该人该书时的系统观点及诠释角度，说明这种系统观点及诠读角度在历史上固有时代之变异性，却也有其内在理路上的连贯性。由其变异性，可显一思想史之意义；由其连贯性，则具解释学的方法学意涵。至于我想超越历来众解而标举的辩证之道，亦往往非仅破斥两端而已，乃破斥之后，俱存二端而得一辩证之综合也。

如此辩证综合者，通常并非一种“主张”，而仍为观解问题之方法——对于这些问题，我何以能超越历来习见，破斥众说，独树此观解呢？

原因无他，所破斥之说，即是我对问题原先的理解。也就是说，我在对某事尚茫然无知时，必会接受某些见解而逐渐形成对某事某物之看法。常人成学而有所主张时，即属于这个层次。我所做的工夫，则在于既有此看法后，我通常会默察反省我形成此一看法之故，并对我如此观看事物之法进行后设思考，渐渐发觉原先所主张者，固基于某些“洞见”，然亦自有所“不见”；而异于我之所见者，亦别有洞见在焉。何以此一事，我如此看，他人却如彼看？彼此之短长是非安在，固应辨明，彼此俱是俱非者又岂可忽略而不予处理？

如此层层辨析，往复思量，渐知今是而昨非，乃或双遣是非而得乎中观。故就文章笔锋所及，那种破斥众说的形态看，似乎历诋往哲时彦，目无余子；其实皆自伤自悼，不惜以今日之我与昨日之我战耳。所有的文章，皆存思录，亦皆为自反录也。我很惭愧，一向缺少道德修养的存省工夫。我的工夫所在，即只以此存思为主。故虽超越辩证以得中观，工夫仍未穷尽，仍要继续自省自反。它往往不是一种主张，而只指出观解之法，原因也在于此。

由此处的解说，即逼显了我方法论的另一个面向：我在前面曾说我方法论之所蕴，不只在于释古或开今。因为释古乃至于开展出面对当代的批判性方法，仍偏于知识、技术面。对某一书、某一人、某一时代之研究，了然所有关于它们的诠释，且能进行“判教”，又且能提出一超越辩证的综合解说，毕竟仍是知见的、言说的。但超越辩证，并不是知识上的综合，乃是内在心灵层次的提升，只靠拼凑辑合诸类言说，焉能自诩为超越辩证？故在知解层面之辩证综合，实即内在心灵境界之显露于外者。方法论，于此便不能仅是一种知识或技术的性质，须同时成为人存在且彰明其存在之一种方法。用传统术语来说，即是工夫论。因此，在前述那篇文章中，我继续言道：

> 这种治学方法，学思与个人生命是分不开的。生命的气力就在不断存思察省之中，一旦停止了这种存察，生命立刻陷落于虚乏无知、茫然无以自立的状态，惶惶若有所失。故读书、撰文以凝构思虑，对我而言，它只是如此。生命存处于此时空之中，触境生感，感而思之，灵魂在此获得安顿、但也享受着折磨、体验了纠缠。专业学人或某科专家之名，皆非我所追求；所思所学，旨在增进我对世界的了解、探索生命存在的问题，故也从不为某一学科所限。感生涯、哀时世，徘徊惆怅，宛转用思，以兹为养生主，亦以此为逍遥游。所谓为学，如是而已。

古之学者为己，读书人诵数服古，本拟借此以德润身、以智益思，乃我竟只能如此以存思为工夫，想来真觉惭愧。但我工夫所到，目前亦仅止于此，这是无可奈何的事。

在此中，研究本身不是外在于己的一件客观知解工作，而是主客交融、境智合一的。在方法上，亦复如是。我强力批判那种客观实证的学风。堆垛史料、貌若客观，以重现古史原貌真相自诩，虽迄今仍然是许多人的信念及工作准则，依我看，却是根本不能成立的。

但我也不是虚无主义者。近几年受西洋解构主义以后思潮影响的朋友，把什么都看成“论述”，什么都朝“权力构作”去解释，我认为那也是忽略了客观面的问题。认知活动，必是根识与境互动而生的。因此理解与意义，必生成于对象和理解者之间。理解者本身的情境与存在感受，必影响着他的理解活动，而理解对象之性质与结构，亦制约着理解的性质和范围。此处实涵有一个主客互动相融相荡的关系，显现着“性情与结构”的联结。

也就是说，中国传统文学观念或艺术精神、文化形态，被我解释为主客合一的；我自己的研究，也是主客合一的；所使用以诠解之方法，亦为主客合一。此主客关系，又可说明文学与历史。

我于一九八六年出版了《文学与美学》，后来在其修订版序中谈到：“我自己的美学研究，是在七〇年代中期以后逐渐发展而成的，冥搜盲索，默契于生命美学之路。通贯历史、文化、文学、美学，而认为整体人文学之意义即在于强化我们对生命意义的理解，因此美学情境就存在于人的伦理关系和价值抉择之间。在这本论文集里的各篇文章，虽然论旨甚为繁歧，或谈书法、或论诗歌、或讲戏剧、或说小说，但基本上我是从各个角度、用各种方法在说明人存在的自觉与价值的选择。文学美、艺术美与生命美，相浃为一。”这表明了我早年的文学与美学研究，较偏于生命、性情的部分，只在第五章《小说创作的美学基础》中讨论到形式的问题，如空间、时间、结构、图式等。说明写作者如何透过对此形式问题之处理来构造它不同于现实社会的作品世界。

但与此同时，我已在发展这种对形式结构的探讨了。一九八三年我博士刚毕业，瑞腾即介绍我替俞允平先生主持的《文艺月刊》写专栏。俞先生笔名“愚庸笨”，好鼓励后进，承其掖右，让我放肆了二十个月。后来稿子辑成《文学散步》一书。蔡英俊替我作序，称此乃“一本真正的文学理论导论”。唯因本书痛诋坊间既存的各种文学概论书刊，而引起张健等前辈先生之不满，喧嚷过一阵。幸而此书后来获得“教育部”教材改进甲等奖，才逐渐被一些学校采为教本。

但这本书的重要性并不在于它能成为话题或教本，而在于它讨论文学并不从文学之定义开始。该书直言文学无法定义也毋庸定义，其本质是一种特殊构组的语言。面对这种特殊的语言，我们需要对之形成一套知识，寻找了解它的方法。这本书就是为着建立此一方法及有系统之知识而作。

也因为如此，一九八八年我第一次赴福州参加文学理论会议，拜读黎湘萍兄所写对台湾“语言美学”的研究，即见他将我归类于语言美学的阵营中。他的观察很敏锐，这时我确有偏于语言美学的倾向，而且随后续写的《论法》等文，批评历来对中国文学仅偏于“抒情传统”的解释，质疑徐复观先生对《文心雕龙》文体论及对中国艺术精神的研究，谓文体论所论者为“关于形体的知识”，魏晋南北朝文艺思潮亦不当由人物品鉴、人的自觉等缘情的路子去了解，并逐渐开拓出从文字与符号论中国文学艺术发展、论中国文化的广大疆域，也都可说是侧重于语言结构面，而较少谈生命性情的。

可是，这仅是论述上侧重点的不同，在整体理论上，应仍是性情与结构、生命与语言合一的。《文学散步》从“欣赏文学作品”开端。欣赏者为审美主体、作品为审美对象，文学作品又为一特殊之审美对象，故有“如何欣赏”之方法问题。而“文学”这一欣赏对象，则被我视为以其形式探索存在的意义之物，因此继之申论“文学的形式”“文学的形式与意义”“文学的意义”“文学意义的认知”。

所谓形式与意义，并不同于一般人所说的形式和内容。我认为一切意义都不能脱离其语言形式，反倒是语言形式可再细分成可以独立讨论、不涉及内容意义的结构形式（如平平仄仄平平仄，前有浮声后需切响等等），和经作者处理题材、赋予意义之后的意义形式。

这样，当然有点形式主义的气味，但这又何尝不是意义论呢？又何尝不是形式与意义合一的理论？在台湾，真正构作一套观点明确、系统圆密，不抄撮稗贩、套装拼组的文学理论，王梦鸥先生《文学概论》之后，并不多覯。我这本小书虽为体例所限，采较松散的笔调来“散步，”但其价值自不可掩。

写这本书时，我博士班毕业，仍在淡江秘书处上班，挤在办公室撰文稿的空隙中抽暇散步，逋逃促迫与舒豫优游之心情交杂，可是那也是我进学最猛的时段之一。那同时，我也展开了对中国文化史的体系建构。从九月起笔，一个月间成稿十余万字，先讨论文化史的方法问题，谈《危机时代的中国文化史学》《观乎人文：文化的形式与意义》《察于时变：中国文化史之分期》。后面才具体铺展我对中国文化史的讲述。但后来忽觉我所采取的中西对比论述实不能成立，所以这部分虽已成稿，却废弃没有发表，只将所写与其他论宗庙宗族及祖先崇拜者并为《思想与文化》，由周安托交业强出版社出版。

此书认为整个五四运动以来中国人都处在“意义失落”的危机中，因意义失落而导致文化危机。要拯救此文化危机，即必须建立新的文化史学。建立之法，则从观人文、察时变着手。观人文，在我的想法中，是要观察一个文化在形式与活动中，表现其精神与价值追求。形式，指典章文物制度及生活行为方式，只有通过形式的建构，才能表现精神、完成意义。故文化史之工作，即在于探索某一文化团体如何通过价值之思考、建立、选择、转变、顺成及判断，而在生活形式上表现其精神动向、展开其意义之追求。针对不同的民族，进行此一观察，是为“别族异”；针对不同时代，则为“察时变”。

在文化理论上，我提出形式与意义之说，以此说明人文历史之内涵；在文化史分期上，我断中国文化为五期（西周宗法封建以前、秦汉大一统政府成立以前、魏晋九品中正制度成立以前、中唐以前、五四运动以前），均可以代表我的基本观点。圣人云：“三十而立”，在即将迈入而立之年的前夕，我的思想体格与框架，大体确立于此。

在此之前，我硕士论文谈魏晋至唐初之发展，博士论文写中唐至北宋一段之文化变迁、并因研究族谱而探考宗法制度。在此之后，我借主持学会及淡江中文系所教务之便，主办“晚唐社会与文化”“晚明思潮与社会变动”“晚清文学与文化变迁”“五四文学与文化变迁”“战争与社会文化变迁”等，并通贯下及于当代之文化变迁问题，论题千变万化、博综广摄，而实不越此基本架构与方法之轨衡。

这当然不是说学问业已成就。所谓三十而立者，人婴少孩，受父母乳育、师保提挈，教诲顾视乃得成长。勉有所知，蹒跚学步，不免多有蹉跌，举止生涩、步幅失中。必然需在人生的道路上走了一段，才能大体摸清自我生命之性质，找到真能代表自己的姿势、学会自己发声的腔调，稳稳地站立在山川大地之间，以待将来继续发展，走出自己的局面来。

吾非天才，不能直直透显天地之清气，超然自圣。只能借智起修，徐徐酝酿。十年辛苦，千折百转，反复锤锻，在自我否定的犹疑困蹇里徘徊，如飘荡在中国文化中的幽灵，寻寻觅觅，哀哀怨怨，用心血去催叫那一朵朵的杜鹃花，慰抚自己失落的存在意义，找寻文化理想与生命价值通往现实世界的契机。所谓方法，不是学究们写论文、争取研究补助、谋求职位的手段，而是探索我可以站在这个世界并进入文化意义领域的方法。方法论乃因此而同时是人生论、价值论。

混沌解破、道为天下裂之后，我用智起思，从分析性、方法性、理性的角度去逼显道真，其进程与途向，大体如是。

这种方式，切开了情与理的生命整融性，偏理而忽情。对生命来说，自属一逐渐佚离本根、骛外求学、博取知见之形态。然而，失道者孺慕道本。在方法上，我逐步讲出一套主客交融、境智合一、形式意义合一、古今一体的方法论，拟由分而合，浑沦大通，与道合一。

此真能复合于道乎？

当然不行。仅能存道之影子而已。“牧童遥指杏花村”，活在人天破裂、中国文化之价值与意义已经荒失了的世代，我不就也只能如此遥指，示人以道之姿影而已吗？

历 事

在我迈入而立之年，学术方法与风格大体确定之际，其实也正是我学术上有新开展的转向时期。

怎么说呢？早先我原儒原道，实欲超世独寻，遥契于古；其间亦流湎于诗，在审美活动中开发生命的美感意识。形而上学存有论的体验与认识，成为我学问的基底。此时“究天人之际”的态度，实即含藏于我之知解与创作行为中。例如吟咏诗篇，往往在含毫搦管之顷，跌入思维冥玄之境，体验到花谢花开、物在人非等各种经验，思省各种生命存在的样态及其意义之问题，阮籍的咏怀、郭璞的游仙、李白骑鳌、李贺上升白玉楼，诗人忧生之感，所撼动于我者，实远多于忧世。或者说，此时之忧世，乃本质性的，是顺着诗人之忧生而带出来的生命苍然幽凉之感，觉得斯世寂寥，昏茫无可告语，其理则亦悖于生命之本源，故备觉可伤可哀。

所以我才会由此发展出着重存在之感受的历史方法论，批判客观主义实证史学；所以我才会着重讨论中国小说里的天命思想，讨论天人之际的各种观点；所以我才会钩联于西方存在主义，发展生命美学的论述架构。

但这个基底，在硕士班博士班阶段，却因知性化理论性的逐渐加强，以及通过语言学方法论的洗礼，有了些转变。一方面渐启语言美学之规模，一方面朝“通古今之变”去发展。

这当然不冲突。因为生命境界本来即须凝型于语言之中，语言所建构的意义之网，亦即为人安居之处所。这些处所，具体说，便可见诸历代之典章文物制度及著述中。故通古今之变，实乃究天人之际的具体化。对于在历史变迁中，人如何确立其生存的意义，寻找他所依凭的价值，建构他的文化体系，越能有通贯的理解，自然便越能穷究人存在的实质。

我硕士论文写《孔颖达周易正义研究》、博士论文写《江西诗社宗派研究》，均本此宗旨而作。许多人以为我是江西人，所以研究江西派。其实毫无关系。我的论文更是努力破斥此种以地域观点论江西诗派的主张。谓江西乃以黄山谷为宗祖而分衍的廿五派，风格本于山谷，故称江西，犹如王氏宗族皆称山西、李氏宗族称为陇西、崔氏宗族称为清河。曰江西者，祖源也，其派则未必为江西人，而且当时这二十五人也未真正组织成一个实际的社集。吕本中以宗族及社集组织的观念来看待当时的诗人群，写作《江西诗社宗派图》，本身即可观世变。因此我从这张图上，一路追索到唐宋文化的变迁，泛滥旁搜，综论唐代中叶以后世族结构的分化、会社组织的发展，以及宋文化的形成，成书卅万字。

在具体的问题上，我当然提出了许多新见解，破斥旧说，雄辩滔滔。这些见解，未必均为确论，后来也有许多人跟我在这些地方争辩，以为可以正我之谬。但本书格局雄开，由一图而通论一代诗文学术思潮及时代气象之变，因小即大，他人谁也做不出来。

后来这本书得了中山文艺奖，参加甲等特考也以这本书。但眉叔师嫌这本书的学位论文气太重，未甚许可。我也深知此仅是我摸索出来一条新路上的尝试之作。在那里，我主要想说的，是宋代人面对社会文化变迁时，他们如何进行价值的选择与创造。宋诗之风格，即是此变迁时期通过价值之选择与争论，逐渐创造成型的。整个宋文化也显示了这种“知性反省”的精神。

在写这本书之前，联合报联经公司聘请刘岱先生主编《中国文化新论》，蔡英俊主编文学分册，我参与撰稿，已提出宋诗具有知性反省风格之说。但彼仅为风格上的分类，到写这部书时，才从审美的讨论进展到有关文化价值之探索上。我认为宋文化相对于唐文化，自是一种新变。然宋人之变，不仅有一变之过程，且在此过程中，处于变局里的知识分子如何处变开新，实有极多不同之面貌。而仔细观察他们开新之途径，也会发现传统与新变之间，并非断裂的关系。新时代的知识分子，往往会从传统的再解释以及对价值的再选取，来开展出新的综合与创造，故复古与开新，实有一复杂的动态关系。

这是我当时对文化变迁的基本理解，随后所撰《唐宋族谱之变迁》《宋代的族谱与理学》等，发挥此义，亦偏重于思想和价值观的探索。但时代的变迁，并不只涉及思想价值的问题。我的讨论，重在文化面；对社会部分，只开了个端，尚未深究，显然是不够的。因此，后来我从宗族组织上补论唐宋文化的变迁，也具有补充社会面分析的意思。

于是，为学乃由存有论取向，经思想史取向，转而有了社会学的取向。

这一转变，与我的生活经验历程自亦颇有关系。

我本生长于朴塞之域，入大黉，一头钻进书堆里，上下与古人同游；偶尔仰头看看天上的浮云，或兀坐灯下，静对“浩浩宇宙阴阳移”，生命存在之感兴，即生于其中。虽诵圣贤遗教，颇以开物成务自期。但与社会暌隔不通，重开人文世界之宏愿，便仅成一玄思，在身体内部燃烧成一种生命悲剧性的美感。待知识渐积，又进入研究所，开始练习着与社会相应对，才逐渐发展我对社会的具体感受和理解。硕士班毕业，进入淡江大学秘书处工作，体验社会性的生活，借着撰拟文稿，间接触探社会的脉动，对我影响尤为深远。虚浑上通的精神，必须凝而下注，进入到社会各阶层之生活及各琐细的事务中，考虑到具体的利益与权力分配问题、讨论公义在现实社会网络中如何实践。政治、经济、法律及诸行政事项之相关知识，乃必须补充吸收，囫囵吞枣。

这种理解，当然是间接的，但我也很庆幸有此一过渡期，且能让我从理论知识面先去了解社会，而不是像一般人从经验上逐渐有所体认后，再设法于知识上归纳整理之。由经验来的，虽亲切，却多局限，往往不能照揽全貌，更难析擘其原理。我幸而能先从分析社会之原理脉络起始，由探寻社会之问题出发，去了解其实况。

例如教育，我替张建邦先生撰稿，或听张先生讲论，发言必然是针对一个个当前教育发展之历史与趋向、眼前问题之性质与相关环节，有一通盘之理解，才能下手开立药方或评析议论之。凡论教育、市政、国家发展，均需如此。后来我实际从事教育、政治、社会工作，行事出招、立脚换位，辄有看似莽撞随意，而切要应机，可立于不败之举，正仰赖此一段机缘。

但在当时，尚无此等功力，仍只在拼命吸收、理解的过程中。怎么样把这些新知和我的文学感性、历史研究融合起来，更成了我绝大的挑战。

写博士论文时，我其实已在进行融合的尝试了，论江西派，而从中唐社会变迁谈起，关联宗族结构、会社组织、庄园经济、文教印刷等等而说。后来接着论文化史方法、谈唐宋族谱、宗庙制度，也都强调社会面及制度面，主张结合思想与形式，并从制度演变上去观察世变。

此时社会学之面向已经带进来了。但就像我那本《思想与文化》书名所示，论文化仍以思想为主，是以思想史为内涵的文化史研究。

更进一步的社会面向开展，当然有待于我自己的进一步社会化。

恰好我毕业不久即因发表评析“国家”文学博士论文方法与价值一文而声名鹊起，谤誉交杂。许多谈教育改革、学生运动的场合都会来找我去。淡江本是学生运动的大本营，是乡土文学起源之圣地，学生不免也以我为“青年导师”之一。当时我和王樾是最活跃的所谓校园意见领袖。因为年轻，与学生思维、性气、行事方式均较接近，易于沟通；又精娴各类理论，使得造反仿佛有理；性喜生事，更会带着学生去冲。我们在秘书处工作的身份，也有利于我们的作为。各级行政人员都不会怀疑我们对学校的忠诚，所以学生们来找我们帮忙推动什么活动，协调上甚为方便。这一阵子我参与学生事务、讨论教育改革、出席演讲座谈亦最多。《我们都是稻草人》一书所收许多论大学改造之文章均写于此一时期。

可是，逐渐我发现我与当时许多从事教育改革者并不相同。他们所关切的，是校园言论自由、政治力退出学校之类问题。这些问题当然十分重要，但整个大学结构性的问题殊不仅止于此，只知关注此类大学之“去政治化”，必然导致整个大学的进一步政治化。十年后，马来西亚中华大会堂联合会邀我为“迈向二十一世纪的教育发展”担任主题讲演时，我回顾这十年来此辈人士之改革，正可谓利弊互形：

> 所谓学术自由、校园民主，意指国民党的势力应退出校园，使教育不受政治干扰。例如教师的忠诚资料应予销毁，不因政治立场影响教师之聘任及升迁，教师在学校应有讲学之自由，学生编辑刊物或邀请社会异议人士来校演讲，可不受学校之干涉，学校行政人员不应由

政界染指、学校课程可以自主安排……。

这个改革运动，声势极大，与政治民主化相孚而长，影响下及九〇年之“野百合”学生运动、大学教育改革委员会成立，以及九三年的“大学法”修订案。直到现在，要求教官退出校园、教师不得兼任党职、鼓吹公立大学法人化，都仍是这一波改革仍在持续运动的议题。一九九四年台北市长选举，陈水扁的竞选总干事，在选后出任台北市新闻处处长的罗文嘉；和一九九五年十二月“立法委员”大选，台北市北区第一高票当选人王雪峰，也都是学运出身的青年。可见此一教育改革方向与政治改革之关系至为紧密，且至今亦未丧失其作用。

原因很简单，政治改革的必要条件，就是言论自由。推动政治民主化的人士，除了要争取开放报禁与党禁之外，想凝聚知识青年、宣扬理念、鼓励学术界讨论现实政治问题，就必须解开大学校园中的政治禁制。因此，政治改革，由教育改革吹起冲锋号，一点也不奇怪。

在校园内部，进行上述各项改革时，一再揭举言论自由、校园自主的精神，将政治与学术逐步厘清，建立学术的自主性，自是此一改革之重大成就。但在大学“去政治化”之同时，其实大学也在进一步“政治化”。因为此类议题一定会碰触到权利义务等问题。例如教师受政治干预而去职，既可以从政治的角度来讨论，也可以探究教师与学校之间，彼此契约关系的权利义务问题，考虑如何保障教师之权益。于是，此一事件便可转为人权或劳资纠纷的问题。“教师人权协会”之成立、大学法修正案中关于教师能否组织工会的争议，均由此而生。

教师争取其权力与利益，学生亦然。学生逐渐认为他们不是被管理者，而是整个校园的“主体”，所以不但须维护属于学生自己的权益，更应参与学校的行政，拥有权力、享受利益。故积极推动学生政府（自治会），要求出席校务会议，可以评监教师、参与课程制定及教师聘任作业；认为在学校处罚学生时，应建立申诉制度，学生也可赴法院控告学校……

这一波撼动整个高等教育的改革运动，可说是校园内部权力结构的重组。学校的行政权业已分解，且下放到各级主管、乃至每一位教师及部分学生身上。旧的支配结构崩解了，校园内部的权力与秩序，乃成为需要重新厘定之物，因此人人都来争取了。

例如，从前大学校长是“教育部”派任或董事会决定的，系主任所长则是校长指定任命的，现在都要由教授们选举产生，所以人人均可竞选角逐，运作人脉关系以争取之。聘请教师、升迁奖惩，从前是行政主管的事，现在也需教授或学生来投票了。自一九八三年起，台大学生提出“还我学生权”“还我自治权”，并渐渐发展出“直接选举设计及推动委员会”，发行地下刊物《自由之爱》，以瓦解校园内部“特别权力义务关系”以来，选举已成为大学的新文化。瓦解旧的结构与权力，目的是追求大学的学术自由与校园民主，但瓦解的方法是政治的；所获得的，也是权力（学生权、教师权、校内行政权……）。

对于大学体制及教育精神，我之主张和他们很多地方不同。当年参加青年党所办座谈，听林玉体先生批评政治介入教育；参加社会大学基金会所办讲座，与史英先生共论改革之道，都甚惜其偏宕。我的兴趣，在于文化，而不在政治，因此对于所谓“教改”渐渐也就失了兴致，不愿服役于鼓手旗队之列中。

对教改失去热情的另一个原因，是学生的表现。

原本我们是基于理想与热情，且为鼓励学生，才协助其推动各种对大学事务的讨论。不料渐渐才体会出来，学生根本不感激我们。他们自认为是“主体”，故不可能接受领导或指导，亦不视我等为共同奋斗的伙伴。他们大体只是利用我们，以成就他们，餍足其虚荣与权益，彰显他们作为校园英雄式人物的价值。一旦我们的见解与做法，不能与他同调同步，他们可以立刻放弃谦恭，以正义的姿态、批判者的架势，指摘我们“保守”“虚伪”等等。而且他们仿佛充满理想，实则满脑子权力思想。争的是这个权那个权，开口闭口权益，对学校人事与政策的看法，也总是由人事倾轧、权力斗争的角度去了解。他们之所以喜欢拉我一道做点事，未必是信服我的人与学问，乃是误认为我系张建邦先生身边的人或红人。

有次，我们很亲近的一位学生，写了一篇讲他如何在大学里思索并推动大学理念工作的文章，要在学校刊物中发表，与训导处闹得很僵，学校组织了一个包括我和王樾在内的八人小组去协调。从晚上七点，谈到午夜一点半才离校返家。学生在文章中把一切功劳都算在自己头上，所有相关老师，包括我和王樾，都成了反面人物。协调时态度又甚傲倨，扬言其中如觉得有诽谤，一切法庭上见。我大怒，谓一切法庭上见，何需协调？师长不以学生为卑下，来此好言劝解，平等商量，耗费唇舌数小时，乃竟不识好歹，不自省，亦不受教，今之所谓校园才子佳人即如是乎？学生见我发怒，知我若走，协调小组必解散，方才软化。但这类事件，实在伤了我们的心。觉得这些学生并不都像我们。“水仙花情结”与权力意志攫住了他们，为这样的人去拼命，颇不值得，还是安心自己做点学问为要。

然而，社会化并未因此而稍戢。我从校园转了出去，编刊物、弄出版、追新闻，直接跨入文化界传播界，参与社会活动竟越来越多。

初期对此，实极不习惯，处事亦极生涩。例如我初编《国文天地》时，策划一个座谈会，邀了许多人去忘尘轩喝茶。茶资当然是朋友付的，谈话录音时电池坏了，詹宏志还帮我跑出去买了一对。结果谈完我向他们谢谢便走了。事后才晓得依例应该给出席者车马费的，令我很不好意思。此类糗事甚多，幸亏师友朋辈多所担待，否则真要在社会上难以立足了。又幸而益友甚多，当面不教我难堪，但经常会找机会拉住我，说：“鹏程，有件事我要跟你讲……”以启我茅塞。由于我对社会原本只有道理知解上的认识，此类人情世故，实不措意，亦无经验，所以这些指导和错误的体验，对我极为重要，而且也从实务上补益增进了我对社会的了解。

这时，我即发现此由实际经验上获得的“知”，也可以和道理知识及推考上得到的“知”相互结合。例如我对文学的研究，便可不再只谈作者审美态度及人生思想如何表见于作品中，或作品在美感类型、创作方式上有何特点，读者又如何从作品中获致审美之快感等传统文学及美学研究之问题。而更从作者是在什么样的社会群体中从事创作，其文学活动之市场供需、社群组合、权力结构、政经关联各如何等问题上探讨其美感意识如何成形、作者权威如何奠定、读者反应如何分歧。

这时我在《文学界》杂志所写专栏，便以此“文学社会学”之方式来讨论文学界的问题，后来又在淡江开这门课，到各校去宣传此一研究法。这在尚未接触到读者反应论、后结构主义思潮的台湾文学研究界来说，应该还是个新的路向。

后来我请瑞腾开文艺行政与文学社会学，黄明理随我做晚明文人研究，其兄黄纬中随我做唐代书法社会之研究，我自己做唐代文人社会等一系列论文，以至于目前我筹备佛光大学，拟开办文化及艺术管理研究所，也都是赓续扩大此一方向。在台湾，能体认到应在学术上确立且开拓此领域的，只怕至今还不多哩。

由文学进而研究文人集团、文学界、文化圈、政府文艺政策，其势顺趋而不断扩大增广。后来我之所以能胜任陆委会文教处处长之职务，制定出到现在看来还不算太差的政策，就凭这些积累的工夫。

当然，做事得凭本事。但在逐渐朝社会学转向时，我却体察到：行走江湖，并不全靠工夫。

就像开镖局，没一手硬扎工夫，难保得镖货周全。这是当然之理。可是总不能一路打着保镖，那光是累也把人累死了。须仗着些声威，让寻常毛贼不敢来或不愿来惹你。这些声望威势，有点广告宣传的性质，所以一半得自业绩的积累，一半出于吹嘘。有些人本领高强，而物望不孚，即因不擅于此等包装、造势、作秀、广告宣传之术。故凡局子大、生意旺，除了本事与业绩之外，不能不讲经营之道，否则不仅声威不著，谁也会以为你好欺负，可以吃得住你。

有了本事，又有了声望，真能震慑得住场面，走镖顺利吗？还不行。工夫一道，人外有人，天外有天；且宇宙之大，奇门异技，真是无所不有。凭工夫，自己穷深研几，闭门独造，自无问题。在江湖上陡逢大敌，仓促接招，难免要吃点亏。纵负威望，亦总有不信邪或故意来捋虎须以自树声名者。所以均不可恃。保镖要平安，终究还得靠朋友。

平时就要广结善缘，届时大家才会碍着这点交情，高抬贵手。真出了事，也不难找到朋友帮忙补救或助拳掠阵。俗语云："在家靠父母，出外靠朋友"，是行走江湖的保命真诀。一个人若不能谨记"多交朋友，少踢场子"的道理，任你本领通天，终将寸步难行。

但这里又有两个辅助性的原则。一是交友仍须有所别择，且"广结善缘"之真正含意，在于缘须是善缘。许多人未能体会这一点，结果，多交朋友，竟成了个交际花、滥好人，乃至误交匪类，为损友所卖，甚堪矜悯。盖交友若无所择，则无真能为你披沥肝胆之朋友，泛泛交游、酒食征逐，有何用处？一人在社会上做事，必得有一些在急难时能为你尽心尽力，在顺泰时能提醒你、在犯错时能规劝且又能宽谅你的友人，要不然，事业是办不成的。

但纵使是赤诚好友，彼此之协助亦须掌握“善缘”之原则，不能变成不讲是非，只论交情。此君子之交，所以异于市井兄弟之任侠也。孔子云“君子和而不同，群而不党”，就是这个道理。朋友不能弄得仿佛一个帮派，共利害、同是非。而应成为一种虽然亲近却保持开放性的群体，否则亦极易与其他群体产生冲突。

依此原则，当然可以“怨是用希”。然而想在社会上做事而不与别人起冲突是不可能的。资源、利益，必有竞争；人事相处，必有摩擦：所谓善缘，不同人来看，亦未必皆以为善；我人能力有限，更不可能满足所有人的需求与期待。至于“踢场子”，在成名的过程中，是免不了的。时或基于理念、格于形势，某些人的场面，也不能不去闹闹。夺了他的光彩、抢了他的地盘、伤了他的身心，实亦迫不得已。所谓人在江湖，身不由己。倒过来说，也是一样的。谁能保证别人不来踢我们的场子、劫我们的镖银？

这就需要另一条辅助原则：不可记仇。古之侠客，讲究报仇的伦理，睚眦必报，真是不达事理。在江湖上走动，是是非非，恩恩怨怨，是很复杂的。有时虽甚嫌恶或轻藐其人，可就是不能不跟他打交道；有时虽有嫌隙，碰上某些事，还真得同心协力合作不可。故旁人之恩不可忘，仇怨，只消不是杀父夺妻那类深仇大怨，则毋庸惦记在心。且人之伤我，我即记之；我之伤人，人又如何？是不是要在座右铭中写道：“不扑杀此獠，誓不为人”？有时我觉得他人负我，甚为怨怒，但想想这一点，也就心气平顺了。何况，江湖路远，山不转路转，某人虽一时负我，谁知将来会不会有惠于我？若我衔怨不忘，只有逼得他采取更绝决的态度来对付我，把我消灭，以免未来遭我报复。故不念旧恶，似若宽惠于人，实是佑护自己。特别是在用人之际，倘能不避嫌怨，特恳帮忙；或给予机会，以德报怨，对自己更有帮助。

可是这都不只是道理上的认识。行走江湖，积声望、广交游、释怨仇，未必是知道就做得来的。因为，走江湖还须要有江湖人的气质。

在社会上做事，不比书房里研究推考，可以十年磨一剑，详为勘校评析。利害生乎俄顷，言语应乎机锋，要面对不同的人，处理各个相异的状况，得有豪情、也要权谋；须有胆识，亦可见气魄。此未必以学以理服人，也未必以位以势以德以惠，而是气质中生出一种吸引人的力量，能让人乐于亲近甚或效命，此即所谓侠气。任侠者，飞鹰走狗，常不轨于正义，生命又无甚远景可资期待，从客观条件上说，凭什么收摄徒众？豪侠之魁桀，如刘邦、李世民、宋江之类，拳勇智术均不及其朋辈，处人有时又似乎也并不敬恕，为什么竟能得到大家的拥护？这就是侠气。气魄足以聚众，豪情可以任事。缺了这些气质与魄力，做学者、守世业固然有余，却不堪在江湖上张旗帜、立名号。

气质多属天生，如刘邦之箕踞溺冠，而豁达大度，既非伪饰，也不出自学习。但气质亦有可以学得的部分，所谓“变化气质”，非将天生气质变而改之，乃是顺其才性而修冶陶养之，使形成一种风格。就像季布和他弟弟季心都是侠，而“季心以勇，布以诺”。又如田叔任侠好剑，为人廉直；焦勋为轻侠，则以饮博为务。其得人之道互殊，但皆顺其才性能力而然，若反过来，恐怕大家就都要觉得别扭了。

不论气质如何，江湖人泰半讲究胆气魄力。事情可以失败，但不能贪财害义、舍友保己。更不能怀忧丧志，为一点点得失而斤斤计较。做事也不可以婆婆妈妈，谨循瞻顾，畏首畏尾。没有放手一搏的习惯、意气相倾的态度、悍不恤死的豪情，闯什么江湖？创什么事业？

这些譬况与说明，或许读来像是教人走入黑道。其实在社会上做事，基本道理正与侠客之闯荡江湖类似。唯其中亦有与侠客之道不尽相同之处。例如前文所述，侠者之气义感激，往往不合于正理，睚眦必报的态度亦甚乖于通方。因此，辨儒侠之异同，究明吾人今日立身于社会之道，遂成为此时我学术上也该致力的事。

我溯考侠之起源与流变、探索国人“侠客崇拜”的心理状态、研究侠与文士之关联、分析知识分子和侠义传统的关系，成《大侠》一种，由锦冠出版社于一九八六年印行。自认为此一领域中划时代之作。

自吹自擂，当然未必让人服气。如叶洪生先生即痛责我：“明足以察秋毫之末而不见舆薪，且抱咫尺之义，读书又不求甚解，或恐自误误人”，“断章取义，乱扣帽子，何以治学论剑乎？”田毓英先生也说我“胆大于学”。

其实这皆无妨。因为论侠义传统，范围之广、意蕴之深、论史之确，毕竟宇内与我方驾者尚不多有。且我论侠，是与文学、文化史、思想史、社会史，及我本身从事社会活动之体会与处境相关联的。对国人侠客崇拜的分析，也为宗教研究另辟了一个视野。一个充满祖先崇拜、侠客崇拜，及后来我所说文字崇拜的社会，正是中国传统社会与西方文化社会不同之特点。

但侠是要游的。游走于社会各个阶层与处所。而我此时交游游历却不甚广，生活仍局限于办公室到教室之间，接触到的社会层面也很有限。最大的游历，只是在精神上神游八极，游心上古而已。

直到出版《大侠》之后不久，一九八七年二月，锦冠出版社让我和林景渊、杨树清、郑松维去日本考察。这才有机会跨出国门，去认识另一个社会。

这是次奇特的经验。出国门、适异邦，每一分钟的感觉都是新鲜的。在飞机上，连用餐都不会，把胡椒粉倒进了咖啡里。返程时，刻意留神，乃竟又把盐巴加进了咖啡中。土包子出城，真堪绝倒。

我曾写了上万字的游记来记载这趟旅行。但文笔蹇涩，实难尽抒吾感。日本的文化，既传统又现代，启发了我许多思考；涉身处地的文化体验，更与境外的评议理解迥异。我一向瞧不起小日本，又自认为对中国文化有入乎其中的理会。赴东京京都，乃知日本文化自有其精神风貌，超轶处非今日中国所能及；即其沿袭于我国者，亦令我仿佛如见唐宋盛世，甚愧在中国已久不睹此才调。我至今仍然不喜欢日本，但我的内在实已起了绝大的变化。原先封闭于中国文化、台湾社会中的灵魂，经此震荡，乃渴欲冲出地域及文化的限制，对文化和社会进行更宽广开阔的观察。

因此那年暑假，青溪写作协会来邀去欧洲访问，我即与妻同去。旅欧十七日，遍及德、法、荷、意、瑞士、英、比诸国，又开启了我对欧洲西方文明的新认识。婴儿新生、眼界初开，甚诧其世界竟然如此奇妙。

隔年春间，古典文学会和香港浸会学院有项交流计划，让我随瑞腾、简锦松、昆阳同去举行一场关于文学批评的讲座，再赴港大座谈。我们几人都是第一次莅港，所以也是无处不感到新鲜。锦松则长袍飘飘，招摇过市，让港人也觉得十分惊奇。我在某次他过街时，就看见站在公车巴士里的一位小姐"啊"了一声，下巴仿佛掉下来，再也合不拢了。

因适逢政府开放老兵赴大陆探亲，锦松便打听得如何去中国旅行社办手续、如何过罗浮关、如何由深圳转赴广州，游说我们一道偷溜进去大陆瞧瞧。这在当时法令上是不准许的，简宗梧教授等人在香港担任客座，讲学了一年都不敢进去。我们却在第二天就办了证件，准备闯闯。证件缺照片，去拍了张快照，很像通缉犯。不过很好用，花了点钱即办妥了。由九龙乘火车进入罗浮，进入一个传说其中住满了“妖魔恶匪”的“黑森林”。恐惧惊奇、刺激，比去日本、往欧洲或来香港都更令人震荡莫名。

我们在广州火车站前即被吓呆了。广场上站着、坐着、躺着，全是人。或蜷曲着铺盖，或烧灶做饭，或赌钱或滥睡，地上没有能落脚的空隙。好不容易捱进站里购买返程火车票，结果拼斗了两个小时，汗出了一斤，看见几次打架，还有几次则是警察来维持秩序，把人揪出去、扔走，票却仍旧没买上。只好找到一家旅馆住进去，才知柜台便可供票。锦松见有票，干脆一家伙坐去杭州，我与昆阳则在广州既紧张又欢畅地乱逛了一天。

这是我第一次去大陆，也是更进一步深入了解“我的中国”的机缘。自此以后，游福州、北京、杭州、苏州、上海、湖南、江西……东登岱岳，西抵天山，直至喀什，南泛琼崖，游息于“天涯”“海角”刻石之下。

昔赴日本，仅为列子之御风，去以七日；此则为大鹏之冲举，飘摇万里。登临览古、摩挲沧桑；深入蛮荒，悼吾生民。感劫灰而哀世乱，起忧思而动悲情。文化之怀，古今之慨，制度典章，人情物理，真是难言难尽。伏在曲阜孔子墓前，直欲放声痛哭。

后来我以此经历，及其他奇特因缘而入“行政院”大陆委员会担任文教处处长，乃是后话。此处我要说的，是一种特异的感觉。我从一个固守于一方一隅的人，忽然在这一两年间，驿马星动，不断远游。飞东走北，一处处不同的社会组织结构、人群物态，展布于眼前，如观戏剧。入乎其内，同其歌哭，而又出乎其外，论其是非，对文化与社会的理解，实又有远远超过从前之处。我看过东方，也看过西方，又看过被西方统治的东方，如香港、澳门。看过现代资本主义的中国台湾，也看过现代社会主义的中国内地，又分别在其中看见许多古代的中国，更看见中国之中各种迥异于汉文化的少数民族，见其思维与社会组织自成逻辑。

在这些分歧的社会之中，我逐渐找着了观察社会的方法，也发展了我对大陆的诠析。后来结集成《两岸文教交流的现况与展望》，由陆委会出版。

我觉得台湾当时对大陆的了解至为粗陋，只有政治观点。谈起大陆，总是从政治权力斗争、派系分合、人事问题上去掌握。因为研究大陆的，主要是情治系统及国际政治学者。待两岸逐渐展开交流之后，因经济互动迅速，“中华经济研究院”台湾经济研究所等经济研究单位开始开拓，始渐渐出现经济观点。但在我主事时期，此一观点尚仅在萌芽阶段，仍是以政治带着经济在走的。我对大陆的研究，则特别显示出一种社会观点，能从其社会结构、发展趋势上来看它政治经济上的变迁。因此我对大陆的判断，实较准确，非寻常套用政治学经济学教科书之所谓学者观察家所能及。对大陆文教政策、法令、体制、实况之了解，在当时更是仅有的专家。

不幸在政治场中并不需要学问。我乃得以稍敛经世济民的奢想，仍然回到书斋里来赓续我对社会文化的观察，以穷时世之赜。

对了！穷时世之赜。通古今之变者，贯乎时间之流；究天人之际者，彻乎上下之分。但人立足于此一世界与此一时世，实有无穷之感应；撄兹尘网，又有无数的牵扯，欲通往古而究人天，自不能不穷此社会之赜隐。

吾学甚谬，曲曲而达之，其中经历了甚多机缘，机事相发，乃臻于此，我的感想是什么呢？

今春我去马来西亚参加上文所提到的那次研讨会时，《星洲日报》有记者来访问，谓：“龚先生，要怎么样才能像您一样，这么年轻就有这么多成就，就能做出这么多事来？”我看看她，微笑道：“哦，小姐，您要非常幸运！”

藏史

我去深圳、广州之后不久，即赴韩国参加李退溪研讨会。游三韩，坐退溪书院旧址上，神思为之远扬。随后又接到北京社科院文学所的邀请，在福州召开文学理论与国际交流研讨会，嘱我参加。我即准备了论文，与郑松维同去。

由香港转机抵福州。大惊，机场极其朴陋，接机者围塞喧杂亦令人惶惧不安。驱车往市区，沿途土暗尘昏，绝无古榕城富盛之气象。开会时，我说："台湾只我一位来，但我一个人来也就够了。"令与会各界大为震动。

或许是由于我的狂言使他们有了受轻藐之感，但也可能不尽为如此。因为两岸隔绝太久，对于对方，完全无法想象。许多人听我开口说的居然是国语，顿感奇异。就像我去大陆，初临广州、福州一样。听到小孩子在襁褓抚育中，开口闭口竟然满嘴土话，也感到十分惊奇。在我的经验中，这些方言都是"老年人的话语"，从小只听到长辈在说的。忽闻小奶娃也讲这些方言，实有说不出的怪异感。大陆人士骤见一台湾来的年轻人，大言盛气，侃侃而谈中国文学中国历史，自然也十分好奇了。何况我方三十出头，已是古典文学会的秘书长、淡江大学中文系主任研究所所长，和其老人社会之景况亦极不相同，颇使各界觉得新异。

在福州盘桓数日，便飞北京，访社科院，游紫禁城，游息于天坛、龙须沟。乘车往十三陵，并登八达岭长城以当塞外寒气，然后负书五十公斤而返。

越数月，又与周志文、周纯一赴港开会，随即转杭州，访问杭州大学。唐亦男先生后至，同游于西子湖畔。登孤山，入西泠印社，遍访灵隐诸寺，藏息佚乐于九溪烟树、云栖竹径之间。观钱塘之潮、升六合之塔，断桥无雪、皓月无声。夏承焘先生高弟吴熊和等，云："何不往绍兴？"乃赴会稽。于兰亭仰修禊之风，入沈园伤放翁之事，游三味书屋，而至其东湖。湖系漏凿而成，曲折玲珑，天工人巧，成此奇观。泛舟其上，颇念章太炎、秋瑾辈旧事。昔读古人书，云行山阴道上，如在镜中。不解其意。今始知此乃江南水乡之景。绍兴城中，一街一河，乡里水道更如棋布。河水平流，两岸林木交荫。若于夏日游之，恐莲荇浮花，更将眩夺眼目。

友人许明由北京来，导我夜航大运河至苏州。坐三轮车，裹寒游拙政园、狮子林、西园、留园、网师园等处。又佣车往虎丘，立千人石，观剑池故地。旧闻虎丘天池茶为海内第一，未见。唯其水尚佳。陆羽所品，天下之水，庐山康王谷第一，惠山泉第二，蕲州兰溪石卜水第三，峡州扇子峡蛤蟆口第四，虎丘第五。刘伯刍《水品》，则谓扬子江第一，惠山石泉第二，虎丘石井第三，丹阳寺井第四，扬州大明寺井第五。今之虎丘水，亦历尽沧桑矣。

自苏州出阊阖门，至灵岩山，乃吴王馆娃宫旧址。今佳人音声俱泯，仅存灵岩山寺，为印光法师宣教处。入其中，静阒无人，阇黎焚化骨灰之炉在尔。立眺太湖平原。下经香雪海，至光福。邓尉祠中有老道，指老柏云："此即清、奇、古、怪四柏。"苍鳞虬髯，莫可形状。遂抵太湖。湖三万六千顷，山环七十二峰，父老云其中有山，下有洞穴，潜行水底，可通九嶷衡岳，号称地肺，道书第九洞天。忆唐传奇《柳毅传》书事，湖多灵异，或即真有其事，唯所见仅烟波浩渺而已。太湖之滨，有天平山，范氏庄园在焉。或云范仲淹墓即在此处。入山迹之。断石残马，翁仲俯于墓道。扪碑而视，哑然失笑，原来根本不是小范老子葬处。徒望此山石骨峻立，万笏朝天，遥想先生之风而已。

由苏州抵沪，讲学于复旦大学、华东理工学院。丰子恺先生女公子丰一吟来，领我游黄浦江，观玉佛寺、城隍庙、豫园等处。上海人喧马疾，而荒陋特甚。徐娘既老，见之神伤。我病，周志文亦病，踉跄返台。

隔月，复奉岳母返湖南度岁，居长沙高等检察院。长沙古称卑湿，故贾生赋鹏鸟而死。岁暮苦寒，我又病，啖辣椒以御之。侍岳母返乡平江，村中皆于屋内熏炭火，烧壶水，烟气上蒸，悬大肉以为腊品。即茶亦用烟熏。

居数日，与妻觅车经萍乡、莲花而返我故乡吉安。车行山野绝巘间，云深水复，险阻万状。至吉安，已夜晏。于市街中访得姑母宅。居者大惊，以为神佑。谓所行途中多盗匪劫掠，早断人行。遂由表兄带领回值夏镇龚家村。至则午夜矣。村中泥泞没踝，村人燃炬来迎。烧水泡脚，杂沓相问，恍如隔世。并差人至城中寻我兄长归来相见。次日，至祠堂拜祭，午后即匆匆返长沙。明王士性《广志绎》有云："吉安夙称节义之乡，然至宋而盛……至本朝靖难，又有周纪善是修、曾御史凤韶、魏御史冕、王编修艮、颜沛县伯璋、王教谕省、邹大理瑾、彭大理与明八人，良非他处所及。"但民国以来，此处为四战之地，往来攻伐，复无建设，视长沙且滞后二十年，更无论台港。猪鸡奔走于祠庙间，堂宇或为牛寮。自长沙来往吉安，途路之间，偶经村落，辄如废墟。道路泥烂，往返一千公里，车辆几乎报销。我少年时魂梦数数萦廻于此父祖故乡，而所见乃如是。

五月初，与社科院文学所合办会议之议成，复与李子弋先生、王樾、王文进、陈长房、周志文、熊建成、王明荪、蔡诗萍、罗智成、李瑞腾等赴北京，于香山卧佛寺召开纪念五四运动七十周年研讨会。这是海峡两岸第一次合办的研讨会，且系讨论五四。

会毕，我与周志文、王文进等赴承德避暑山庄游观。王樾、王明荪转赴沈阳。返北京后，又往北大，与哲学所合办研讨会，社科院哲学所协办。与会谈论者对照今昔，自多感慨。我与周志文在燕南园见了冯友兰先生。冯先生以“闻旧邦以辅新命，极高明而道中庸”自许，但耄耋重听，终不能闻道，见而悯之。凡在北京十数日，始转飞日本福冈，参加九州中国学会议。并游鹿儿岛。

回台后未久，复受邀至北京，又飞去兰州，进行我的丝路吊古了。丝路之旅，本由李寿林兄规划，明荪夫妇、竺家宁先生等凡十余人，已先至西安音乐学院访问，我到兰州与他们会合，并访问兰大。中文系主任柯杨擅民俗研究，相约赴宁夏调查，逡巡迄今未果。柯先生又精通医学，替每个人开立药方，皆甚对症，唯脉我时不明所以。谓我殆操劳过甚，濒于油尽灯枯，须日服十全大补丸。我大笑。遂访西北民族学院、中山学院，游古甘凉故郡，观河而叹。

或曰：“何不观乎海？”乃赁车往青海。过日月山，经通天河，直抵西宁，登塔尔寺。寺为密宗黄教宗师宗喀巴诞生地，幢幡缨络，酥油醍醐，大开眼界。西北土俗风物，迥异江南，尘土粗厚。山固土覆，绝少苍翠；屋舍亦为土坌泥塑，或竟土居穴处，所谓窑洞。人民土气，水则流沙。又多回民，语言饮食俱勿同于东南诸省。佛教如密宗，亦沉厚雄武，金刚威德，不乏横眉怒目狰狞作态者，梵呗更沉入气海最低层。此土此民，当有绝大力量，惜乎至今犹为贫苦所困。

自青海返兰州，遄赴敦煌。敦煌在汉时与武威、张掖、酒泉、金城合称河西五郡，南以拒羌而断匈奴右臂。至今战略地位已失，但以其石窟艺术闻名遐迩而已。我经嘉峪关至其地。出阳关、汲月牙泉水，骑橐驼，于沙漠中见海市蜃楼，而访敦煌艺术研究院。得院长段文杰之助，饫览莫高窟绘塑诸艺，遍观大小洞，心魂俱醉。

由敦煌复涉戈壁而抵乌鲁木齐，何伟康先生亦来会合，遂游此纪昀《阅微草堂笔记》的书写地。登天山，俯瑶池，访高昌交河之遗迹。并至吐鲁番，游火焰山。天气酷炎，而泉洌瓜美，葡萄如酒，哈萨克、维吾尔之土宜民俗，尤为动人。新疆画会及新疆大学、师范大学之人文亦不甚朴鄙。欲更北，经天山北路至阿尔泰山，通伊犁而达莫斯科。不果。乃赴喀什。此乃我国领土最西端。至则夜昏，市街无灯，人群集沓于清真寺畔，魅异绝伦。妇女衣玄褐，着黑巾，覆头面，亦不露眼，只利用眼部织得较松的缝隙观视外物。但屋内布置皆极雅丽，喜以金丝纱巾饰物，风俗酷肖天方。

自新疆返台已八月中，十月又赴北京，参加纪念孔子二五四〇年诞辰会议。会后则安排游曲阜。

在去曲阜之前，我又去了一趟紫禁城。赭色的宫墙。琉璃瓦上长着一蓬蓬杂草。衬着铁灰色的天，有点沉重、有些忧郁。

曲阜当然仍是充满光和热的。但光与热似乎每年也仅只一次。大部分时间，它都处在人们记忆和权力的边缘。每年用尽气力，跳舞歌唱冲刺一番，其余的日子，则都要用来喘息，或者回味。

祭孔大典、八佾舞、孔府、孔林、孔子墓、孔府家酒，以及一切可以与孔子扯上关系的东西，构成了这座城市。这是一座符号与象征的城市。其存在，就是因为它具有象征的意义，城市中所有生活及其具体构造也都表现出这种符号功能。

在此符号与象征的城市中，现实被符号浸润穿透了，生活成了抽象的概念。把我们的心、我们的灵魂，抽提起来，进入一个幽邈深邃的时空场域中，参与孔子及其弟子们祭燕弦歌的世界，沐浴在圣哲慧命流布与传承的德泽中。如饮芳醪，悠然忘机，沉沉然融入其中。亦不自觉地弦歌鼓瑟，浴乎沂，咏而归。

我喜欢这种气氛，也明白孔子墓就是我文化生命的归骨之所。在墓前站立时，我深切感觉到我也正躺在里面。但是，整个符号的城市仍然让我不安，仍有生命歉虚的感觉。所以我雇了车，要再深入历史与灵魂，再到孔子诞生的尼山去看看。

尼山书院孤独地坐落于城外小山头上，长松落叶，阒寂无人。一切只能摩挲徘徊，无从叩问。圣贤遗徽，流连追思，而亦无法对话。为此，我亦不免怅怅。

从尼山书院下来，有乡人云其间有孔子洞，乃孔子母亲徵在诞育孔子之处。导我去看。这当然是无稽之谈。但使我了解了传说的意义与力量。

坐在孔子洞前，长风拂草，四野荒寂，尼山静立，宛如太古。时间一霎消失了，令人不觉渐渐入冥而去。仿佛我即孔子，少小亦坐此洞前，静对太古以来就有的山峦。山前有农，正驱牛推犁，操持于陇亩间。

蓦地，我忽大生感伤。因为，这位农人耕作的方式、两牛犁地的景象，我在汉代石刻上见过，料想孔子当年也见过。我今坐此所见，亦必为孔子当年之所见。我与孔子，相隔二千年，而尼山如故，乡人生活及耕稼方式也如故。

时间带来的伤怀，一下子冲倒了我。符号的城市、抽象的人生，忽然被泪水渗透了。在精神层次上与孔子冥合契会的我，处在时间之流中，面对变转流逝的时间和兀然无所更易的现实，竟令我有错愕惊慌之感。

我又驱车往少昊陵。这是中国少见的三角形金字塔式陵寝。一路上经过的山丘，林木都斩伐殆尽，牛山濯濯，生意萧索。路边农家铺麦梗高粱秆于地，车行轧轧，一路作响。房舍皆土石。农民以树枝分叉者为耙，以溪沟为井、为泉、为浣洗之地。尘沙飞扬，大地一片灰蒙土暗。

到达少昊陵时，只见墓门石陛地上铺满了棉花，有乡女正在晒棉花。伶俜稚弱，立在“少昊陵”三个大字底下。

少昊见此，必当大哭。此，我心灵之故乡曲阜也。

而这也就是中国。文化上精致高窅，显现了人类最宽博深厚玄妙幽复的一面，令人品啜玩味不已。文字传达着圣贤的智慧，传说渲染着圣哲的行谊，遗址故居，铺陈出一幅圣哲优游息处于其间的生活世界。让我们对之肃然、悦然。可是，这并非真正的生活世界，而是符号与象征的世界。在此世界中，我们享受着精神的盛馔，灵魂得到暖慰，觉得历史与我人存在的当下，是可以通贯为一体的，融洽无间。

但真正的生活世界呢？窘迫、困顿、脏乱而且荒芜的人生，总伴随在我们周遭。符号与现实脱离了，时间，则是冻结了。从孔子到现在，中国，精神上殊无进步，其生活状态亦无太大进益。今人与古人，乃竟也可以并置共存。

这等荒谬处境，其实至今并未消失。我想到：尼山脚下耕作的农夫，其生产方式固然仍停滞在孔子时代，台湾的民众又有什么不同呢？机械或许改变了，街市或许面貌不再鄙朴，生活或许逸豫优渥，然做事的方法仍是两牛横犁式的。人生之窘迫困顿脏乱与荒芜，亦未必不甚于曲阜的乡农。

故百年中国，似变而实未甚变之局也。人人都说这是个千古大变局的时代，人人都觉得百年来中国有许多进步。但从社会内里看，变了什么呢？窘困的格局并未打破，百年之中国，仍如二千年之中国。要打开新时代的架构，还有待努力哩。

如何努力，我也还不甚明了，但这是个有待经营的时代，则无疑义。我读圣贤书，能否赓继孔子经世之志，不仅于“六经责我开生面”，而更能重开一人文世界呢？

隐匿于生命内部的经世精神，因不断遭到这样的撼动，渐次开启了。抚世伤时，胸次充盈不忍之情，遂不免思开匡济之政。于是，走云南，续办两岸宗教文化研讨会。临滇池、观石林，诧侗彝白苗之俗，考徐霞客之旧。入北京，预孙子兵法研讨会，观中共中央党校之格局，访中共军事科学院，窥其电子兵棋模拟作战之奥。我曾在淡江大学国际关系与战略研究所执教，讲授中国战略思想，纸上谈兵，善规宏谟远略。今竟得一特殊机缘，取相印诠，两岸关系大战略的架构，始在我脑海中渐渐成形。

又至南京，大雪纷飞，拜明孝陵、中山陵，考随园故地，游秦淮烟景。乘车下扬州，低徊于瘦西湖、大明寺。金陵王气已消，南都风致亦老。遂冲寒抵无锡，再观太湖于蠡园，视鼋头渚无恙。饮惠山泉，游宜兴阳羡之洞府，而至苏州、杭州。读书于西湖之滨。计吾所读《四库全书》凡三部，文渊阁本，在台已读过。文津阁本，访诸热河，未见，见于北京图书馆中。文澜阁本，则读于此时。

自杭州出，再赴会稽，探禹穴。乃又游中原。自西安，下洛阳，摩挲雁塔、吊怀龙门，伊阙白马，少林香山，溷迹于骡马之市，徘徊乎烟蒸尘飞之境。转开封，入郑州，迂道天津，以达燕京。黄河如带，不足以观水；岱宗则自南天门入，穷玉皇顶，亦不足以观天下，吾怀浩浩，若将塞天地而涵之。

遂又南下至于海，竟抵海南。大海月圆，鲛人泣珠，东坡流居之地，卫公精爽犹存。槟榔、咖啡与蕉椰，对之难以为怀。返台湾，不久，又赴海南，再转北京，然后便进入“行政院”大陆委员会去从事重构两岸关系的工作了。

我去陆委会时，眉叔师及师母烧了个“一品锅”预祝我仕途顺利。但在陆委会工作不久，雷家骥和毛汉光先生即来邀我吃狗肉，并希望我辞官后能赴嘉义中正大学历史所任教。大概他们已逆料我在这个位子上可能做不长了。果不其然，二年半后轰然辞官，终于去了新成立的中正大学。重开文化中国之梦彻底破碎，大战略徒然成为大悲伤。痛定者思痛，却对整个时局无可奈何。

为何经世之志无法实现？为何大战略无法施用？为何重开文化中国之梦想会彻底粉碎？其中经纬万端，错综复杂，难以尽述。我曾以日记为底据，大略反省记录了这段时期大陆政策失败的原因，总称《从政琐记》。因其中偶或涉及国家机密与人身批评，目前仍不拟发表，但其文开端有我《甲戌杂诗》数首，又有《参与历史》一篇，略述心境，谨附于后，以代言说。诗云：

怀抱

但知怀抱存天地，岂就衽席肆甲兵。
我自沉吟空色相，要书奇字问苍冥。

夜梦

小楼微雨夜生风，梦入云庭十二重。
云里无人吹铁笛，神仙携酒在花丛。

贩药

河间姹女火而飞，还息精胎丹子微。
吾药甚奇谁敢用？夜凉今又踏莎回。

小休

风日清佳可小休，高台兀坐对长流。

世缘销尽长流里，来看苍茫天地秋。

问学

葵羹桂醑足风流，冷淡生涯我所求。
寂寞之滨知识海，乘桴来问海之头。

说鬼

谈玄说怪夜昏昏，稍摄形神向酒尊。
内圣外王都不管，明夷待访鬼王村。

抄书

今日抄书胜作书，抄来万卷眼模糊。
人间殆欲添风物，校字燃藜入画图。

结习

结习缠绵去渺茫，三涂火宅叹迷阳。
进将死敌归伏法，高卧元龙自可伤。

齐物

诙谐玩世即灵修，枯槁吾儒亦道流。
更对明尊消苦业，吾生齐物便优游。

工夫

人世从知絜转圜，得名负谤两无端。
老夫今日工夫熟，直透无情最上关。

诗有补记，略释诗旨说：“杂诗者，情怀杂乱，不可以一端举，故凌杂言之也。首云自存怀抱，原不屑屑于人世机栝。次言偶然入梦，得登青冥，乃知朝廷中歌舞升平，颇乏铁中铮铮之士。三则自伤未能应世谐俗，故四云可以小休。五、挂冠求去，还读我书也。六曰如此时世，已非吾人所能挽回；明夷待访，亦将何恃？不如滑稽诙谐，诗酒自乐。七、抄书亦一乐事，何必著书？八、九、十，论内养事。盖外王事业既已无可为，内修以成圣成贤亦自惟不能，结习难忘，进退失所，中宵思省，辄多悔痛。然余纵横诸大教间，平章儒佛，沟通释道，齐物等观，亦差堪自慰。若能借此超悟，直入无情，则工夫精熟矣。书此，聊以示诸友。”诗是自歌自娱之物，虽示人，人亦不尽能识，所以还须再看我《参与历史》一文。文曰：

一九九一年元月“行政院”大陆委员会正式成立，我被网罗于其中，于该年三月底就职文教处参事兼处长，着手规划两岸文教交流之进程与内容。殚精竭虑，宵旰匪懈。直到一九九三年七月底卸任，辞职返回学校教书。其间历时两年四个月。

两年四个月，在个人生命史上是非常短暂的时间单位。但这段时期，正是“国府”大陆政策具体成形、大陆工作体系建构方始的特殊时段。千载之机，在此一瞬，这时期的任何施为举措，必都将影响深远。因此，这是个历史性关键时刻，我能在此时刻，参与历史的创造事业，深觉幸庆，亦颇有荣耀之感。

我原是大时代的小人物，生命仿佛蜉蝣尘埃，漂流浮动于风雨烟火之间。苟全于此不知究系盛世抑或乱世的灵魂，为了排遣生涯之枯涩与无聊，必须自我说服，告诉自己：并不只是来此人间吃喝拉撒一番，我的存在，还有一点点超乎猪狗般动物性的价值与意义。而因为我无权无势、无任何依凭或任何立脚处去做出什么实际上能影响社会的事，故我只能设想我的主要生存价值与意义，就是读书。狗是不会读书的，一般人也不太会，所以我能读点书，便具有重大的意义。“读书”所涵蕴的文化意象，诸如传承文化、绍往圣而继绝学之类，即内化成为我的生命态度以及存在之理由。我也真诚地认为我所有的生命内涵与价值就在于此。中国文化即我之骨血，我若存在，文化也就存在了。

这当然是缺乏社会实践能力者在无可奈何境况中的自我宽慰，仿佛可以此自喜自负，其实甚堪矜惋，生命内部也总不免仍有所遗憾。读圣贤书，所学何事？未能替时代社会兴利树义，而徒以讲习文化理想为职分，似乎对人对己都还有所亏欠。子曰："吾岂匏瓜也哉？焉能系而不食"（《论语·阳货篇》），文化理想非孤悬于想象境域之物，应予落实体现于生活世界中。何况，在一个政治分裂、价值纷扰的时代，忧世之情，事实上也压迫着我，似乎对社会仍有些应尽的义务、应该担负的责任，必须试着去进行些社会实践的活动。

这些社会实践性活动，系不得已而为之。但实际上又无进行社会活动之凭借，故只能表现为一种动力、一种意志或一种态度，亦即从文化上提撕理想、贞定价值、论析义趣，聊存我济世之心而已，事实上并未对现实世界产生什么作用。我除了在学校教书以外，办《国文天地月刊》，主持中国古典文学研究会，担任中国晨报总主笔、学生书局总编辑、中华道教学院副院长、国际佛学中心主任等职，参与社会，不能说不黾勉；以推动文化活动为事，也不能说没有丝毫成绩，但对时世大局，实乏影响可言。

此即我的处境与定命，我虽抱憾，却不感伤，而且也依旧乐于继续扮演这样的角色。可是，因为我有公务员甲等考试及格的资格，竟在偶然的机缘下打破了这种生命格局，进入文官体系中，参与政策的制定与推行，对国家和我个人来说，均属意外。

我参加甲考，本身就是桩离奇的事。无心应考，亦无意任职，但为人生之一插曲而已。

岁月飘忽，隔了一年，我老师张之淦眉叔先生忽问我是否有意去“总统府”做事。张老师在蒋中正先生侍从室任事甚久，故外界并不知名，然文章政识，时罕其匹。他待我如子侄，我素来钦服，所以便任由老师安排。后方知是第一局局长刘垕先生要找副手。刘先生乃我江西乡长，然并不相识，经眉叔师介绍，在来来饭店晤谈了一次。后来此事有了变化，我到欧洲游历，“总统府”方面，则是郭岱君、胡志强先后去了。

此事经过颇称玄奇，然其为人生之插曲则一，我同样也不甚在意，因为这时我的注意力几乎全被大陆吸引了。

一九八七年底，政府开放老兵返乡探亲。一九八八年春，我赴香港讲学，遏抑不住好奇，偷办了一纸台胞证，买了车票，与颜昆阳、简锦松两人溜进深圳、广州。故国河山，震目骇心。两岸迥异的社会体制与文化发展，又激起了我更大的好奇。历史、风土、时代，社会、感情，一时触会，震荡撩乱，令人不知所以。中国苦难历史的解答、中国未来命运的谜底，巨大的神秘，仿佛都将于眼前揭露，但又迷迷离离，窅窅忽忽，看不真切，捉不确着。我若要揭开谜底，就必须走向神秘。所以从这时起，我飞福州，走北京，游苏杭，赴湖南，入江西，东登岱岳，西循丝路，直抵喀什，再下云南，南到海南岛最南端。云沙漫漫，海天苍苍，行路不止万里，历事不止万端。悲情抑郁时与清明神思相杂，欲歌无声，将泣无泪，广大悲愁胀溢于胸，几于言语道断，莫可言宣。

虽然如此，我仍尽量试着把所见、所闻、所思、所感说或写出来。一部分见诸报章、座谈、演讲，一部分则送给特定的少数人参考。例如当时我任淡江大学中文系主任，董事长张建邦先生，听了我一些建言，认为不错，非常支持我，在政策尚未开放的情形下，即让我率团去大陆进行各种学术与文化交流、研究、考察活动。因他是国民党中常委，自己不能去大陆，所以非常鼓励并协助推动我的一些计划。我曾做过张先生的秘书多年，与他有私人的情谊，也感谢他的优容，故每次活动后都会写点感言请他指正，他也都很感兴趣。恰好政府在一九八九年下半年于“行政院”组成大陆工作会报，他觉得我的某些建议可能也值得政府机关参考，便径向会报执行人推荐。又如我曾在淡江国际关系与战略研究所任教，和李子弋教授相熟，他极为支持我的交流活动，出钱出力，奔走呼吁，由天帝教、战略学会和蒋纬国将军等处，获得不少资源。

但我们的意见基本上并未引起政府部门的真切注意。就像有一次，张眉叔老师听我谈了一番进行文化交流的策略后，也命我草拟了一纸计划，洋洋洒洒，他抄缮后，亲自袖交大陆工作会报召集人，同时也是“行政院长”的李焕先生。然李先生事忙，未及处理，而且内阁瞬即改组，计划与建议俱成泡影。诸如此类，我知道政府机关办事自有考量，政局变化又如此谲奇，书上不报或议不见听，本是常事，故亦不以为意，只是尽点大时代读书人的义务罢了。

一九九〇年底，大陆工作会报准备改为大陆委员会，由“行政院”副院长施启扬先生兼任主委，研考会主委马英九先生为副主委。开始研拟组织架构、招募人手，以展开工作。眉叔师与张建邦部长大概都推荐了我。但我事前并不晓得，因为我初任淡江大学文学院院长，兼职又多，诸事丛脞，正在焦头烂额之际，虽极为关切两岸关系，却并无放弃教职去谋个官位的想法。

忽一日，张老师打电话告诉我，陆委会可能要找我谈谈。隔了个把月，施副院长办公室又忽然来电，约与施副院长面谈。当时我是台湾去过大陆最多次的教授，推动两岸交流薄有声名，政府官员约谈并不稀奇。然施副院长与我谈了些两岸情势与政策方向的事后，即垂询是否有意转任公职，到陆委会服务。因他并未具体说明系担任何等职事，令我很犹豫，乃答以回去考虑。随后大陆工作会报的人员又邀我去参加马英九先生主持的座谈。那是我第一次与施马两先生见面。嗣后马英九又约了高孔廉先生与我去中山北路吃了一次日本料理，才大致谈定了到陆委会服务的事。

我去陆委会，是主持文教业务，担任文教处处长。但我妻对此极为反对，她不同意我去做官。友人林郁方则谓担任处长太委屈，至少应是副主委。我对职级是不在意的，眉叔师既认为我该出来做点事，我也有理想，自应戮力，所以便答应了陆委会。谁知临要报到时，忽获人事室通知，谓法规初改，甲考及格人员不能立刻担任主管，必须“试用”一年。因此他们跟我商量，是否可以参事名义就任，而实际主管文教处业务。虽然这样的身份太暧昧，也不公平，但不影响实质工作，我仍然接受了。

我于一九九一年三月廿五日至陆委会报到，大吃一惊。因为先前我从未进过“行政院”。施副院长接见时，系由正门直上三楼，入其办公室座谈即出，但觉卫警森严，门墙肃峻。孰料陆委会是新增单位，暂置于行政院餐厅楼上，楼下甚为烟腻，楼上极为窄仄。我去时，人事主任屠豪麟先生领我至一房间门口，说“这就是你文教处”，然后推开房门。走廊上的灯光即斜斜地照进房间里，门框型长长的光影印在地板上，延伸拉长，直到房内壁角。门影里，两条斜科的人形，立在门口。整个房间是昏暗的，没有光。大约只比我自己的书房略大些。四壁用三夹板隔住，空空荡荡，正中央歪放着一张小办公桌。门的光影罩住了桌子。我则想起一幅图画：一个人坐在黑囚房中央，准备接受侦刑，灯束穿过黑暗，罩在他脸上。我站在门口，可是我同时也看见我坐在那桌前，垂铐着双手，哀哀无告，一束光，打在我脸上。

这个意象，一直伴随着我，无时或忘。从空无一人、家徒四壁的办公间开始，寂寞、荒凉的情境即不断压挤着我。不仅在事务上独力拼搏，在政策导向及理念内涵上，我也深觉孤露寡俦。踽踽自行，一种苍苍凉凉之感，紧紧地把我裹住，几乎使我透不过气来。

站在门口的我，看见坐在椅子上的我，是那么沮丧又那么郁怒。手脚虽然铐住了，却仍不免有冲扬而起的神情。对着刺眼的光束，努力撑开眼皮，想在光束之外深沉的黑暗与空洞中探寻到一点其他的声音或影子。可是，无边的暗，压挤在寂寞与狭仄的牢房里，我的头发渐渐散乱了，衣服渐渐垂垮了，瞳孔渐渐失去了焦点，只反射出光束后面打光者的形象。

当然，我又是亢奋的、激切的。我也努力为我之所以铐坐在那儿辩护，为昏黝的房间里弥漫的烟气辩解。我沐浴在这样的灯光、颜色和气味中，我有被刺痛的喜悦。受虐的快感与自虐的怨懑，绞缠混成一种神经为之麻痹的态度，让我坐在椅子上手舞足蹈又动弹不得。我就这样看着，看着我如此乖谬错乱、矛盾凌杂。看着我以及我的政策步履蹒跚乃至昏然入睡。当然啦，坐在椅子上的我也是横眉冷对的。我斜睇门口那个我，轻蔑地、嘿默地伤惜我站错了位置。背对着光的世界，是那么荒寒；站立者的姿势，是那么呆板；而冷静，更显示了我的无力与无奈。我们彼此瞧着，忽然都感到夹脊骨上起了一阵凉意，遂又惊透出一身热汗。因为，我晓得了，在荒谬的人生旅程中，分裂的海洋，业已孕育了分裂的人格。

于是分裂者龚鹏程，便一方面在陆委会文教处处长办公室内攘臂揎袖大刀阔斧地俯首帖耳蚤夜从公，一方面在办公室门外批评不已，指戟脚画，伤其荏弱、责其矛盾、而恤其艰巨。这方面的言论，除了一些反省性的研究论文之外，主要是发表在《中时晚报》、《联合报》、《联合晚报》、《民生报》的社论。我每日制定或执行政策，同时又撰文以公众意志的姿态评议指摘之。境况当然是荒谬可笑的，从情感上说，自亦十分难堪。

荒谬之局，最终是以我在《自立晚报》署名撰文讨论海基会与陆委会之关系落幕的。因文中对陆委会继任主委黄昆辉先生的一些批评特别引人注意，所以引发了一场有关“行政伦理”的议论，以及“炮打长官”的印象；而又因我随即去职，故亦予人以“士不遇”之联想。

我当然不喜欢黄主委，就如他不喜欢我一样。不过，我写文章反省批判自己和自己的境遇，由来久矣，笔锋霜锷初不为黄主委一人而发。我之忧心悄悄，也不是“士不遇”或“愠于群小”的问题。生命在畸裂中沉沦，理想在实践中丧失。我从一个没有实践力的文化理想主义者，于历史的偶然中，进入创造历史的社会实践活动，而渐渐知晓我的宏图远谟原来只是一场春梦，我的生命，则只是一次庄严之闹剧中一闪而逝且无足轻重的姿影。所谓社会实践，更竟是在实践中失掉了实践性。

因此，这是具体存在被抽离了的失落，是生命意义彻底沦丧的哀伤。唯有重返文化内在虚提的理想域才能勉强保住生命、保住存在的价值。正如孔子自卫返鲁，而后雅颂方能各得其所。我也在无比哀伤中辗转彷徨，然后决意弃绝而去，离开现实、离开官府、离开台北，进入历史领域、返回学校、南下嘉义。“君平方弃世，世亦弃君平”，准备在绝对的弃置与回返中，重新开展我新的文化生命。

我五月底接了中正大学历史研究所的聘书，随即提出辞呈，六月廿二日发表《政治需要真情实义》一文，七月底离职。此心境上之大波澜大转折，从来没有人晓得。人随尘俗转，世亦辄以尘俗之见誉我毁我，其实何尝知我？造成我心境偌大波澜之时局世事，其幽微隐曲，外界更是难以体察。盖善于谈论两岸关系之媒体记者、学者专家、政客官僚，不可胜数，然实皆为雾里看花、瞎子摸象，描画万端，罕得真际。又或看人眼热，殊不如我之对之齿冷也。我既离职，似乎便有责任把这段个人经历和政策发展相糅相融的过程记录下来。回首于不堪回首之处，固多怅怅；略说此不可说不可说之史，或非徒劳。

这些纪录历史客观事相的切片，与我早年希望进入“国史馆”去修纂“国史”，实具有类似的意义与功能。国史褒贬，系在脱离具体的权力现实场域之后做出来的，故能超越一时之宠辱是非；而其褒贬判断之依据，则仰赖存处于现实世界纠纷扰攘中的人们所记录下来的史料。我何其幸运，身在局中，记录了一些资料；又走出局外，进行一些历史判断。此上苍之眷顾也。故虽伤时势、感流光，仍不能不勉力勾勒这一段令人怅惘的历史。

返　本

诸位阁僚，而自嗟自怨，牢骚满腹，看起来实在有些窝囊。到底能不能在此不可说不可说的历史中，讲点可让人了解的东西，看看我究竟有何大抱负，又到底做了些什么事呢？

那当然也是可以略说一些的。

我在陆委会数载，逐渐了解到秉政者的用心，只在稳定台海情势而已。其思维略近于早期之“革新保台”。亦即以一种开放的姿势，来维持两岸的和平状态，尽量让两边井水不犯河水。进而“统一中国”根本不敢奢望；退而自弃于中国，独立以偏安，又不能尝试；若竟被大陆统一，则又深感畏惧不甘。故规划了一套表示愿意统一但实际上是逐步与之周旋以拖延的办法，拖以待变。

形成此一政策及思维的一个重要关键，在于政府原本采取之“反攻大陆”政策，在逐渐调整为三不（不接触、不谈判、不妥协），然后又逐渐被迫开放两岸人民交流之后，开放，一直是被形势推着走的。故政策的重点，在如何将此不断扩大开放的状态稳定缓减下来，或维持在一定的规模与秩序中。形成此一思维逻辑及政策方向是极为复杂的，并不全出某一二人之意志。是国民党的历史、施政习惯、对大陆的认知、两岸交往时的感觉与事件，政府机关运作之结构、现实台湾内部之政治生态、对大陆无知的民众以及具体操作政策的人，所共同凝结而成的。所以虽然旁观者清，可以轻易洞烛其中思维之盲点；但身在局中，却对这套思维与气氛，会有不自觉的迷恋状况，感到理直气壮，仿佛台湾非如此不可。

我的看法，恰与当轴相反。我认为两岸政经社会文化互动之局已成，欲不接触不谈判不妥协，全无可能；欲维持两岸各自发展、和平竞争之结构，亦不可能。今日台湾与大陆更早已联结为一命运共同体。台湾的出路，唯在与大陆的文化交流。我认为文化不仅不能是工具，也不是在政治中的一部分，它应是主导者。在现实的两岸关系中，真正能解决两岸之问题的，也是文化，而不是政治或经济。

因为海峡两岸的分裂，乃是清末五四以来整个文化冲突的结果。资本主义与社会主义两种思想与制度的选择，中国传统与美俄西方文化在此交扭拉扯，构成了今天的这些问题。而这些问题，不是经济搞好了或两岸都办选举民主化就能解决的。因此我构思了一套通过文化交流以重新整合两岸社会的办法，希望以文化来主导整个中国政治社会的走向。

所谓"交流以促变"，只是这套办法在现实政治格局中一种政治化了的语言。真实涵义是文化的，说起来却仿佛只是政治，甚且只是替我们这个政权服务的。

当时我又摸准了当局顾虑安全、不愿扩大交流的心理，喊出"两岸交流，文教为先"的口号，说交流之前，宜多通过文教来沟通思想、减少摩擦。且文教交流唱唱歌、访问访问亦最无害，所以应该先做。我又明白当局既自卑又自大的心理，故又不断强调中共最畏我文教交流，说明我方越开放他们就会越迟疑。如是种种，连哄带骗、硬攻软磨、死缠烂打，反正政府机关里没有人比我更了解大陆，也没有人比我更懂文教事务，我总会有办法的。

但大格局大环境如此，我所能做的，已达极限，一木之善，不能拯救朽烂的整座大楼。离去，正是我必然的选择。

当然，在此中也不全是悲愤与挫折。政府的体制与规模，远非一校一报一出版社可以比拟，千门万户，格度闳深。有幸一窥堂奥，如游阆苑、如叩帝阍，增见闻、广识器。这样的阅历与经验，不是金钱买得到的。

政府中亦不乏人物之美，如施启扬先生有节有守、马英九人中麟凤，其他奇才异能、怀抱不恒者，卧虎藏龙，或堪礼敬，或可欣赏。至于黻黼文章、威仪制度，在在可观。李义山诗："上帝钧天会众灵，昔人因梦人青冥。"我因偶然入梦，遂得观听厥美，深感庆幸。

不过，梦总是会醒的，对于我的人生道路，我也不能无所彷徨。若继续留在官场里，以我之善于应机，不难有所作为。但是否真要这样做下去？屈原的《卜居》，读来容易，自己面临抉择时却不免于煎熬。做下去，图什么？理想、抱负？啊，谁不如此说？理想抱负的实现，是为什么？为了证明自己、彰显本领，然后继续往上爬？理想与抱负中，有多少其实只是私欲、只是利益？何况，真舍不得的，是理想抱负还是其他？退回来？退去哪里？抽足再入，已非旧水，今之淡江，已非昔之淡江，还能任我藏息优游吗？心情遽遭震荡，又真能澄定下来，古井无波，继续安心于学业？学问已做到这个地步，若真能还读我书，自然是希望能在学问上真能做出点成绩来。可是，仍然只去董理旧业，有何意义？突破精进，又谈何容易？我能突破之机何在？着力点当在何处？

前路茫茫，我真是困惑极了！如涉大海，如坠雾中。吾十有五而志于学，三十而立，却在届临四十的大门前大惑不止。居恒惴惴，想逃，逃开去，避开这些问题。可是往往没由来地躁郁、惆怅、惊恐、慌张起来。

用现代人的术语来说，或许这就是“中年危机”吧。少年子弟江湖老，今已中年，将遂老于江湖，或有啥子打算?

其实这样的困惑，也并不是在陆委会工作不顺利之后才有的。在去任官之前，这种感觉即已如乌云淡淡地织布在头顶上了。

一九八九年，由郑志明具体联系，我在淡江大学办了“中华民族宗教国际学术研讨会”，各民间教团均来参加，会后并安排去环岛参访。这些民间教派及宗教事务，令我深感好奇。

随后道教会筹办“中华道教学院”。因我家世之渊源，高忠信理事长、张柽先生来邀我出任教务长。一同在台北木栅指南宫试办这个世界上第一所的道教学院。道教界夙无公开客观讲学之传统，因此一切都要摸索试验。当时请了李丰楙、王贤德、郑志明几位来讲授教理，家堂兄龚群教符箓，我教道教文献，张扬明老先生教老子，徐冠雄先生教道家哲学，张柽先生则教法务。学生训导工作，委请指南宫的姚华生先生负责。姚先生系蒋中正先生侍卫出身，擅太极八卦，每天早起教学生练道家武术。另有马炳文道长教内丹，张智雄道长教赞诵科仪，梁湘润先生教星卜命理，吴彰裕教五术。甚为热闹。

我对教务虽称内行，却无在宗教学校教习的经验，如何安排课程、敦聘师资、协调讲授内容，都难以拿捏。在教史教义方面，我虽略能掌握，但从前并未深研，如今通读《道藏》，颇有义尚难晓之处，遽登坛坫，心实忐忑。人不知我之底蕴，有疑辄来问我，以为我既是教务长，宜于道教事务无所不知。我则因已是教务长，有疑惑也不知能去何处请教，只好闷着头硬闯此福地洞天，打通九九玄关，直透无上正一法源。害得我那些学生，据说颇有能通灵神视的，灵眼观之，以为我是元始天尊应化。

这样办了一阵，学生或有欲来学隐身术者，或拟来学山医命相卜术者，或有通灵者，或冀望学得长生秘窍者。正忙乱间，陈瑞贵又介绍我认识了灵鹫山般若文教基金会的法性、大藏两位法师。我建议他们办一国际佛学研究中心，收集佛学研究资料、联络国际相关机构及学者、出版泽述论著、培养研究人才。两位甚以为可行，竟禀其师心道，要我来筹办。

心道法师早年由云南入缅甸，辗转来台，求学于佛光山，后在宜兰等处修头陀行，于基隆福隆觅地辟寺，号灵鹫山，与天风海雨相徘徊。然十年之间，竟发展为一大基金会，信众十几万人。承他们尊重我，完全放手让我去做，我遂兼跨佛道两教，同时推动着两边的教育与研究工作。

道教方面，我于次年出版了《道教新论》，正式踏入道教研究领域，蹊径自辟，与世界道教研究学者分庭抗礼。佛教方面，主编佛研中心学术年刊、国际佛学译粹，策划主题座谈，办理佛学日文藏文班，委托研究计划，也算是入了行。

待我去陆委会工作后，分身乏术，两边都请辞，而皆不获同意。只好仍然兼着，并分别请陈廖安、蔡瑞霖两位来襄助，实际推动业务。两兄都极干练，把道教学院和佛学研究中心办得有声有色。香港青松观、大陆北京白云观先后仿效我们的体制，也办起了道教学院。香港并派学员来院接受讲习，学院与大陆各宫观及宗教研究机构之交流亦甚多。佛研中心则主办数届会议，在整合人力、创造议题、提供服务、类聚资讯方面，也有显著的成绩。后来虽拟扩大筹办国际那烂陀禅学院而未果，但数载经营，却也成为台湾重要的佛教研究单位之一。

在办佛办道之际，我除了觉得好玩，更隐隐然有一层新的打算：

在以儒学为主要内涵的国学领域中，我已游涉略遍，所能接引借鉴之西学，亦已达某一限度，方法已立，格局已成。然此仅为小成而已。欲令道勿隐于小成，即须更求突破。突破之机，可能须如康昆仑练琵琶，尽忘其故技，乃能大死一番而入于道。所以或许我该断然舍去一切，赴异邦重新修读新的学门，例如法律、经济或数学。或决然由西学再重来一次，寝馈二十年，以与吾之中学相映发。这样的念头，不断在我脑海盘旋，也试着去打听有什么国家什么学校可以去。但总为现实之事务所扰，仿佛仍放不下这些有责任去关心的事，出国再练武功，故始终迟迟无法遂愿。因此，这时我西游大陆，内心其实另有一种渴望：一方面企图更深入了解中国，广见人物风土山川图籍以深造吾学；一方面也期望能以一身艺业遍会宇内高手，遭逢异数，如康昆仑之得见段和尚，再入新境。可惜这两个愿望迄未实现，令我每次旅行均甚怅怅。

故这时我所能找得着的突破途径，似乎一是让自己更彻底地进入中国，例如辞去教职官务，去大陆行脚游旅，与山川民人同其呼吸。完全不做研究，只采访、观察，随意漫笔、画画，让自己融入其中，重新咀嚼生命、体会人生。或在台湾，一乡一镇，每处都去跑到。从境界而非学科领域上去开拓我新的生命。另一种方式，则可能就是从儒家以外的领域，去寻找或开发资源，看看能否带来新的契机。深入佛教道教，正符合此一方向与要求。

对于一个好究天人之际的人来说，具有宗教意识是再自然不过的事。每观生命之忧乐，皆会触动我的宗教感情，何况宗教所涉及的超越世界、非理性领域，又是那么玄秘灵奇，令人难以抑遏一探究竟的好奇。自幼我便曾佚游于易卜星历及杂艺秘术中，后来又曾摭拾禅宗话头，自附于宗门徒侣。这都是好玩的，并无真实之理解与体验，但也不能说不显示着彼此有些亲近关系。但这些关系，大部分并不来自属于我个体的生命问题上，而更显现在我的整个历史意识上。

因为所谓“忧生”有两种类型，一是由个人自我之生命起忧。古来许多人因此修证，断多生之惑业、矫生命之病痛，以自证阿罗汉、上达菩萨道，或超越老苦死灭、长生化虚，即属此类。二则是由人类普遍性的生命问题起忧，而希望理解整个生命与历史的奥秘。例如佛陀提出十二因缘的缘起世界观人生观，或司马迁所探问的天道施报问题，均属于此类。天道是否循环、是否善有善报、是否有其目的、是否具有意义，都是形而上学的问题，但也同时是历史问题。一个真正具有历史感的人，所关心的，不只是过去某年某月某地某人做了什么事，更想知道历史为何如此，如此如此又是为了什么？一连串杀伐争战、纵横捭阖之后，难道真如《三国演义》所说，只是“是非成败转头空”的那一场空？而历史中人与事的是非成败，又是否是合理的、必然的，其中真有天命、天数或神的意志吗？

也就在这儿，历史意识和宗教意识是合一的。早期我虽未必专力研究宗教题材与事件，但在我的历史研究中，其实已一再呼唤或印诠此一宗教意识。而在我回顾自己的生命史时，也同样想了解这种历史形而上学的问题。

在这方面，我甚近于黑格尔，上帝与历史在此有些纠葛不清。可是，我又不如黑格尔幸运，他太理性了。他认为世界史乃是精神的发展，而其所以能发展是因为精神之主体就是自由。精神依凭自己的本性且能实现之，此之谓自由，实现之曲折历程则成为历史。精神在此，特能显其独立自主之性格。然而，对我而言，自我意识，虽生于对自我本性的识别，却含藏了更多薰习学得的东西，“凭依自己的存在”中，有太多非我异己的东西，故不能不注意“学”。精神之实现更未必是自主的，此历程中含蕴总总境、总总历程，故亦不能只说精神之自由而不说“境”。

由学由境看，历史就非黑格尔所讲那么理性那么必然，“偶然”也可以构成历史的理则，“虚无”也可能成为历史的目标。处在历史中，既欲探究古今之变的原理，说明事变之赜隐，又落入虚无与偶然的可能性，进退维谷，就成为我的困惑。要解破此一困局，即须由历史上探于宗教，直叩万有之本源。否则焉能再透一关，突破以求进益？

在陆委会工作后，这些想法不唯未改变，反而渴求更甚。特别是原先支撑我整个文化生命的信念受了大震荡，经世闳图俱成泡影，立命安身，不知何怙何恃。如何为自己也为文化重新建体立极，实在困惑极了，也茫然极了。

这是我自懂事以来最彷徨的时刻，卜居问天，煞费思量。躁虑到了极处，甚至两度劳烦梁湘润先生替我卜算，以指点迷津。

有时我也想悬崖撒手，弃绝一切，静思一段时间，或干脆去引车卖浆、屠狗铸剑。跟老婆商量，她甚表同意，我却仍在踌躇。又有时清夜扪心，筹划生命的归宿，而竟越想越迷糊，对自己也越来越觉得不了解，不能把握。这可怎么办呢？我越来越惶恐了。

安心之方，似乎首先需要重新面对自己，仔细回想生命的轨迹，发其隐曲，见其是非，梳理一过，然后才谈得上如何再出发。这就是为何动念写这部自述稿的原因。但着笔以后，甚为迟滞，东牵西引，旁枝斜叉，总未能专注地思考个人的生命史。整个生命，和书写一样，胶滞在困窘之中。

毛汉光先生与雷家骥乃又于此时一再游说我去中正，虚左以待，令人愧谢。可是赵玲玲也希望我能到师大三民主义研究所去。淡江的感情，更不是随便割舍得开的。

如此惶然甚久，两岸的关系越来越坏，大陆政策越来越难施展，余怀黯然，知国事已不可为，理想终不可行。将军解甲，正当挂冠求去。便毅然电请毛汉光先生替我办了手续，决意远离。

远离，是在方向上离开政界，在地域上离开台北，在学术领域上离开我生存奋斗了廿年的中文学圈，也离开与我骨血相牵系的淡江。诀离一切，譬诸大死；情怀灰黝，将离世以绝俗，甚至还有出家的感觉与打算。

但这时我虽提送了辞呈，却仍未获批准，仍在上班。我便趁辅仁大学邀请大陆学者来台举行哲学研讨会在花莲开会，请假离开台北去花莲一座天主教修道院中参加会议。然后又在会议期间溜到海边转了一圈，回来在修院里写了《政治需要真情实义》一文。借着检讨海基会陆委会运作之问题，说明我方现今之政治与政策既乏人情之润泽，又无真实义理可为依据。

这篇文章，在我回返台北当天就刊于《自立晚报》了。既刊，果然引起轩然大波，为我离去的行动，奏了一出响乐，颇具戏剧性效果。

更戏剧化的事，是佛光山星云法师居然立刻打电话来，邀我筹办他正申请设立之佛光大学，而我居然也立即答应了。

以我当时槁木死灰之心境，亦不知为何会答应得如此爽快。只是觉得法师很大胆，把这么重要的事，交给仅有一面之缘的人来做。而且这个人在江湖上结怨负谤如此之多，他难道不担心因此而拖累了他要办的大事吗？既然他有这样的气魄，我也就可以有责任担下来。反正不为无益之事，无以遣有涯之生，何况是办教育？不论我个人心境如何，此事在客观上说是有价值有意义的，且亦为我能力所能及，便不妨倾力为之。

佛光大学预定校址在宜兰礁溪，自一九九三年我开始筹建以来，办到现在，方才整地施工。却在大陆武汉黄石办出了弘道大学；又在嘉义增辟了一个南华管理学院的校区，而且先行在今年即将招生。过程波折迭起，也是极戏剧化的。我另有《佛光大学佛光缘》在普门杂志连载，略说此奇特因缘。

佛光大学宜兰校区系在礁溪林美山上，三溪环之，面向太平洋，俯瞰兰阳平原。嘉义校区在大林镇中坑台地上，三叠溪、叶子寮溪绕之，极目平畴，桉树森森，布列其上。我常坐在山坡上，或在月夜徐行其地，玄林深草，仰视苍天，平眺四野。风动水流，狗吠虫鸣，万声相杂，而又若一籁无声。山如太古，物似飘风，人来人去，倏乎之间即邈焉不见其形踪。静静思之：这样的草树之中，即将起楼台、建大黉，无中若将生有。数十年后，我辈辟地建筑之人，又还体于太虚，有又何尝为有？而此中营营，实现了什么？追求的又是什么？吾生一瞬，荣利抑或困辱，也都不过只是如此，但我为何来此一番？为何在此兴为奔走，乐若不疲？

我乃渐渐晓得了，我的困惑，不只是中年的危机，而是生命的困惑。疑团未释，惑业无明，裹滚缭绞，横在眼前。昔若冥契于道真，若知解于道理，若妙用于道要，今始知吾尚未能闻道。道不远人，但即之难穷，叩之愈远。窈兮忽兮，泊乎若存，而又难以凿指。我由究天人之际，到通古今之变，以穷当世之赜。历世涉境，因机通权，幻设虽多，而实皆无与于真际。闻见虽博，终亦不知生命之归向何在。

此生命归向之问题，我尝求之于宗教。可是诸教虽皆闳博深邃，足以安顿人心，我却是知之不能好之、或尚不能安居之。我尝礼敬世尊，但世尊教我以自知自证。亦尝奉祈于三清，而三清欲我自贵其生。我之观我生、我之亲行自证，乃又仿佛风雪迷途，尚未寻着回家的门。偶于道路之中，听闻有振铎来报福音者，云皈依忏悔便可得救，则只能微微一笑，侧身让那匆忙去报佳音的人继续赶路。

在这样的情境中，起楼台、建大黉，为的是什么呢？

目前，教育改革的问题，沸沸扬扬。学校里的纠纷，风波不断。校园里的朋友，人心惶惶。老友相逢，谈起来，除了叹气，还是叹气。

学校，向来是浊世烟尘之外的安乐土。对时代失望、对社会不满的人，在校园里都可重新获得对生命的信心，可再冷静思考历史及人类的命运。因此，它也是人们希望所系的最后一个场所。对现世已无可奈何的人，至少还能把心血洒注到学生身上，寄希望于未来。或如孔子一般，在杏坛教学之外，尚能借此整理古往今来之智慧典籍，令雅颂各得其所，为后世提供几盏明灯。

如今，这个希望破灭了。对政治与社会失望的人，不再可以像过去那样，相信透过教育这最后一道丹药可以拯救沦胥。因为教育似乎正是造成这个社会如此败乱的罪魁。校园学府里的专家学者，也不再能提供什么清凉散，以其知识力量、社会清望来制衡政经界的胡作非为，振聋发聩。

因为现在已无“清议”，只有各拥势力、各占立场的媒体在大鸣大议。现在也已无儒林雅望之士，政经社会更是根本不认为大学有什么知识力量。主政者自己就是博士、专家、哲人王；行政机关及政团各拥学者为其智囊，为其政治标语与政策背书、辩护、充当打手；财经巨子与公私行号，则讽嗤学校里讲的根本不叫知识，或只是无用的知识，他们这些社会实力实权实利者才拥有知识上的霸权。

即或不理会学校与社会关系之变化，故做鸵鸟状，专心教点书，希望栽培几株幼苗，也常有不可测的遭遇。俄而学生说老师们不该行使威权，须由他们自行决定该上什么课、爱上谁的课；俄而学生又云“消费者”有权保护其权益，故须由彼决定谁该续聘谁应解聘，或宜由消费者来指导老师怎么教才能满足其需求。继而，又有人说教师无权管教学生。且凡学生不好，都是老师的错，“苗长不好，岂能怪种子？”以致教几堂课，弄得仿佛罪犯一般，自唯愧耻，生怕没伺候好花钱来消费的大爷，并对自己居然也曾逼学生读书上进而深感惭愧。横下心来，不管学生死活，反正教书混口饭吃，讲完课便收腿走人。校园也不再是人所喜欢去的地方了。学府中人人横眉冷对，动辄有杀气腾腾的招告、白布条、大字报，有时还会出现灵堂，宣告大学已死。教师间也不和睦，教师与校务行政单位更是龃龉时生。

抗争，成了新的校园文化。学生向老师抗争、教师向校务行政当局抗争、校务行政者又和董事会抗争，然后学生再向校务行政人员及董事会抗争。学生与学生、教师与教师之间，也努力抗争。又彼此联手，结合社会团体向“教育部”抗争。

抗争，是为了争取权益、推动教育改革，期望让教育能真正发挥其教育功能。此无可厚非，而且谁敢非议这个时代的新符咒新术语新信仰呢？教育改革，那当然得赞成。可是，教育在抗争之外，尚有方法；学校，在争取权益之外，尚有道义。

老师与学生的关系，不是消费者与售货员的关系，不是父子关系，也不是朋友。彼此相维系者，在于道义之追求。一方传道，一方受业启蒙，以自觉求道。丧失了这种对于文化理想的追求，教学活动即沦为知识的买卖。缺乏道义相维之情，学者便只关心学此究竟对我有何利益，校方是否影响我之权益；教者则只将授业视为职业。

于是，我们看到这些年来所谓教育改革所谈出来的议题，在教师方面，多是如何保障教师的升等与聘任等饭碗问题、如何组织工会来争取退休与福利、如何运用罢工般的罢教权来抗衡校务行政单位。在学生方面，多是如何不接受被管理者之地位、如何免除选课、考试、处罚之压力。在学校方面，则多是如何增加使用金钱、处理校务的权力。

凡此等等，自为时代之需。但我们很少听到一所大学在其经费、课程、聘任均能自主时，对自己在文化创造的地位上有何期许。似乎松绑扰是教改的目的，夺权就是行动的理由。

结果，所谓“校园民主”、“教授治校”，有时竟使得大学更腐败、更无效率、更激化了内部的冲突。拉关系、结派系、会议成灾、杯葛抵制、讦告、申诉，层出不穷，令人不知究竟是来学校做学问、传道业，还是来此协调人际关系、运作行政机器、平衡各方利益。

学校如此，自无怪乎其无法发挥道义力量，替社会贞定文化方向了。学校的行动原则，附从于社会。不是经济的，就是权力的。没有它自己的逻辑，没有自己的标准。办学的、教书的、读书的，都不知所为何来。官员发表一个“高学历高失业”的荒谬言论，就把大家吓得半死，好像办教育只是为大伙找口饭吃。政策可以这么轻易地带动教育的内涵和走向，大学还有脸面号称它能导引社会吗？还能夸口自称它拥有知识之尊严与力量吗？

在蔡元培办北大时，校务行政可说一场糊涂。旁听生随意进出学校，有时一个班上，旁听生可以比正式生还多两倍。讲义随便流通，校规也不严密。又聘了一大堆资历不符的人，如钱穆、熊十力、梁漱溟等等去教书。当时沈从文没能考上北大，却假装某一系的学生去上课，也参加了正式学期考试，且居然及格，得过本应发给正式生的奖学金。这样制度紊乱的学校，在今天一定要遭“教育部”纠正，或被热心治校之教授痛批了。但北大之辉煌时期也即在此时。可见什么申诉管道、制度化规范、升等聘任审查办法、课业考核、学生治校、权益保护等等，都是次要的。丧失了文化理想与教育精神，空洞化的校园，只不过添加了若干游魂，在扮演着热闹而无意义的戏剧而已。

而且，近代大学，正是构成现代化社会专业化分工的工具。现代社会的专业化，乃是透过学院的教育体制来体现和确立的。与传统书院不同之处，就在于现代大学的宗旨，首重传授知识，并培养各种类型的专业化人才。因此，它们所需要的，是各方面的专家，而非传统意义的儒者。大学，所讲求的，已不再是“大人之学”，只是一批批知识技术工人罢了。

对于这样的大学与社会，我是不喜欢也厌倦了的，我以我的生命来问道、求道，以期终能弘道。同样的，大学，我也认为那应是个师友坐而论道的场所。彼此讲习，切磋问道。叩死生之大惑，求道义之所归。

这是宋明书院的典型，更是中国传统教育的宗趣。孔子自卫返鲁，删诗书、正礼乐、赞易而作春秋，岂仅为知识整理、典籍编校而已乎？这是志于道者，用其心血以传其道哩！我尚无道可传，但将继此更求吾道。新的大学，或许会成为我新的起点吧。

图书在版编目（CIP）数据

鹏程问道 / 龚鹏程 著．—北京：东方出版社，2014.11
ISBN 978-7-5060-7812-2

Ⅰ.①鹏…　Ⅱ.①龚…　Ⅲ.①龚鹏程—自传　Ⅳ.① K825.4

中国版本图书馆 CIP 数据核字（2014）第 251906 号

鹏程问道
（PENG CHENG WEN DAO）

作　　者：龚鹏程
责任编辑：冯文丹
出　　版：东方出版社
发　　行：人民东方出版传媒有限公司
地　　址：北京市东城区朝阳门内大街 166 号
邮政编码：100706
印　　刷：北京市大兴县新魏印刷厂
版　　次：2015 年 3 月第 1 版
印　　次：2015 年 3 月第 1 次印刷
开　　本：660 毫米 ×960 毫米　1/16
印　　张：20.5
字　　数：257 千字
书　　号：ISBN 978-7-5060-7812-2
定　　价：45.00 元
发行电话：（010）64258117　64258115　64258112